H. Hernalsteen
U. Vermeulen (eds.)

T0125013

BEDOEÏENEN EN OLIEMAGNATEN AAN DE GOLF

PEETERS
LEUVEN
1988

Inforiënt-reeks

Hoofdredacteur: Dr. W.M. Callewaert

Redactieleden: Prof. U. Libbrecht
            Prof. W. Vande Walle
            Prof. U. Vermeulen
Adres: Blijde Inkomststraat 21, 3000 Leuven

ISBN 90-6831-126-3
D/1988/0602/61

INHOUDSTAFEL

KAARTEN

VOORWOORD

Wie de aktualiteit volgt, krijgt de indruk dat het brandpunt van het wereldgebeuren in de landen rond de Perzische Golf ligt. Een boek over die regio is alleen daarom al nuttig. Dit boek wil echter niet proberen de oorlog te beschrijven: meer zelfs, de landen die in de volgende bladzijden besproken worden, zijn niet rechtstreeks bij die oorlog betrokken. De redacteur van de Inforiënt-Reeks vond het zinvol ook eens aandacht te schenken aan die aspecten en die landen die niet dagelijks onze nieuwsberichten vullen.

Het belang van de Golf is evident: de strategische, economische en religieuze ontwikkelingen in dit gebied zijn nauwelijks bij te houden. Enkele decennia geleden waren de Golfstaten in Westerse ogen niet veel meer dan uitgestrekte woestijnen, schaars bevolkt door wat exotische bedoeïenen. In dit boek wordt aangetoond dat het verleden van dit gebied heel wat rijker en boeiender is dan vaak nog gedacht wordt. Tevens wordt gepeild naar de groeimoeilijkheden die deze landen ondervinden bij de overstap van de middeleeuwen naar de 21ste eeuw, een groei waarin verleden en toekomst soms op een zeer intrigerende manier samenvloeien.

Dit boek is gegroeid uit de belangstelling van Inforiënt voor de islamwereld. Verscheidene bijdragen werden vroeger reeds gepubliceerd in Inforiënt. Deze teksten zijn grondig bewerkt en geactualiseerd. Andere bijdragen werden speciaal voor deze uitgave geschreven. Uiteraard mag door de beperkte omvang van dit boek geen exhaustieve analyse van de Golf-problematiek verwacht worden. Wel heeft de redacteur ernaar gestreefd door de keuze van een zeer brede waaier aan onderwerpen een relevante kijk op de regio te bieden, die specialisten eventueel een ruimere horizon kan bezorgen en die de geïnteresseerde leek' een antwoord kan geven op de vele vragen die de toestand rond de Golf oproept.

Aan velen zijn we dank verschuldigd. Eerst en vooral aan de auteurs, die hun artikels ter beschikking hebben gesteld. We danken Ann Brouwers en Christiane Vandenput voor het zorgvuldig tikken, Bart Op de Beeck en Dominique De Vlam voor het nalezen van de tekst, en Erik Van Eynde voor de productie op de laserprinter. De kaarten werden getekend door Bart Op de Beeck en de foto's zijn van Francis Deblauwe. Wij bedanken ook de CERA, Buitenlandse Dienst, voor het recente cijfermateriaal.

In de transcriptie werd voorrang gegeven aan duidelijkheid in plaats van te streven naar een consekwent systeem. In sommige namen is *ibn* (zoon van) afgekort tot *b*. Verder wijzen we erop dat *āl* of *Āl* bij een naam of dynastie betekent 'familie'.

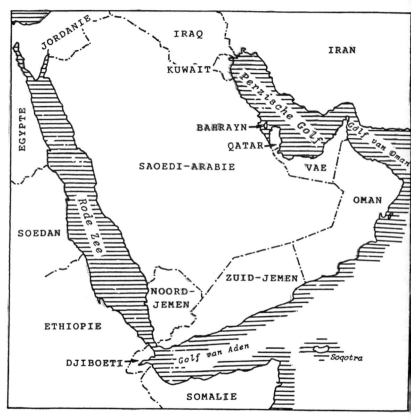

Het Arabische Schiereiland

MIGRATIEPROBLEMEN
OP HET ARABISCHE SCHIEREILAND

Sinds de ontdekking van grote olievoorraden (sinds 15 jaar) bezorgde de toenemende stroom van aangelokte buitenlandse arbeiders de staatshoofden van het Arabische schiereiland heel wat kopbrekens. De onontbeerlijke gastarbeiders zijn tegenwoordig een essentiële factor n de Arabische economie. Deze migratie in het Midden-Oosten en in Noord-Afrika is een recent fenomeen. De wetenschappelijke literatuur hierover is niet zo uitgebreid, maar laat ons toch toe om de ernst van de situatie te schetsen.

Overzicht

Vanaf het midden van de jaren 50 en vooral vanaf 1970 trokken Kuwait, Bahrayn, Qatar, de Verenigde Arabische Emiraten, Oman en Saoedi-Arabië een groot aantal arbeidskrachten aan uit andere Arabische landen. Na de grote prijsstijgingen van de olie (1973-1974) nam het aantal zelfs toe. Terwijl de grote crisis zich overal in het Westen deed gevoelen, begonnen de Arabische landen volop hun olie-geld te investeren in het bouwen van fabrieken en allerlei onder-nemingen, het verbeteren van de infrastructuur, de diversificatie van de economie enz., zodat de zes belangrijkste Arabische olieprodu-cerende landen (op het Arabische schiereiland) reeds in 1980 1981 niet minder dan 2,4 miljoen arbeidskrachten van elders hadden binnenge-haald. Specialisten die dit probleem bestudeerden, schatten dat dit cijfer in 1985 tot méér dan vier miljoen opliep, wat overeenstemt met meer dan 50% van de totale actieve bevolking.

Onderstaande tabel geeft aan hoeveel % van de totale bevolking van elk land op het Arabische schiereiland uit migranten bestaat en hoe-veel % zij uitmaken van de totale actieve bevolking.

land	jaar	tot. bev.	% mig.	act.bev.	% mig.
VAE	1980	1.040.000	72	551.000	89
	1985	1.900.000	84		
Bahrayn	1981	351.000	32	138.000	58.5
	1985	550.000	63		
Saoedi-Arabië	1980	9.534.000		2.952.000	42

	1985	13.500.000	35		
Oman	1980	1.000.000		298.000	48.7
	1985	1.150.000	22		
Qatar	1981	244.534		111.400	84.5
	1985	470.000	84		
Kuwait	1980	1.356.000	58	482.000	78.5
	1985	1.750.000	63		
Totaal	1980	13.500.000		4.532.000	54
	1985	19.320.000	42		

Dit cijfermateriaal berust grotendeels op schattingen aangezien het grote aantal illegale migranten preciese tellingen moeilijk tot zelfs onmogelijk maakt.

Deze internationale migratie heeft ervoor gezorgd dat de zes bovengenoemde landen op snelle wijze hun economie hebben kunnen moderniseren --zonder deze geïmporteerde arbeidskrachten zou dit nooit mogelijk geweest zijn. Maar, tegenover deze positieve bijdrage staat dat de Arabische regeringen nu het gevaar van deze massale import beginnen te beseffen. Niet alleen participeert de autochtone bevolking niet genoeg in de arbeid (een massale langdurige staking kan aldus verstrekkende gevolgen hebben), maar deze immigratiestroom --na de immigrant volgen zijn vrouw en kinderen-- brengt ook de eigen Arabische identiteit in gevaar door politieke en culturele inmenging.

Ook in de landen die de arbeidskrachten leveren (Egypte, Jordanië, Syrië, Jemen en recentelijk in steeds toenemende mate Zuid en Zuidoost-Azië) heeft de migratie zijn weerslag. De uittocht van intellectuelen en van hooggeschoolde technici, veroorzaakt een nijpend tekort in bepaalde sectoren van het thuisland. Ook de traditionele sectoren, o.a. de landbouw, hebben het zwaar te verduren door het vertrek van de boeren naar de olievelden. Tegelijk blijft de werkloosheid in deze 'arbeidsexporterende' landen nog steeds hoog: de 'gast-arbeid' kan het surplus van de werklozen in Egypte, Jordanië enz. niet volledig opvangen. Vooral de categorie der ongeschoolden is hier gedupeerd. In 1985 oversteeg het overschot van Egyptische ongeschoolde arbeiders het aantal ongeschoolde migranten tewerkgesteld in de Arabische landen.

Ondanks het onrustwekkende cijfermateriaal en de nog steeds groeiende internationale migratie, hebben de regeringen zowel van de gastlanden als van de landen die arbeidskrachten exporteren nog geen systematische aanpak voor het probleem vooropgesteld. Vooraleer te wijzen op enkele noodzakelijke maatregelen, moet even gepeild worden naar de belangrijkste gevolgen en risicofactoren van het tewerkstellen van buitenlandse werknemers in de Arabische gastlanden.

Gevolgen en risicofactoren voor de gastlanden

Een belangrijk gevolg van tewerkstelling in het buitenland bestaat natuurlijk in de veranderende demografische balans, meer bepaald door de gezinshereniging. Terwijl in 1975 de 1,3 milj. gastarbeiders, in de 6 belangrijkste gastlanden, vergezeld werden van evenveel familieleden, groeit het aantal gastarbeiders, 10 jaar later, uit tot 3,5 milj., vergezeld van ca. 7 milj. familieleden. Het blijkt dat de migranten steeds meer gezinsleden aantrekken. Het hoeft dan ook niet te verwonderen dat de autochtone bewoners van Kuwait, Qatar en de VAE reeds in 1975 een minderheid vormden in hun eigen land. In de zes belangrijkste gastlanden was toen slechts 75% autochtoon. In 1985 werd dit cijfer geschat op 60%.

Aantal autochtonen op de totale bevolking van elk gastland (procentueel).

%

Saoedi-Arabië	88,2	(1974)
Bahrayn	62,5	(1986)
VAE	42	(1986)
Oman	77	(1984)
Kuwait	41,7	(1980)
Qatar	20	(1983)

Als tweede gevolg stippen we aan dat de steeds groeiende migratie de politiek, cultuur en veiligheid van de gastlanden beïnvloedt en tevens een niet te onderschatten impact heeft op de gezondheidszorg, de opvoeding en andere dienstverleningen van de importerende landen. De verschillende regeringen dienen steeds meer rekening te houden met de sociale aspecten van de migrantenproblematiek. In 1975 bv. waren meer dan 250.000 kinderen van buitenlandse (meestal Arabische) werknemers ingeschreven aan de scholen van de Arabische gastlanden. In Kuwait beliepen de inschrijvingen van deze groep zelfs 40%. De vraag naar onderwijs en andere dienstverlenigen voor niet-autochtonen zal ongetwijfeld drastisch toenemen. Dit brengt een belangrijk sociaal risico met zich mee.

Naarmate de migranten langer vertoeven in de gastlanden treden een aantal nieuwe sociale groepen naar voor (ingenieurs, advocaten, technici, wetenschappers enz.) die een intelligentsia doen ontstaan, met nieuwe en andere ideeën. Ook de jonge autochtone intellectuelen, die meestal hun studies voltooiden in het buitenland, sluiten zich soms aan bij deze kringen, maar hun aandeel is toch beperkt te noemen. De manifestaties van de nieuwe ideeën heeft reeds meerdere malen conflictsituaties teweeggebracht. Velen menen ook dat, vooral in de Golfemiraten, de Arabische identiteit bedreigd wordt door niet-Arabische immigranten (Indiërs, Pakistani e.a.).

Een ander sociaal risico is de toenemende urbanisatie van de gast
landen, waardoor de samenstelling van de stadsbevolking en de tradi
tionele structuren flink door elkaar worden geschud. Tevens rijzen aar
de rand van de stad woningen op die veel gemeen hebben met krot
tenwijken en bidonvilles.

De autoriteiten die aanvankelijk dachten dat het de immigranten al
leen om het geld te doen was en dat zij geen gevaar zouden betekenei
voor de autochtone samenleving, dienen hun plannen te herzien. D¢
gastarbeiders, in nauw contact met zoveel rijkdom, komen meer oj
voor hun rechten en trachten de kloof die hen scheidt van de rijkdon
te verkleinen.

De politieke dimensie van een aantal sociale bewegingen is reed:
verschillende malen tot uiting gekomen en meestal werden de con
flicten uitgelokt door niet-Arabieren: Indiërs, Koreanen, Turken ei
Pakistani. Deze sociale onlusten worden op harde manier onderdrukt
en het gevaar is niet denkbeeldig dat ze bv. de economie vai
Saoedi-Arabië ooit zouden kunnen lam leggen. Een buitenlandse
vijandig gezinde mogendheid, kan er ook gebruik van maken on
agitatoren te sturen en de (ontevreden?) massa in beweging te brengen

In onderstaande tabel geven we de vertegenwoordiging van d¢
migranten volgens afkomst, in de gastlanden, in procent uitgedrukt
tegenover de totale bevolking.

gastland	%	afkomst
Saoedi-Arabië	5,6	Noord-Jemen
	1,0	Zuid-Jemen
	5,2	andere
Oman	15	India
	3,5	Pakistan
	2,5	Bengalen
	2	andere
VAE	50	India, Pakistan
	8	Oost-Azië, Europa, Iran
Bahrayn	37,5	alle nationaliteiten
Qatar	34	Zuid-Azië
	16	Iran
	25	Arabieren
	5	andere
Kuwait	15	Azië
	42,3	Arabieren
	0,1	andere

In de belangrijkste gastlanden werden in 1975 de Indiërs op 141.90C
en de Pakistani's op 205.700 geschat. In 1985 werden zij respectievelijk

eschat op 364.400 en 555.100. Nauw hierbij aansluitend is het economisch risico. In de Arabische landen van het schiereiland gebeurt
le tewerkstelling volgens een vastomlijnde hiërarchie. De belangrijkste
uncties, zoals de administratieve, worden steeds waargenomen door
le leden van de heersende families. Een trap lager zijn er de jobs van
hooggeschoolde technici die toebedeeld worden aan de zonen van deze
amilies. Nog iets lager staan de toezichters of meestergasten, eveneens
grotendeels autochtonen die worden bijgestaan in hun werk door
migranten van (meestal) Arabische oorsprong. Alle lagere arbeids-
plaatsen tenslotte worden bezet door migranten van allerlei oorsprong.
Het is juist deze hiërarchie die een enorm economisch risico inhoudt.
Aangezien de lokale bevolking technisch incompetent blijft en geen zin
heeft om zich op de reële problemen te concentreren, heeft zij geen vat
op het economisch proces. Zelden neemt meer dan 20% van de
plaatselijke bevolking deel aan het echte werk. De oorzaken hiervan
zijn te zoeken in de technische, intellectuele en beroepsopleiding.
Daarbij komt nog dat de vrouw om religieuze, sociale en intellectuele
redenen bijna nooit tewerkgesteld wordt, dat de bevolking zeer jong is
en de sterk doorgevoerde scolarisatie die de jonge Arabieren niet de
gelegenheid geeft om reeds op jonge leeftijd in het produktieproces te
stappen.
Het grootste deel van de plaatselijke bevolking is tewerkgesteld in de
administratie en blijft daardoor in feite niet-produktief. Over geheel
de lijn zijn deze landen, ondanks hun economische groei, zeer sterk
afhankelijk van derden. Hun inkomsten zijn strikt beperkt tot de
olie-markt. Die olie wordt grotendeels door buitenlandse firma's ont-
gonnen, en de arbeidskrachten worden ingevoerd waardoor de eigen
bevolking geen deelname heeft aan het arbeidsproces.

Gevolgen voor de arbeidsexporterende landen

Ook voor de landen die hun arbeidskrachten exporteren zijn er negatieve gevolgen. Hoewel er wordt verwacht dat de proportie
Arabische migranten in de belangrijkste olieproducerende landen zal
afnemen, toch zal hun absoluut aantal blijven toenemen. Absolute
uitschieters in de arbeidsuitvoer zijn Jordanië, Oman en Noord-Jemen.
Toch is het niet de hoeveelheid migrerende arbeiders die het probleem stelt. In Soedan werkte in 1975 'slechts' 0,7% van de totale
actieve bevolking in het buitenland, maar dit cijfer kwam overeen met
44% van het geschoold, professioneel technische personeel. Ook
Jordanië exporteerde in 1975 reeds 3/4 van zijn professionele arbeidskrachten, een cijfer dat nog toeneemt. Hetzelfde geldt voor Egypte.
Het is vooral het grote verlies in bepaalde arbeidscategorieën van hoger niveau dat deze exporterende landen heeft gealarmeerd.
Vroeger werd algemeen aangenomen dat de internationale arbeids-
migratie ten goede kwam aan de arbeidsexporterende landen omdat

hun arbeidsoverschot werd verminderd. Maar het probleem is juist da\
niet alle migranten behoren tot de ongeschoolde of werkloze categorie\
Zo werd geschat dat Egypte in 1985 meer dan 350.000 ongeschoolde\
arbeiders liet gaan, maar toch zullen er twee miljoen werkloos blijven\
Jordanië daarentegen had in 1985 meer dan 30.000 ongeschoolde ar-\
beiders te kort en Oman zowat 18.000. Deze tekorten worden dan weer\
opgelost door de zgn. 'vervangingsmigranten' komende uit Egypte,\
India en Pakistan.

Een typisch voorbeeld is Jordanië dat 120.000 dergelijke werknemers\
telt. Een en ander is het gevolg van het grote aantal Jordaniërs, die\
hun land verlieten (tussen 1976 en 1980: 170.000). Uit schrik voor een\
tekort aan arbeidskrachten (en aldus een stagnatie van de economische\
groei), versoepelde de Jordaanse regering haar immigratievoorwaarden\
en verleende ze gemakkelijker arbeidsvergunningen. Tengevolge van\
de nieuw opduikende werkloosheid en de terugkeer van Jordaanse\
migranten naar hun land, zal de regering haar plannen moeten her-\
zien.

Een nieuwe markt

In de voorbije tien jaar heeft zich een merkwaardige evolutie voorge-\
daan in het recruteren van werknemers door gastlanden. Vroeger\
waren de meeste migranten afkomstig uit de Arabische landen van het\
Midden-Oosten en Noord-Afrika, nu worden de blikken gericht op\
Zuid en Zuidoost-Azië, meer bepaald Pakistan, India, Korea, de\
Filippijnen en Thailand.

De voornaamste oorzaak van deze wijziging is te vinden in het feit\
dat deze landen enerzijds heel wat ongeschoolde arbeidskrachten kun-\
nen ter beschikking stellen en anderzijds zijn er ook genoeg professio-\
nele en geschoolde krachten die dezelfde arbeid (als bv. de\
Egyptenaren) kunnen verrichten, maar dan wel tegen lagere lonen\
Uiteraard zijn de grote werkloosheid en de zeer lage lonen in het\
thuisland mede verantwoordelijk voor hun migratie naar het Midden-\
Oosten en Noord-Afrika.

Toch zijn er bepaalde landen die in de gastlanden beter hebben\
gepresteerd. Als typische voorbeelden kunnen Korea en Pakistan ge-\
nomen worden. De migratie van Pakistani's naar de landen van het\
Arabische schiereiland kende een enorme opflakkering tengevolge van\
de prijsstijging van de olie en ook tengevolge van de buitenlandse po-\
litiek van de regering Bhutto. Hij stuurde zoveel mogelijk aan op\
verbroedering met andere islamitische landen, vnl. Saoedi-Arabië,\
Kuwait en de VAE, om de migratie naar die landen te stimuleren en\
aldus de regering voordeel te bezorgen door de geldstortingen van de\
buitenlandse werknemers aan hun familieleden. Deze maatrege\
oogstte heel wat succes, want de financiële stortingen van de

Pakistaanse overzeese werknemers stegen van 339 miljoen dollar in 1975-1976 tot meer dan 2 miljard dollar in 1980-1981.

Door de onjuiste en beperkte informatie die de autoriteiten doorspelen, is het aantal migranten naar het Arabische schiereiland moeilijk te bepalen. Officiële gegevens behelzen niet de illegale migranten en bovendien geven ze ook een bedenkelijk laag migrantencijfer. In ieder geval moet het aantal Pakistani's, werkzaam in het Midden-Oosten en Noord-Afrika, tussen 1 en 2 miljoen geschat worden.

Algemeen wordt aangenomen dat de Pakistaanse migratie zowel voor de thuisblijvende familieleden als voor de regering meer goed dan kwaad heeft gedaan. In Pakistan zelf werden de vacante plaatsen van migranten ingenomen door de resterende plaatselijke bevolking en door de Afghaanse vluchtelingen. Een Pakistaanse migrant verdient ongeveer vijf maal meer dan thuis. Het ziet er wel naar uit dat Pakistan grote getallen arbeiders zal blijven uitsturen naar de gastlanden, daar het volop bezig is met het herscholen en opleiden van Pakistani's om hen later uit te sturen.

Ook Korea heeft een belangrijke plaats ingenomen op de arbeidsmarkt van het Midden-Oosten en Noord-Afrika. De eerste lichting Koreanen, slechts een 300, werd pas in 1974 naar Saoedi-Arabië en Iran gestuurd. In 1976 was dit getal echter reeds opgelopen tot 21.270 en in 1981 tot meer dan 138.000. De Koreanen werden voornamelijk tewerkgesteld in de bouwsector.

Vooral sinds de betrokkenheid van Korea in het Viëtnamees conflict begonnen tal van Koreaanse bouwfirma's overzee te werken en niet enkel het bouwmateriaal maar tevens ook de manschappen ter beschikking te stellen. Deze methode oogstte een niet gering sukses en de Koreaanse regering stond talrijke firma's bij om nog meer dergelijke contracten te sluiten. Deze plotselinge arbeidsuitvoer heeft vanaf 1977 een arbeidstekort van geschoold personeel in het thuisland tot gevolg, ondanks verschillende Koreaanse wetten die ervoor zorgden dat de Koreaanse economie niet in het gedrang werd gebracht.

Ook de negatieve socio-psychologische impact, verbonden aan deze migratie, leverde de Koreaanse regering problemen op. De keerzijde van de medaille is natuurlijk het grote economische profijt: in 1981 werden meer dan 1.000 contracten in het Midden-Oosten en Noord-Afrika in de wacht gesleept. Dit is wellicht beslissend geweest, vermits de Koreaanse regering nog steeds haar overzeese arbeidspolitiek blijft stimuleren.

We stellen vast dat er in het Midden-Oosten zelf, een sterke voorkeur voor arbeidskrachten uit Oost-Azië te bespeuren is, niet alleen omwille van hun grote werkijver, maar voornamelijk omwille van het 'enclave'-contract. Deze methode bestaat erin dat Korea niet enkel het materiaal en het ontwerp bezorgt, maar tevens ook de ontspanning, mentale opvang enz. na het werk. De Koreaanse arbeiders vormen dus in feite een op zichzelf draaiende gemeenschap. Door het naar zich toe halen van dergelijk economisch profijt langs overzeese tewerkstelling door de arbeider zo produktief mogelijk te maken via het grote belang dat gehecht wordt aan zijn welvaart en welzijn, door efficiënt management en door lage economische kosten heeft Korea een uitstekende reputatie verworven.

Alhoewel zowel Pakistan als Korea een opendeur politiek volgen m.b.t. de migratie, verschilt de Pakistaanse aanpak duidelijk van de Koreaanse. De Pakistaanse arbeiders worden gerecruteerd door arbeidsleveranciers die zeer zwak georganiseerd zijn rond bepaalde arbeidsprojecten en die ook niet onmiddellijk opereren in samenwerking met de Pakistaanse regering. Ook met de overgemaakte bedragen naar Pakistan is het niet al te goed gesteld, doordat te weinig in produktieve activiteiten wordt geïnvesteerd en teveel via onofficiële weg naar de thuisgebleven families wordt overgeheveld.

In tegenstelling tot Korea, is de Pakistaanse buitenlandse arbeidsexport nauw verbonden met de Pakistaanse buitenlandse politiek. De wens van Pakistan om goede relaties te onderhouden met de islamitische landen is steeds nauw verbonden geweest met zijn economische doeleinden. Deze politiek heeft immers tot belangrijke ontwikkelingshulp geleid vanwege de olierijke landen en heeft ook de export behoorlijk bevorderd: Pakistani's in het buitenland zijn nu eenmaal erg gesteld op hun 'home-made' produkten. De politieke overwegingen in Pakistan hebben wel dikwijls geleid tot het verwaarlozen van organisatorische efficiëntie, die voor Korea van het grootste belang is.

In ieder geval hebben Pakistan en Korea, ondanks hun verschillende aanpak een zelfde resultaat behaald: de grote vraag naar hun arbeiders. Ook andere landen van Zuid en Zuidoost-Azië beginnen nu het Pakistaanse voorbeeld (o.a. Bangladesh) of het Koreaanse voorbeeld (Thailand, Filippijnen en Taiwan) te volgen.

Wat met de immigratie in de toekomst?

Alhoewel het probleem van de immigratie voor de gastlanden tot een gevaarlijk punt is gekomen, is de systematische aanpak door de verschillende regeringen vrijwel onbestaande. De pogingen tot het indijken van de immigratiegolven zijn in feite beperkt gebleven tot het 'verwijderen' van de illegale immigranten of de onruststokers, het inkorten van de verblijfstermijnen, het opmaken van strikte contracten en soms het verplicht stellen van een minimum aantal autochtonen onder het werkend personeel. Het naar voren brengen van radicale oplossingen vergt echter een verandering in de houding van de plaatselijke autoriteiten.

Deze zijn niet zelden geneigd om het aantal immigranten in hun land te minimaliseren en de precaire toestand af te doen alsof er nog niet zoveel aan de hand is. Vooreerst zouden zij dus met grotere nauwkeurigheid de aanwezigheid van de buitenlandse bevolking moeten kunnen bepalen, om op basis van (geloofwaardige) statistieken tot handelen over te gaan.

Een tweede belangrijke doelstelling zou moeten zijn dat aan het ronselen van clandestiene arbeiders paal en perk wordt gesteld. Steeds meer clandestiene arbeiders arriveren op de Oostkust van het Arabische schiereiland (vanuit Iran, Pakistan, India enz.) via inschepingen door georganiseerde benden die de meest arme gebieden van Azië afschuimen, op zoek naar ongeschoolde arbeiders.

Een andere herkomst van clandestiene migranten is de bedevaart naar Mekka: jaarlijks komen er honderdduizenden pelgrims naar deze heilige plaats en ondanks de scherpe Saoedische controle slaagt 3 à 5% er telkens in om (illegaal) in Saoedi-Arabië te blijven. Verder, als de migratie 'gecontroleerd' is, moet een begin gemaakt worden met het integreren van de buitenlandse arbeiders. Zij zijn immers van essentieel belang voor de Arabische economie en hebben vaak meerdere jaren op vreemd grondgebied achter de rug. Tot nu toe is geen enkele poging gedaan om deze arbeiders te integreren. Stakingsrecht bestaat niet, syndicaten worden niet getolereerd, de aanwerving of het ontslag zijn niet aan bepaalde voorwaarden verbonden, enz.

Een andere belangrijke aanpak kan gebeuren via het onderwijs. De Arabische bevolking van het schiereiland is niet of onvoldoende gevormd, wat niet zozeer te wijten is aan de onwil van de regeringen om geld vrij te maken voor het onderwijs, maar eerder aan het onderwijssysteem zelf. Vroeger kregen kinderen (of liever de jongens) hun opvoeding in de Koran-schooltjes waar ze een strikt religieuze vorming meekregen en in feite niet opgeleid werden voor het economische leven. Sinds een aantal jaren zijn er weliswaar talrijke scholen opgericht, maar deze introduceren de leerlingen slechts in vakken als literatuur, de Arabische taal en geschiedenis, die een ongeschikte voorbereiding zijn om de buitenlandse kaders te vervangen.

Dit alles, gevoegd bij de vrijwel onbestaande interesse van de lokale bevolking voor technische en manuele arbeid, leidt tot een overbevolking van autochtonen in de administratieve takken. Men is dus dringend aan een mentaliteitsverandering toe bij de jeugd. Want, wat schort er anders wanneer men weet dat er miljarden gespendeerd worden om de leerlingen een degelijke opleiding te geven (ze worden zelfs betaald om lessen te volgen) ?

Een ander zwak punt voor het Arabische schiereiland is het systematisch weren van de vrouwelijke tewerkstelling. Er zijn belangrijke stappen gezet in het toegankelijk stellen van het onderwijs voor vrouwen, maar het opnemen van vrouwen in het arbeidsproces is nog zeer klein. In Kuwait waren in 1977 op een totale actieve bevolking van 304.582 mensen slechts 35.206 vrouwen werkzaam en in Qatar in hetzelfde jaar op 86.727 slechts 1.893. In ieder geval zou een grotere deelname van de vrouw het migrantenprobleem gedeeltelijk oplossen.

De landen van het Arabische schiereiland zullen dus nog lange tijd beroep moeten doen op buitenlandse arbeiders en daarom is het ook noodzakelijk om tot een ernstige dialoog te komen met de arbeidsexporterende landen over het aantal migranten, de arbeidsduur, de sectoren waar een reële behoefte aan arbeidskrachten bestaat, enz. Dergelijke bilaterale regelingen grepen reeds plaats (tussen Egypte en Qatar bv.), maar dikwijls staan de exporterende landen er nogal weigerachtig tegenover omdat dergelijke overeenkomsten hen te weinig tot voordeel strekken en soms zelfs schaden, zoals in het geval van professionele arbeiders die voor 6 maanden uitgestuurd worden.

Literatuur

Longuenesse, E., *Migration et Société dans les Pays du Golfe.* In: Magreb-Machrek, 112 (1986), pp. 8-12.
Serageldin, I., e.a., *Manpower and International Labour Migration in the Middle East and North Africa,* New York, London, 1983.
Shaw, R.P., *Les Migrations et l'Emploi dans le Monde arabe. L'Industrie de la Construction, Facteur décisif.* In: Revue Internationale du Travail, vol. 118, 5, Genève 1979.

SAOEDI-ARABIE EN DE WAHHABIYA

Zoals de nog jonge islamitische gemeenschap van Medina in het begin van de islamgeschiedenis in aanraking kwam met de pracht en praal, als vrucht van de veroveringstochten in het Midden-Oosten, zo overspoelde vanaf 1950 weelde en luxe het Arabische schiereiland. In 1977 bedroegen de olie-inkomsten zowat 40 miljard dollar. Anders dan men zou verwachten, wisten de Saoedi's tot een harmonisch evenwicht te komen: enerzijds werden vanuit het Westen tal van luxegoederen ingevoerd, maar anderzijds bleven de muslims trouw aan de traditionele islamitische waarden.

Ondanks de economische modernisering en de hoogstaande technologie is de Saoedi-Arabische samenleving één van de meest conservatieve gebleven in de islamwereld. Op enkele uitzonderingen na wordt hier de *sjarī'a* (de goddelijke islamitische wet) volgens de letter toegepast: vijfmaal per dag sluiten de handelszaken om de gelovige muslims te laten bidden tot Allāh; het drinken van alcoholische dranken wordt met 40 stokslagen en 10 dagen gevangenis bestraft; een roofmoordenaar wordt de handen en de voeten afgehakt of zelfs gekruisigd; een verkrachter wordt gestenigd. De islam is en blijft de dominante faktor in het openbaar leven van de muslims, iets wat de Saoedische staatshoofden trouwens steeds sterk beklemtoond hebben: "De islamitische wet is en blijft onze richtsnoer, onze inspiratiebron en ons doel", verklaarde koning Khālid bij zijn troonsbestijging in 1975. Ook Faysal, in zijn hoedanigheid van Eerste Minister, benadrukte steeds dat de regering met woord en daad de islam moest beschermen, sterker maken en verstevigen. Het is dan ook logisch dat in de huidige regering van koning Fahd een aantal personen zetelen die de publieke moraal reglementeren en zich 'de Commissie die het goede gebiedt en het kwade verbiedt' noemt. Het is vooral door deze commissie en de geloofsijver van elke muslim afzonderlijk dat de wahhābitische doctrine, dit is de islamitische leer die in Saoedi-Arabië wordt beleden, nog strikt wordt toegepast.

Om bepaalde actuele aspecten van het Saoedi-Arabische openbaar leven en de Saoedische politiek naar juiste waarde te kunnen schatten is een inleiding over de oorsprong en de vroege ontwikkeling van de *Wahhābīya* noodzakelijk. De *Wahhābīya* is een puriteinse beweging, genoemd naar haar stichter, Muhammad Ibn Abd al-Wahhāb. Deze naam werd door de tegenstanders aan de gemeenschap gegeven, de aanhangers zelf noemden zich *muwahhidūn,* dit zijn 'unitaristen' of zij

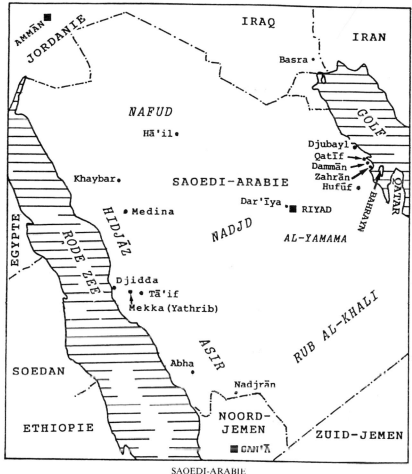

SAOEDI-ARABIE
(AL-MAMLAKA AL-'ARABĪYA AS-SA'ŪDĪYA)

die slechts één God erkennen. Aangezien de term *Wahhābiya* reeds geruime tijd de voorkeur geniet bij de westerse oriëntalisten, zullen we hem ook hier gebruiken, zonder er weliswaar een pejoratieve betekenis aan te willen geven.

De stichter van de Wahhābiya

Muhammad Ibn Abd al-Wahhāb (1703-1791) werd geboren in al-Uyayna, een dorp in de Centraal-Arabische Nadjd, waar hij reeds vroeg van zijn vader, een hanbalitisch rechter, les kreeg in de leer van het hanbalisme. Het hanbalisme is een van de vier islamitisch-orthodoxe rechtsscholen, genoemd naar Muhammad Ibn Hanbal

(780-855). Ibn Hanbal was afkomstig uit Baghdad waar hij in groot aanzien stond als islamitisch theoloog en als kenner van de *hadīth* (de overlevering van de handelingen en gezegden van de profeet Muhammad). Zijn doctrine werd gekenmerkt door een onwrikbaar vertrouwen in de *hadīth* als rechtsbron en het verbieden van *bid'a*, wat letterlijk 'nieuwigheid' betekent. De term *bid'a* houdt dus in dat men denkt of handelt op een wijze die vroeger niet bestond of toegepast werd. De hanbalitische doctrine is dan ook vrij rigoureus en weinig tolerant.

Als overtuigd hanbaliet was Muhammad Ibn Abd al-Wahhāb op jonge leeftijd reeds diep geschokt bij het zien van de religieuze laksheid en het bijgeloof in de toenmalige muslimgemeenschap. De jongeling was vastbesloten om hiertegen te ageren, maar vooraleer tot aktie over te gaan, ondernam hij een aantal studiereizen. Op 20-jarige leeftijd, rond 1723, ging hij naar Mekka om er zich te vervolmaken in de wetenschap van de Koranexegese, de traditie en de rechtspraak. Vandaaruit trok hij naar het noordelijk gelegen Medina en naar Basra in Zuid-Iraq waar de Basriërs zijn nogal extreme ideeën niet in dank afnamen en hem de stad uitjoegen. Op weg naar het dichtstbijgelegen dorp, Zubayr, kwam Muhammad Ibn Abd al-Wahhāb bijna om van honger en dorst, maar hij werd door een bedoeïen van de dood gered. Muhammad zag zich nu genoopt om zijn geplande tocht naar Syrië op te geven -bij zijn vlucht uit Basra had hij al zijn have en goed moeten achterlaten- en terug te keren naar de streek van zijn geboortedorp, al-Uyayna. Daar werd hij eervol ontvangen door Uthmān Ibn Hamad die zijn eerste adept werd en tevens bewerkstelligde dat een groot deel van de inwoners zich bij zijn rangen voegde.

Het is rond deze tijd (ca. 1740) dat Muhammad Ibn Abd al-Wahhāb zijn doctrine begon te verkondigen: hij predikte de terugkeer naar de zuivere islam en ijverde voor de afschaffing van elke *bid'a* die ná de 3de eeuw van de islamitische tijdrekening werd geïntroduceerd. In het propageren van zijn leer werd Muhammad sterk beïnvloed door de befaamde hanbalitische theoloog en jurist Ibn Taymīya (1263-1328). De principes waarvoor Ibn Taymīya jarenlang had geijverd, vertoonden een grote overeenstemming met de doctrine van de stichter van de *Wahhābīya* en behoeven dus wat nadere uitleg.

Ibn Taymīya studeerde islamitische wetenschappen in Damascus, de hoofdstad van Syrië, en volgde reeds op 20-jarige leeftijd zijn vader op als leraar in het hanbalitische recht. Hij hechtte vooral grote waarde aan de traditie en interpreteerde de Koran soms zo letterlijk dat hij op beschuldiging van antropomorfisme (het toekennen van menselijke eigenschappen aan God) verscheidene malen in de gevangenis werd gegooid: zo zat hij ongeveer drie jaar opgesloten in Kaïro, 8 maanden in het fort van Alexandrië en nog eens een half jaar in de kerker van Damascus, waar hij stierf. Ibn Taymīya was zelfs een zo overtuigd antropomorfist dat hij op een keer, vanaf de kansel in de moskee van

Damascus riep: "Allāh daalt neer van de hemel op aarde, zoals ik nu naar beneden kom" en hij ging de trappen van de preekstoel af. Ook was hij een fervent tegenstander van *taqlīd* (het als gezag hebbend erkennen van vroegere autoriteiten zonder een eigen oordeel te mogen vellen) en *idjmā* (de consensus, de algemene overeenstemming van de *mudjtahids*, van de muslimgeleerden die wel een eigen oordeel mogen vellen). Evenals Ibn Hanbal verwierp Ibn Taymīya alle innovaties *(bid'a)* en keerde zich dan ook heftig tegen de heiligencultus en de bedevaart naar hun graven. De profeet Muhammad zou immers gezegd hebben: "Ge zult slechts drie moskeeën mogen bezoeken: de heilige moskee van Mekka, die van Jeruzalem en de mijne."

De wahhābitische doctrine en Muhammad Ibn Sa'ūd (1745-1765)

Vanuit de hanbalitische doctrine, zoals vertolkt door Ibn Taymīya, moeten we ook de grondbeginselen verstaan die Muhammad Ibn Abd al-Wahhāb verkondigde en vastlegde in zijn *Kitāb at-Tawhīd* (Boek van de Eenheid): alle objecten van verering, anders dan Allāh zijn vals en zij die ze vereren, verdienen de doodstraf; het is verboden om de graven van heiligen te bezoeken; het is *sjirk* (het geven van gezellen aan Allāh die volgens de islam geen enkele gezel heeft en dus Enig is) om de *salāt* te beginnen met de naam van een profeet, heilige of engel; het is *sjirk* om beloften te maken en bemiddeling te zoeken bij een ander wezen dan Allāh; het verkondigen van kennis, niet gebaseerd op de Koran, de *sunna* of de noodzakelijke conclusies van de rede staat gelijk met ongeloof; het is ongeloof om *qadr* (de goddelijke predestinatie, die alleen beperkt wordt door het feit dat de mens zijn handelingen zelf kan bepalen, maar er dan ook de volle verantwoordelijkheid voor draagt) in de handelingen te negeren en om de Koran allegorisch te verklaren; het is verplicht de *salāt* bij te wonen. Het roken van tabak wordt bestraft met maximum 40 zweepslagen, beledigende taal en het afscheren van de baard worden eveneens bestraft; het gebruik van de gebedssnoer voor de 'litanie' van de 99 heilige namen van God is verboden: de namen van God moeten op de vingerknoken worden geteld.

Met deze doctrine had Muhammad Abd al-Wahhāb succes: een groot deel van de inwoners van al-Uyayna schaarde zich zonder enig verzet achter hem en vormde de kern van de *Wahhābiya*. De eerste akties om de wahhābitische doctrine eer aan te doen werden ondernomen. Er werd een huurling gestuurd om een aantal bomen om te hakken die vereerd werden door de 'onwetende' muslims en de meest heilige boom werd door Muhammad Abd al-Wahhāb zelf omgehakt.
Zijn reputatie werd steeds groter, maar het groeiende succes lokte ook tegenstand uit, in zoverre zelfs dat hij zich gedwongen zag om al-Uyayna te verlaten en zich samen met zijn familie te vestigen in

al-Dar'īya, in de buurt van de huidige hoofdstad Riyād. Hier kwamen tal van mensen hem opzoeken om de wahhābitische doctrine te aanhoren. Zelfs de emir van al-Dar'īya, Muhammad Ibn Sa'ūd, betuigde hem een grote eer door hem op te zoeken en bescherming te verlenen. In 1745 kwamen Muhammad Ibn Sa'ūd en Muhammad Ibn Abd al-Wahhāb tot een akkoord waarin gestipuleerd werd dat de soevereiniteit zou toekomen aan de emir en het religieuze leiderschap aan Abd al-Wahhāb, indien zij erin zouden slagen om het wahhābisme op te leggen aan de inwoners van het schiereiland. Sindsdien is er een hechte samenwerking blijven bestaan tussen de familie Sa'ūd en de *Wahhābiya*. Deze band werd nog versterkt door het huwelijk van Muhammad Ibn Sa'ūd met een dochter van Muhammad Ibn Abd al-Wahhāb.

Van dan af werd naast de kennis van Koran, *hadīth* en *sunna* ook de *djihād,* de heilige oorlog, sterk benadrukt. In afwachting van de eerste militaire expedities werden de door het wahhābisme bezielde muslims getraind in het gebruik van vuurwapens. De *Wahhābiya* kwam reeds in 1747 in conflict, voor 27 jaar, met de sjaykh van Riyād, Dahhām Ibn Dawwās. Gedurende deze periode slaagde de zoon van Ibn Sa'ūd, Abd al-Azīz Ibn Sa'ūd erin om steeds meer gebied in te palmen. Telkens er een plaats werd veroverd, werd er een versterking gebouwd en een vast garnizoen geïnstalleerd met, naargelang het belang van de plaats, een rechter en een *muftī* (iemand die, op grond van de bestaande interpretatie, bindende adviezen geeft in godsdienstige en rechterlijke aangelegenheden). In 1765, na de dood van Muhammad Ibn Sa'ūd, volgde Abd al-Azīz zijn vader op.

Abd al-Azīz Ibn Sa'ūd (1766-1803)

Gedurende de lange regeringsperiode van Abd al-Azīz (1766-1803) voerde de *Wahhābiya* een verbeten strijd tegen de machtige coalities van Arabische stammen. Uiteindelijk moesten ze wijken voor de discipline en de religieuze bezieling van de *Wahhābiya*. De macht van de Saoedische familie groeide gestadig en vrij snel werd de wahhābitische doctrine in de ganse Nadjd en de kuststreek van al-Ahsā gehuldigd. De meest fervente opponent, Dahrān Ibn Dawwās, werd in 1773 uit Riyād verdreven. Abd al-Azīz palmde de verlaten stad in, liet alle huizen verzegelen om diefstal te voorkomen en gaf zijn troepen de opdracht de vluchtelingen achterna te zitten. Na 27 lange jaren kwam de strijd tot een einde.

Rond 1800 had Abd al-Azīz het grootste deel van het Arabische schiereiland in zijn macht: zelfs de Turkse *wālī* (gouverneur) van Baghdad, Süleyman Pāsja en de *sjarīf* (gouverneur) van Mekka besloten de strijd te staken en vrede te sluiten met de machtige *imām* van ad-Dar'īya. Dit vredesverdrag werd al gauw geschonden door sji'itische onderdanen van de *wālī* van Baghdad die een wahhābitische pelgrimskaravaan overvielen en plunderden. Toen Abd al-Azīz hierop prompt reageerde met de algehele verwoesting van de sji'itische heiligdommen van Karbalā kwam het ook tot wrijvingen met de *sjarīf* van Mekka die aan de *Wahhābīya* de toegang tot de heilige stad Mekka verbood. De moeilijkheden die de Iraanse en Iraaqse pelgrims daarna op weg naar Mekka ondervonden noopten de *sjarīf* ertoe het verbod op te heffen.

Ongeveer 6 maand later, in oktober 1803, werd Abd al-Azīz tijdens het gemeenschappelijke gebed in de moskee van ad-Dar'īya neergestoken door iemand die pretendeerde een in de wahhābitische doctrine geïnteresseerde *darwīsj* te zijn en daarom toegelaten werd tot de gastvrijheid van de heersende familie. Bij zijn dood strekte de macht van Abd al-Azīz Ibn Sa'ūd zich uit van Jemen tot Baghdad en van Oman tot Syrië. Bijna gans het Arabische schiereiland was één groot imperium geworden, onder het gezag van één enkele heerser.

Sa'ūd Ibn Abd al-Azīz (1803-1815)

Sa'ūd b. Abd al-Azīz volgde in 1803 zijn vader op. Gedurende 35 jaar had hij het bevel gevoerd over de wahhābitische troepenmacht en 15 jaar lang regelde hij als troonopvolger de staatszaken. Bogend op die grote ervaring als politicus en militair, bracht hij de wahhābitische staat op zijn hoogtepunt: Medina (1804), Mekka en Djidda (1806) werden veroverd. De bevolking huldigde de wahhābitische doctrine en stemde in met het slopen van de graftomben. In de jaren die hierop volgden, drongen de wahhābitische geloofsstrijders zelfs door tot in Nadjaf (Iraq) en Damascus (Syrië). Anno 1811 strekte het wahhābitische rijk zich uit van Aleppo tot de Indische Oceaan en van de Perzische Golf en Iraq tot de Rode Zee, zodat de Turkse autoriteiten uiteindelijk het plan opvatten om de Hidjāz te zuiveren van de 'wahhābitische smet'.

Muhammad Alī (Mehmet Alī), de toenmalige heerser van Egypte, werd door de 'Sublieme Porte' (de Ottomaanse regering in Istanbul) aangesproken om orde op zaken te stellen en allerhande oorlogsmaterieel werd overgebracht naar Egypte. Onmiddellijk stuurde Muhammad Alī een eerste troepenmacht van 14.000 Turken en Marokkanen uit onder leiding van zijn zoon, Tūsūn Pāsja, die het onderspit moest delven tegen Sa'ūds zoon, de latere koning Abd Allāh. Deze slag die aan 4.600 strijders het leven kostte, luidde het begin in van een 6 jaar durende oorlog (1812-1817). Om de eer van zijn zoon te redden, stuurde Muhammad Alī onmiddellijk een aantal hulptroepen onder het bevel van Ahmad Ibn Nabart (Bonaparte) die de hulp kreeg van heel wat (overgelopen) Arabische stammen. In november 1812 palmden Turkse troepen Mekka en Medina in. Gans de Hidjāz was nu in handen van de Turkse garnizoenen en Muhammad

Alī besloot hierop zelf naar Saoedi-Arabië op te rukken om er --na een lange tussenpoze-- opnieuw de *hadjdj* (bedevaart) te volbrengen en met zijn eigen legereenheid de belangrijkste militaire posities in te nemen. Sa'ūd Ibn Abd al-Azīz kon het wahhābitisch rijk verder uitbreiden dan Muhammad Ibn Abd al-Wahhāb en Muhammad Sa'ūd ooit hadden durven denken: een Arabisch-islamitische staat was gecreëerd, maar dit rijk hield niet lang stand.

Op 1 mei 1814 stierf deze koning op een moment dat de staat bedreigd werd door de Turken.

Sa'ūd werd opgevolgd door zijn zoon, Abd Allāh, die zich voor een uiterst moeilijke, zelfs hopeloze taak gesteld zag, nl. het verdedigen van het rijk tegen de Turkse agressie.

Abd Allāh Ibn Sa'ūd (1814-1818)

In 1815 kwamen Abd Allāh en Tūsūn overeen de vijandelijkheden te staken, de Turkse interventie in de Nadjd te beëindigen en de handels- en *hadjdjvrijheid* te garanderen. Niet voor lang echter, want kort nadien verbrak Muhammad Alī het vredesverdrag en gelastte zijn zoon Ibrāhīm Pāsja een nieuwe expeditie te ondernemen. In oktober 1816 arriveerde Ibrāhīm te Medina. Hij zette met wisselend succes de strijd verder: ongeveer anderhalf jaar hield koning Abd Allāh stand tegen de veruit superieure troepenmacht van de bekwame veldheer Ibrāhīm. De zes maanden die hier op volgden waren echter catastrofaal en betekenden het einde van de eerste wahhābitische staat. Ad-Dar'īya werd ingenomen in september 1818 en er werd vrede gesloten op voorwaarde dat Abd Allāh zich zou overgeven. Onder strenge bewaking werd Abd Allāh via Egypte naar Constantinopel gebracht, waar hij onthoofd werd. Het geld van de Turkse sultān haalde het op de dapperheid van Abd Allāh. Het immense oorlogspotentieel in overweging genomen was de 'overwinning' van Ibrāhīm allesbehalve eervol: zowat 12.000 Turken sneuvelden tijdens de Arabische expeditie, waarvan ongeveer 10.000 bij de slag van ad-Dar'īya. Het aantal doden onder de wahhābitische verdedigers van ad-Dar'īya werd daarentegen op 'slechts' 1.300 geschat.

Ibrāhīms terreurregime duurde nog zowat 9 maanden na de val van ad-Dar'īya. Geleidelijk aan ging de wahhābitische discipline opnieuw verloren en weerom werd Saoedi-Arabië het toneel van allerlei chaotische toestanden. Tal van emirs, door de *Wahhābiya* sterk in toom gehouden, trachtten nu hun macht en eer te herstellen. Alhoewel velen onder hen hierin mislukten --de Turks-Egyptische troepen bezetten nog steeds de Hidjāz en de Nadjd--, slaagde Turkī Ibn Sa'ūd, een neef van Sa'ūd, er toch in om de bevolking voor zich te winnen.

Turkī Ibn Sa'ūd (1821-1834) en Faysal Ibn Sa'ūd (1834-1865)

Turkī kon in 1821 de heerschappij van het huis Sa'ūd terug herstellen, en dan nog wel in Riyād, de huidige hoofdstad. In 1833 betaalde gans de kuststreek van de Perzische Golf belasting aan Turkī en verscheidene inlandse provincies, ooit toebehorend aan Sa'ūd, werden heroverd. De regering van Turkī duurde echter niet lang, want in 1834 werd hij, bij het verlaten van de vrijdagmoskee, door de aanhangers van Misjarī Ibn Abd ar-Rahmān (verre familie van Muhammad Ibn Sa'ūd) vermoord.

Misjarī bezette het fort van Riyād en dwong de burgers hem te erkennen als leider. Hij heerste slechts 40 dagen want de zoon van Turkī, Faysal Ibn Sa'ūd, had intussen voorbereidingen getroffen om Riyād binnen te vallen. De volgelingen van Misjarī werden verslagen en om de bevolking ervan te overtuigen dat de vermoorde Turkī gewroken was, werd het hoofd van Misjarī op de binnenplaats van het fort gegooid. Onmiddellijk huldigden de inwoners van Riyād, Faysal als hun nieuwe imām.

Faysal Ibn Sa'ūd (1834-1838)-(1843-1865) en de ondergang van de Saoedische staat

Vier jaar na zijn aantreden moest Faysal wijken voor de Egyptische troepen van Hursjīd Pāsja. Pas op 13 juli 1843, na een interregnum van iets minder dan vijf jaar, kon Faysal weer de troon bestijgen. Door goede contacten met het Ottomaanse Rijk, slaagde Faysal erin om gedurende zijn (tweede) lange regeringsperiode (1843-1865) het wahhābitische territorium zijn oude grenzen terug te geven. Na zijn dood (2 december 1865) brak evenwel een periode van onenigheid en strijd aan, culminerend in de totale ondergang van de Saoedische dynastie gedurende het laatste decennium van de 19de eeuw. De rechtmatige troonopvolger Abd Allāh werd door zijn broer Sa'ūd van de troon gestoten en riep, onbezonnen als hij was, de Turkse *wāli* van Baghdad ter hulp. In 1871, werd de Ahsā-provincie dan ook bezet door de Turkse troepen.

Na de dood van zijn broer Sa'ūd in 1875 kon Abd Allāh opnieuw de troon bestijgen. In een poging om al-Qasīm (provincie ten N.W. van Riyād) te onderwerpen, geraakte hij in conflict met de machtige heerser van Hā'il, Muhammad Ibn Rasjīd, die hem in 1884 een zware nederlaag toebracht. Abd Allāh werd nu volledig onafhankelijk van de emir van Hā'il die een eigen gouverneur plaatste te Riyād.

Het ontbrak Faysals zonen aan energie om het Hā'il-juk af te werpen, op één na, met name Abd ar-Rahmān. Die wist een coalitie te vormen met talrijke woestijnemirs en bedoeïenenstammen. In de lente van 1891 had een gebeurtenis plaats die het lot van de Nadjd voor lange tijd zou bepalen. De strijd om de hegemonie over de woestijn werd uitgevochten. Dertig dagen lang stonden de troepen van

Muhammad b. Rasjīd en Abd ar-Rahmān tegenover elkaar, zowat 60.000 manschappen. Aanvankelijk evolueerden de gevechten in het voordeel van Abd ar-Rahmān. Op het einde van de maand lanceerde Ibn Rasjīd echter een grootscheepse aanval met 20.000 kamelen, waardoor de vijandelijke infanterie in paniek raakte. Abd ar-Rahmān maakte onmiddellijk rechtsomkeer, richting Riyād, waar alles in gereedheid werd gebracht voor de vlucht. Onder de vluchtelingen was ook de jonge Abd al-Azīz, de toekomstige koning Ibn Sa'ūd, verschanst in een zadeltas van een kameel. De Nadjd van de *Wahhābiya* werd een onbeduidende provincie van een vreemd rijk, de Hā'il-dynastie.

Abd al-Azīz ibn Sa'ūd

Na lange omzwervingen in de woestijn belandde de familie Sa'ūd in Kuwait, waar zij gastvrij ontvangen werd door de sjaykh Muhammad Ibn Sabah . Eind 1894 werd Muhammad vermoord door zijn broer Mubārak, die maar al te goed wist dat hij via de aanwezigheid van een groot deel van de (verbannen) Sa'ūd-familie druk zou kunnen uitoefenen op de politieke en militaire ontwikkelingen in Saoedi-Arabië. Het was van deze Mubārak dat Abd al-Azīz de eerste lessen in staatsmanschap kreeg. Een totale zonsverduistering op 11 juli 1897 scheen voor velen een voorteken te zijn van een grote ramp, maar niets gebeurde. Het was pas op het einde van dat jaar dat de grote bezieler van de Hā'il-dynastie, Muhammad Ibn Rasjīd stierf en opgevolgd werd door zijn neef Abd al-Azīz Ibn Mit'ab Ibn Rasjīd, een 30-jarige man die voorbestemd was om in tien jaar tijd de Hā'il-erfenis uit zijn handen te laten glippen.

In 1900 ondernamen Mubārak en Abd ar-Rahmān talrijke pogingen om al-Qasīm binnen te vallen, maar telkens werden zij teruggeslagen door de troepenmacht van Ibn Mit'ab Ibn Rasjīd, en voelden er dan ook weinig voor om nieuwe expedities te organiseren. De 21-jarige Abd al-Azīz dacht echter niet in die zin en in de herfst van 1901 kreeg hij toelating van zijn vader om een (tweede) aanval op Riyād te wagen. Op het einde van de vastenmaand *ramadān* vierden Abd al-Azīz en zijn manschappen naar gewoonte de *īd al-fitr* (feest van het breken van de vasten) en zetten diezelfde nacht nog koers naar Riyād, waar zij zich schuil hielden op het plateau van Djubayl. Gedurende de feestperiode werd zeer weinig aandacht besteed aan de expeditie en aldus konden ze via een bres in de omwalling van de stad ongezien binnensluipen. Ze haastten zich naar de private vertrekken van de Rasjīd-gouverneur Adjlān, klopten aan en dreven in een mum van tijd alle daar aanwezige vrouwen en dienaren bijeen in één kamer. Abd al-Azīz en zijn 15 manschappen hielden zich schuil tot de dageraad, het moment waarop Adjlān gewoonlijk terugkeerde van zijn fort: eenmaal de poort van het fort geopend, stormden zij op de gouverneur af.

In de korte maar hevige strijd die volgde, werd Adjlān gedood. Na een interval van 11 jaar kwam Riyād terug in handen van een telg uit de Sa'ūd-dynastie. De verwonderde burgers van Riyād, uit hun slaap gewekt door de schermutselingen, haastten zich om hun loyauteit te betuigen aan Ibn Sa'ūd. Op korte tijd werden de stadswallen, bijna volledig vernield door Rasjīd, terug opgetrokken.

Als hoofd van de dynastie bewaarde Abd ar-Rahmān de titel van *imām*, terwijl zijn zoon de leiding van de staat kreeg. Deze ogenschijnlijke dualiteit bracht geen problemen met zich mee: voor godsdienstige aangelegenheden won de zoon raad in bij zijn vader en in staatszaken besliste Abd al-Azīz alleen. Vaderlijke fierheid en filiaal respect gingen harmonisch samen.

De consolidatie van Ibn Sa'ūds macht

Vanaf dat moment nam Ibn Sa'ūd de gigantische taak op zich om het wahhābitische Rijk uit te breiden en te beveiligen. Hij besefte maar al te goed dat hij, om dit te verwezenlijken, in goede verstandhouding zou moeten leven met Kuwait en met de grootmacht Engeland die sinds 1899 goede banden had met sjaykh Mubārak van Kuwait.

Aanvankelijk dacht Ibn Sa'ūd alleen aan het terugwinnen van de Nadjdprovincies, maar dankzij tal van overwinningen op zijn rivaal Ibn Rasjīd, koesterde hij het verlangen om een groot imperium uit te bouwen.

Ook de Ottomaanse regering. herzag vanaf nu haar politiek, en dit om twee redenen:
1) omdat Engeland, dat steeds had beweerd zich niet te zullen moeien met Saoedi-Arabië, nu wel tussenkwam in de politiek van Kuwait: in 1904 werd er voor de eerste maal een 'British Agent' aangesteld, Sir Percey Cox, ondanks verzet van Turkije.
2) omdat de stabiliteit van noordelijk Saoedi-Arabië (in handen van de Turken) in gevaar werd gebracht door een potentiële vijand als Ibn Sa'ūd.

Eind mei 1904 marcheerden acht Turkse bataljons op, samen met de troepen van Ibn Rasjīd, ter herovering van de Qasīmprovincie. Op 15 juni greep een bikkelharde strijd plaats, waarin beide partijen werden geteisterd door cholera-epidemieën (voor de eerste maal genoteerd in Saoedi-Arabië) en grote droogte. De strijd die zowat 3 maand duurde, eindigde met de overwinning voor Ibn Sa'ūd; de Ottomaanse regering besloot na onderhandelingen haar troepen terug te trekken naar Iraq en Medina.

Het prestige van Ibn Sa'ūd was gegroeid en de hegemonie over de woestijn zou verder uitgevochten worden zonder inmenging van buiten uit. Tijdens een van de veldslagen die hierop volgden, werd Ibn Mit'ab Ibn Rasjīd doodgeschoten (april 1906) en opgevolgd door zijn minder bekwame zoon Mit'ab Ibn Abd al-Azīz.

Tot aan de noordelijke grens van de Qasīmprovincie was de stabiliteit van Ibn Sa'ūds regime gewaarborgd. Ibn Sa'ūd kon nu op zijn lauweren rusten en zich toespitsen op de reorganisatie en stabilisering van zijn administratie, eerder dan op machtsexpansie.

De ikhwān

Uiteraard werd er ook groot belang gehecht aan de wahhābitische doctrine. Reeds vroeger was overduidelijk gebleken hoe de Saoedische soldaten door religieuze bezieling tot het uiterste werden gedreven. Dit fanatisme moest echter 'georganiseerd' worden en gevrijwaard blijven van tribale factoren.

De politiek van Ibn Sa'ūd kon slechts op één voorwaarde effectief zijn, nl. indien de nomaden-bedoeïenen zouden samengebracht worden in dorpsconcentraties. Niet langer mochten de bedoeïenen gedreven worden door een soort 'parochiale loyauteit' die het nationale patriottisme overschaduwde.

Om deze zwakheid weg te werken stuurde Ibn Sa'ūd tal van 'zendelingen' uit die de wahhābitische doctrine moesten inhameren bij de Arabische stammen. In 1912 waren de gevolgen reeds merkbaar: een eerste broederschap, een verzameling van *ikhwān* (broeders) van zowat 50 mannen en hun families werd gesticht. Als vestigingsplaats van de kolonie werd Artawīya gekozen, gelegen op de karavaanroute tussen Kuwait en al-Qasīm.

Artawīya werd het prototype van de militair-religieuze nederzettingen die her en der als paddestoelen uit de grond rezen. Ibn Sa'ūd zorgde niet alleen voor religieuze indoctrinatie, maar ook voor wapens, ammunitie, materiaal voor de bouw van scholen en moskeeën, landbouwwerktuigen enz. Elke kolonie *(hidjra)* bestond uit drie klassen: bedoeïenen die boeren werden, de 'zendelingen' en de landelaars. Voor militaire doeleinden werd een andere indeling voorzien: zij die ten allen tijde bereid zijn tot de *djihād* (de heilige oorlog), de reservetroepen (in vredestijd veehoeders en ambachtslieden) en tenslotte diegenen die meestal in de kolonie blijven om de landbouw en handel op peil te houden, maar daarom niet vrijgesteld zijn van militaire dienstplicht.

Eind 1912 bevond Ibn Sa'ūd zich aan het hoofd van een enorme troepenmacht, op wier loyauteit hij altijd kon rekenen, alhoewel het fanatisme om de ongelovigen (ook de niet-wahhābitische muslims) uit te roeien dikwijls moest worden ingetoomd. Maar ook hier had Ibn Sa'ūd een veiligheid voorzien: zijn troepen bestonden steeds uit een lichting *ikhwān* die onder hun eigen banier opmarcheerden en een lichting zeer gedisciplineerde lijfwachten.

De Eerste Wereldoorlog en de Arabische Opstand

Rond deze tijd was Ibn Saʿūd de onbetwiste leider van de Nadjd geworden, hoewel hij nog te kampen had met grote problemen. Aan geen enkele kant grensde zijn rijk aan zee, waardoor het in een moeilijke economische situatie verkeerde. Rijst, tarwe en klederen moesten ingevoerd worden. Om de economische mogelijkheden van zijn land uit te breiden, veroverde Ibn Saʿūd in mei 1913 de al-Ahsā-provincie op de Turken, die nauwelijks reageerden op dit verlies. Bovendien stelde het uitbreken van de oorlog tussen Turkije en Engeland een eind aan de hoop om al-Ahsā te recupereren.

Ibn Saʿūd had weer eens een sublieme zet gedaan: hij was de Engelsen vóór geweest in de verovering van al-Ahsā. Ongeveer twee maand na deze inval tekenden Engelsen en Turken (29 juni 1913) een verdrag waarin hun houding gestipuleerd werd t.o.v. Kuwait, Bahrayn, de Verenigde Arabische Emiraten en de al-Ahsāprovincie. Binnen de drie maanden zou dit verdrag geratificeerd worden, maar deze datum werd uitgesteld tot 31 oktober 1914, de dag dat de Engelsen de oorlog verklaarden aan het Ottomaanse Rijk. Er stonden nog ergere dingen te wachten; in maart 1914 werd door diezelfde partijen een nieuw verdrag ondertekend inzake de verdeling van het Arabische schiereiland: alles ten zuiden van de lijn Qatar-Aden zou Brits worden, terwijl alles ten noorden van die lijn (zelfs de Nadjd en al-Ahsā) Turks zou worden. Waarom de Turken dit deden is weinig duidelijk. Wellicht trachtten zij al-Ahsā te heroveren met Britse toestemming.

In ieder geval brak in oktober 1914 de oorlog uit en Engeland zag zich nu wel gedwongen om te onderhandelen met Ibn Saʿūd. Einde 1915 ondertekende Sir Percey Cox, de 'British agent' te Kuwait, een contract waarin de onafhankelijkheid van Ibn Saʿūds territorium werd erkend en waarborgen werden gegeven tegen eventuele agressie. De Engelsen hadden echter niet alleen beloften gedaan aan Ibn Saʿūd, maar eveneens aan Husayn Ibn Alī, de *sjarīf* van Mekka, die een onafhankelijke staat zou krijgen, op voorwaarde dat hij de Britse zaak zou steunen tegen de Ottomanen. Aldus brak in juni 1916 de 'Arabische Opstand' uit, waarbij de Turken werden verdreven uit Mekka en Husayn Ibn Alī zich uitriep tot koning van de Arabieren. Ibn Saʿūd was duidelijk verontrust door de ambities van 'koning' Husayn die in zijn zaken zou durven interfereren. Daar komt nog bij dat de Britse regering zich volledig achter de Arabische Opstand schaarde ('kolonel' Thomas E. Lawrence werd zelfs ter plekke gezonden om de opstand beter te organiseren). De Britse regering slaagde er echter in om Ibn Saʿūds aandacht af te leiden van de Hidjāz door hem financiële en militaire steun te bezorgen zodat hij de strijd tegen Ibn Rasjīd kon voortzetten.

De veroveringen van Hā'il en het verdrag van Djidda

Na de nederlaag van de Turken in de Eerste Wereldoorlog werd het Sykes-Picot Verdrag gesloten (de geheime afspraak over de verdeling van de invloedssferen in het Midden-Oosten tussen Engeland en Frankrijk). Ibn Sa'ūd zag nu de kans om zijn macht uit te breiden. Toen de Engelsen in 1920 en 1921 Abd Allāh en Faysal (beiden zonen van Husayn Ibn Alī) resp. in Trans-Jordanië en Iraq installeerden, voelde Ibn Sa'ūd zich in het nauw gedreven door de Husaynclan. In een aantal vlugge, gewaagde militaire expedities palmde hij Hā'il in. Uiteraard brachten deze woestijnexpedities financieel weinig op en de *ikhwān* die niet langer mochten plunderen, eisten compenserende subsidies. Bij gebrek aan beter stond Ibn Sa'ūd in de winter van 1923 een olieconcessie toe aan het Eastern General Syndicate, mits betaling van 10.000 S per jaar. Niet lang nadien echter, na het afzetten van de Ottomaanse sultān Mehmet VI, riep Husayn Ibn Alī zich uit tot *kalief* van de Arabieren. Ibn Sa'ūd zag de heilige plaatsen in gevaar gebracht en rukte met zijn troepen op naar Mekka, waarop Husayn troonsafstand deed ten voordele van zijn zoon Alī, die zich echter reeds in januari 1926 overgaf. Meteen was Ibn Sa'ūd uit de financiële moei lijkheden: nu kon hij zich de inkomsten van de bedevaart *(hadjdj)* toeëigenen en ze besteden aan de ontwikkeling van zijn land, het onderdrukken van steeds weer opflakkerende bedoeïenenrebellies en het vestigen van landbouwnederzettingen.

In het verdrag van Djidda (1927) werd Ibn Sa'ūd door de Britten erkend als koning van de Hidjāz, de Nadjd en onderhorigheden, terwijl hijzelf de heerschappij erkende van zijn twee rivalen, Abd Allāh en Faysal. Ook de grenzen van Ibn Sa'ūds territorium waren nu zorgvuldig afgebakend, iets dat de *ikhwān* niet zo erg zinde. In 1922 waren ze doorgedrongen tot in Trans-Jordanië (Brits mandaatgebied) en ook nu wilden ze zich niet laten binden door de begrenzing met Iraq en Kuwait. Toen ze opriepen tot een *djihād* en Ibn Sa'ūd hen dit ten stelligste afraadde, beschuldigden ze hem van religieuze laksheid: in 1928 rebelleerden ze in het openbaar, zodat Ibn Sa'ūd zich genoodzaakt zag om de opstand neer te slaan (januari 1930). Deze datum betekent tevens het einde van het militante wahhābisme. Latere oorlogen, o.a. tegen Jemen en Israël waren eerder nationalistisch dan religieus gefundeerd.

1932-1953

Vanaf nu werd ook een start gemaakt met het leggen van fundamenten voor de toekomst: grote aandacht werd besteed aan de waterbevoorrading (mechanische pompen, pijpleidingen, reservoirs, e.d.); het onderwijs werd sterk gestimuleerd (uitreiken van beurzen, aantrekken van buitenlandse leerkrachten); aan medische verzorging werd steeds meer belang gehecht (belangrijk voor opvang van pelgrims); de communicatiemiddelen werden gemoderniseerd (telefoon, telegraaf).

Hiervoor waren uiteraard massale financiële investeringen vereist en door de terugval van de wereldeconomie in het begin van de jaren '30 werd Saoedi-Arabië geconfronteerd met een ernstige financiële crisis: de voornaamste bron van inkomsten was de *hadjdj* (de bedevaart naar Mekka). Het aantal pelgrims dat in 1929 nog zowat 100.000 per jaar bedroeg, daalde in 1932 tot 40.000. Gelukkig voor Ibn Sa'ūd werd rond die tijd in Bahrayn olie gevonden en het zou niet lang meer duren of ook in Saoedi-Arabië zou het zwarte goud ontdekt worden.

In september 1932 riep Abd al-Azīz Ibn Sa'ūd zich uit tot koning van Saoedi-Arabië en benoemde zijn zoon Sa'ūd tot kroonprins. Ongeveer twee jaar later, na een glorierijke overwinning in de grensoorlog met Noord-Jemen, werd de demarcatielijn tussen Saoedi-Arabië en Jemen voor eens en voor altijd vastgelegd in het Verdrag van Tā'if (20 mei 1934). De goede relaties tussen de twee buurlanden werden niet in het gedrang gebracht door een incident gedurende de *hadjdj* van 1937, toen drie Jemenitische pelgrims Ibn Sa'ūd trachtten neer te steken tijdens zijn *tawāf* (rondgang rond de Ka'ba). De drie daders werden ter plaatse neergeschoten door de koninklijke lijfwacht. Buiten de Italiaanse luchtaanval op Dahrān (in de buurt van Bahrayn) waren de grootste verliezen van Saoedi-Arabië, tijdens de Tweede Wereldoorlog, economisch: de *hadjdj* kende een totaal dieptepunt in 1943. Niet lang daarna echter begon de olie-industrie op volle toeren te draaien en rond 1950 werden de Middellandse Zee en de Saoedi-Arabische olievelden met elkaar verbonden door een oliepijplijn.

Op 9 november 1953 stierf Abd al-Azīz Ibn Sa'ūd in aanwezigheid van talrijke familieleden: een grootse regeringsperiode van een geboren leider werd aldus beëindigd. Een van de meest briljante hoofdstukken uit de islamitische geschiedenis werd met zijn dood afgesloten.

ISLAM IN DE BUITENLANDSE POLITIEK
VAN SAOEDI-ARABIE

De islamitische, meer bepaald de wahhābitische doctrine is de belangrijkste component in het denken en handelen van de Saoedische
dynastie. Omdat de strikte naleving van de Heilige Wet de basis van
de politieke en maatschappelijke organisatie is, geldt Saoedi-Arabië als
een 'autoriteit' onder de muslims. Daarbij komt nog dat de twee heilige
steden op het schiereiland gevestigd zijn: Mekka, (de geboorteplaats
van Muhammad), waar de Ka'ba jaarlijks één miljoen pelgrims aan-
trekt en Medina (de begraafplaats van Muhammad). Het zijn deze
twee steden die Saoedi-Arabië tot richtsnoer en focus van de ganse
islamitische wereld maken. Koning Faysal (1964-1975) verklaarde
ooit: "Saoedi-Arabië is steeds de bron geweest die het eeuwige licht
van de islamitische cultuur over de wereld uitstraalde".
Hierdoor wordt het begrijpelijk dat de machthebbers van het
Arabische schiereiland de islam steeds betrokken hebben in hun buitenlandse politiek, alhoewel er een duidelijk verschil merkbaar is tussen de periode vóór en de periode na 1953 (de dood van Ibn Sa'ūd).
In de eerste periode werd de wahhābitische doctrine als politiek instrument benut in zoverre het om gebiedsuitbreiding ging: verovering
van al-Ahsā, Hā'il, Mekka, Medina... Na de dood van koning Abd
al-Azīz Ibn Sa'ūd werd de islam in de buitenlandse politiek meer en
meer aangewend om andere doeleinden te bereiken, zoals het bestrijden van strekkingen die de islam vijandig gezind zijn, o.a. het
communisme, en het propageren van de Saoedische idealen in landen
die nauwelijks onder de invloedssfeer van Saoedi-Arabië vallen
(Pakistan, Oeganda, de Filippijnen).
Het is deze tweede periode die speciaal onze aandacht zal krijgen.
In onderstaand artikel zal verduidelijkt worden welke de voornaamste
beweegredenen zijn van deze koers in de buitenlandse politiek.

De basisprincipes van de Saoedische buitenlandse politiek

Het huidige koninkrijk Saoedi-Arabië is nog steeds gegrondvest op
het verbond, gesloten in 1745, tussen de emir Muhammad Ibn Sa'ūd
en de religieuze hervormer Muhammad Abd al-Wahhāb: aldus is de
koning niet alleen staatshoofd maar ook godsdienstig leider van de
bevolking. Nooit kan hij echter handelen als een absoluut monarch.
De voortzetting van zijn ambt is immers volledig afhankelijk van twee

belangrijke organen, nl. de koninklijke familie (bestaande uit meer dan drieduizend emirs) en de raad van *ulamā* (kenners van de *sjarī'a, de hadīth* en de Koran) die toeziet of de koning en zijn onderdanen de goddelijke wet eerbiedigen.

De politieke macht van deze *ulamā* is niet denkbeeldig. Zij 'vroegen' koning Sa'ūd (1953-1964) --zijn buitensporigheden stortten Saoedi-Arabië bijna in een totaal bankroet-- om troonsafstand te doen ten voordele van zijn jongere broer Faysal. Het is ook onder druk van deze *ulamā* dat de koninklijke familie (die de belangrijkste ministerportefeuilles in handen heeft) er scherp op let om naast het verdedigen van het koninkrijk, het bevorderen van de sociale stabiliteit en de economische welvaart ook de fundamentele islamitische waarden te bewaren. Dit laatste komt vooral tot uiting in de enorme financiële steun die gegeven wordt aan alle Arabische of islamitische staten om de islamitische waarden te herstellen, om de sovjet- en communistische invloeden tegen te gaan.

Het is vanzelfsprekend dat Saoedi-Arabië, het islamitische land bij uitstek, zich moreel verplicht voelt om de bezette gebieden en in het bijzonder Jeruzalem (de Aqsa-moskee is voor de muslims het derde belangrijkste heiligdom), terug te winnen. Miljoenen dollars werden ter beschikking gesteld van de door Israël meest bedreigde landen, nl. Syrië, Jordanië en vooral Egypte dat een sterk anti-sovjetgerichte politiek voerde onder het bewind van Sadat.

Nooit heeft Saoedi-Arabië (formele) diplomatieke relaties gehad met de USSR, die nochtans een stevige voet in huis hadden in het Midden-Oosten sinds het Tsjechisch-Egyptisch wapenverdrag in 1955. "Dat we geen relaties onderhouden met de USSR en haar satellietstaten, is gewoon te wijten aan het feit dat er tussen hen en ons een onherroepelijke islamitische leerstellige onverenigbaarheid bestaat. De islamitische staat is gekant tegen het atheïsme, de officiële doctrine van de sovjetrepubliek.", aldus koning Faysal.

Oman, dat tien jaar lang communistische opstandelingen bevocht, had rond het einde van 1978 reeds 3 miljard dollar steun gekregen van Saoedi-Arabië. Ook Somalië kreeg geld om het door Cuba en USSR gesteunde Ethiopië te bekampen.

In 1976 erkende Saoedi-Arabië het marxistische Zuid-Jemen, en door steun probeerde Saoedi-Arabië een langzaam verglijden naar een meer gematigde politiek in Aden te bewerkstelligen en de Zuidjemenitische steun aan de Dhofar-rebellie in Oman stop te zetten. Ook strategische belangen speelden voor de Saoedi's een rol. Zeker nu de Perzische Golf door de oorlog tussen Iran en Iraq een gevaarlijke zone geworden is, zien de Saoedi's Aden steeds meer als mogelijk alternatief voor de verscheping van hun olie.

Talrijke landen worden aangemoedigd om bepaalde islamitische voorschriften terug in te voeren. In Egypte, Soedan en vooral Pakistan werden stappen gezet om de de grondwet te 'islamiseren'.

Twee factoren maakten dat Saoedi-Arabië de islam kon uitbouwen tot een politiek-ideologisch instrument: de vriendschappelijke relaties met de Verenigde Staten en de opbrengsten van het zwarte goud, de olie.

De islam als politiek wapen

De hoger genoemde campagnes begonnen vooral op volle toeren te draaien vanaf het begin van de jaren 60, meer bepaald in mei 1962, toen de 'Rābita al-ālam al-islāmī' (Liga van de Islamitische Wereld) werd gesticht, met hoofdzetel te Mekka, gefinancierd door Saoedi-Arabië. Deze Liga hield zich hoofdzakelijk bezig met het bekampen van radicalisme en secularisme en groeide dankzij Faysals inzet uit tot dé toonaangevende muslimorganisatie, met filialen in de ganse wereld.

Men legde zich evenwel niet uitsluitend toe op theologisch en ideologisch geïnspireerde propaganda: al vlug ondernamen koning Faysal en zijn regeringsfunctionarissen tal van reizen (1965/1966) in het Midden- en Nabije-Oosten, Afrika en Azië. Ook hier werden de religieuze aspecten het meest benadrukt, maar de politieke ondertoon was reeds duidelijk voelbaar. In de officiële kringen beweerde men Saoedi-Arabië niet ten prooi te gooien aan de marxisten en de Heilige Plaatsen te beschermen tegen het atheïsme. Sindsdien geldt de islam niet alleen meer als een ideologisch, maar ook als een politiek wapen.

Deze evolutie veroorzaakte hevige reacties, zowel in de Arabische landen als in de ganse wereld en op 22 februari 1966 verklaarde president Gamāl Abd al-Nāsir te Kaïro: "Wij verzetten ons tegen het gebruik van de godsdienst voor het bereiken van imperialistische doelen en wij verklaren dat de echte islamitische solidariteit de solidariteit is van alle muslims die tegen het imperialisme kampen".

De koerswending

Op het einde van de jaren 60 nam de islamitische politiek in Saoedi-Arabië een nieuwe wending. Na de 'Zesdaagse Oorlog' met Israël (juni 1967), de verspreiding van het nasserisme en de sovjetpenetratie in Egypte, wierp Saoedi-Arabië zich op als beschermer van het Palestijnse volk en voorvechter van het anti-zionisme. De ganse islamwereld stond nu onmiddellijk achter Saoedi-Arabië.

Bovendien riep Faysal op 23 augustus 1969 op tot een *djihād* (heilige oorlog) tegen Israël, voor de terugwinning van de heilige plaatsen in Jeruzalem, die van 1949 tot 1967 onder de Jordaanse heerschappij hadden gestaan. Het feit dat Saoedi-Arabië de anti-zionistische koers beklemtoonde, betekende echter niet dat er grote meningsverschillen rezen met de Verenigde Staten: zelfs tot nu toe kregen de nauwe militaire, economische en diplomatieke banden tussen de twee landen voorrang op de Saoedische misnoegdheid over de Amerikaanse pro-Israëlische politiek in het Midden Oosten.

Vanaf de stichting van de 'Liga van de Islamitische Wereld' begon Saoedi-Arabië alle mogelijke middelen aan te wenden om zijn leiderspositie te handhaven in de Arabische wereld. Met succes overigens, want op aandringen van het Saoedische staatshoofd vond in september 1969 een eerste Islamitische Topconferentie plaats te Rabat (Marokko). Een tweede Top werd enkele maanden na de vierde Arabisch-Israëlische oorlog georganiseerd te Lahore (Pakistan).

Het is duidelijk dat Saoedi-Arabië de zionistische bedreiging wou beantwoorden door het scheppen van een sterke band tussen alle islamitische staten en een tegengewicht wilde vormen t.o.v. de Liga van de Arabische staten, die beïnvloed werd door Gamāl Abd al-Nāsir. In 1970 werd besloten tot het jaarlijks bijeenroepen te Djidda, van alle Ministers van Buitenlandse Zaken. Het engagement en de autoriteit van Saoedi-Arabië was alomtegenwoordig: vijf jaar later suggereerde Saoedi-Arabië zelfs de oprichting van een gezamenlijke Islamitische Macht en een Islamitisch Muntfonds.

Via deze verschillende organisaties en organen trachtte het koninkrijk alle islamitische staten bewust te maken van hun eenheid in de strijd tegen de 'vijand', om het islamiseringsproces in alle Afro-Aziatische landen doorgang te doen vinden en om ieders aandacht te vestigen op het Palestijnse volk en Jeruzalem. In deze politiek stootte Saoedi-Arabië echter op veel tegenstand en talrijke maatregelen moesten ingetrokken worden.

Vanaf de jaren zestig begon Saoedi-Arabië zich werkelijk te doen gelden als een grootmacht: de idee om de grote olievoorraden te gebruiken tegen Israël en ook tegen het 'imperialisme' nam steeds dreigender vormen aan. Vooral onder druk van de PLO werd sterk gedacht aan het oliewapen om de Israëli's uit het bezette gebied te verdrijven en om de Verenigde Staten te dwingen tot een soepeler Midden-Oosten-politiek.

Faysals talrijke verzoeken te Washington om met steun van de VS Israëls macht te breken, waren steeds op niets uitgelopen. Eind 1973 sprak koning Faysal de Mekka-pelgrims op uitzonderlijk harde wijze toe: "Broeders, het is onze plicht om onze heilige steden te bevrijden en alle door het zionisme geschapen doctrines, zoals communisme en atheïsme, te vernietigen". Ongeveer acht maanden later dreigde Faysal een andere oliepolitiek te gaan voeren, indien de VS Israël zouden blijven begunstigen.

Na de moord op Faysal (maart 1975) zette koning Khālid dezelfde hardnekkige politiek verder en de VS, die schrik hadden van een nieuw olie-embargo, begonnen een soepele houding aan te nemen. Saoedi-Arabië kreeg nu ruimte om de strijd tegen het 'goddeloze communisme' en de 'joodse agressie' nog intenser te voeren.

Daarnaast ging Saoedi-Arabië uiteraard door met het financieren van Koranscholen, islamitische cultuurcentra en het optrekken van moskeeën overal ter wereld. De muslimbroederschap, de PLO en de reeds hoger genoemde landen (Egypte, Syrië...) kregen massaal geld toebedeeld. Zelfs Taiwan en de beide Korea's kwamen aan hun trekken. Saoedi-Arabië ondersteunde verder ook de militaire interventie in de Ogaden en zorgde voor de val van het Pakistaanse staatshoofd Zulfikar Bhutto met de bedoeling in Pakistan de islamitische waarden terug te herstellen (Zia ul-Haqq).

De islamitische ondertoon in de buitenlandse politiek verplicht Saoedi-Arabië (dat zijn prestige immers hoog moet houden) ertoe zich te verzetten tegen bv. Camp David, het provocerende opduiken van Amerikaanse duikboten in de Perzische Golf, enz...

Koning Khālid en koning Fahd zijn er ook scherp beginnen op letten niet al te afhankelijk te worden van de Verenigde Staten. De Amerikaanse positie in het Midden-Oosten was immers sterk verzwakt door de val van de sjäh en de politiek van Carter t.a.v. Israël. Maar zoals reeds vermeld, schaadt deze steeds groter wordende onafhankelijkheidswil van Saoedi-Arabië de wederzijdse samenwerking met de VS slechts in zeer geringe mate en blijven de twee landen afhankelijk van elkaar. Saoedi-Arabië heeft de VS nodig voor zijn militaire beveiliging, technologie en wetenschappen, enz. De VS heeft Saoedi-Arabië nodig voor zijn olie.

De buitenlandse politiek die in de nabije toekomst zal gevoerd worden, is volledig afhankelijk van de inwendige (meer progressieve krachten in de koninklijke familie of reformistische tendenzen) en uitwendige ontwikkelingen (contacten met andere landen dan de VS) van Saoedi-Arabië. Het aantreden van Khumaynī in Iran en de sji'itische dreiging die daarvan uitgaat spelen overigens een steeds grotere rol in de Saoedische buitenlandse politiek. Dit draagt ook bij tot de grote rol die de Saoedische overheid aan de Samenwerkingsraad van de Golf-staten toedicht in het Iraq-Iran-conflict en in het beveiligen van de regimes op het Arabische schiereiland tegen het militante sji'isme.

Literatuur

Antonius, G., The Arab Awakening, New York, 1946.
Fischer, J., The Middle East, a History, London, 1966.
Ochsenwald, W., Saudi Arabia and the Islamic Revival. In: Journal of Middle Eastern Studies, 13, pp. 271-286.
Philby, H., Arabian Jubilee, London, 1952.
Saoudi Arabia, Beirut, 1968.
Williams, A., Britain and France in the Middle East and North Africa (1914-1967), London, 1952.
Encyclopédie de l'islam, 1ste en 2de uitgave.
The Middle East and North Africa, 1973-1977.

OP BEDEVAART

Zes *dhū l-hidjdja* 1407 (31 juli 1987) was één van de zwartste dagen uit de recente geschiedenis van de islamwereld. Temidden van chaotische taferelen verloren honderden muslims het leven bij rellen in de straten van Mekka en dit slechts enkele dagen vóór zowat 2 miljoen pelgrims op de vlakte van Arafat zouden samenkomen om het hoogtepunt van de jaarlijkse bedevaart te vieren.

De tragedie zelf werd echter in de daaropvolgende dagen en weken overschaduwd door de woordenoorlog tussen Iran enerzijds en Saoedi-Arabië en zijn bondgenoten anderzijds. Beide partijen hebben een intense campagne van wederzijdse beschuldigingen en zelfrechtvaardiging gevoerd over de oorzaken van en de verantwoordelijkheid voor de ramp. Bijna alle aspekten van de zaak, zelfs het aantal slachtoffers, hebben twee verschillende versies.

Wat er in werkelijkheid gebeurd is, blijft onduidelijk, mede omdat Mekka verboden terrein is voor niet-muslims. De tot dusver voorhanden zijnde bewijzen, o.a. een video-opname van de Saoedische politie, ontkrachten echter de Iraanse aantijgingen dat het bloedbad werd aangericht door de Saoedische veiligheidstroepen en schenken meer geloofwaardigheid aan de Saoedische versie van de feiten.

De feiten

Vast staat dat die vrijdagmiddag enkele tienduizenden Iraanse pelgrims zich in de straten rond de grote moskee verzamelden, als gevolg van de oproep van de Iraanse leider Khomayni om te betogen tegen 'de internationale ketterij' en een eenheidsprotest te houden 'voor de bevrijding van het juk van de ongelovigen'. In weerwil van het Saoedische verbod op politieke demonstraties tijdens de *hadjdj* (bedevaart) versperden zij de straten, terwijl ze met vlaggen en met portretten van Khomayni zwaaiden, poppen van de Amerikaanse president verbrandden en slogans riepen tegen de VS, USSR, Israël en Iraq.

Toen ze aanstalten maakten om de *masdjid al-harām* (de heilige moskee) binnen te trekken, probeerden de andere pelgrims hen dit te beletten en de beide groepen raakten slaags. Hierop kwamen de Saoedische veiligheidsdiensten tussenbeide waarna de Iraniërs met stenen begonnen te gooien en auto's en gebouwen in brand staken, zoals te zien was op een reportage van 15 minuten die getoond werd op de Saoedische televisie.

Saoedische functionarissen zeggen dat de Iraniërs ook stokken en messen verborgen hadden onder hun kleding waarmee ze de veiligheidstroepen en andere pelgrims te lijf gingen. Toen de politie erin slaagde het protest te breken, trokken de betogers zich halsoverkop terug, waarbij honderden mensen, vooral vrouwen en bejaarden, vertrappeld werden. In totaal kwamen volgens een Saoedische bron 402 mensen om, van wie 275 Iraniërs, 85 Saoedische politiemannen en 42 pelgrims van andere nationaliteiten. 649 personen, van wie 303 Iraniërs, 201 andere pelgrims en 145 Saoedi's werden gewond. De helft van de slachtoffers waren vrouwen.

De reacties

De Iraniërs beweren dat de protestdemonstraties een vreedzaam verloop kenden totdat de betogers vanop de omliggende daken met stenen bestookt werden door de Saoedische agenten in burger en aangevallen door een andere groep agenten, gewapend met stokken, stenen en messen, die de weg effende voor de Saoedische politie om tussenbeide te komen met knuppels, traangas en zelfs automatische geweren. Het hoofd van het Iraanse medische team verklaarde dat er 322 Iraanse slachtoffers overgedragen waren aan zijn team, en dat de meesten gedood waren door slagen op het hoofd en dat anderen tekenen vertoonden van verstikking en kogelwonden.

Saoedische functionarissen hielden echter vol dat de politie noch de demonstranten vuurwapens hadden gebruikt en nodigden 44 muslimlanden uit vertegenwoordigers te sturen om de lichamen van de slachtoffers te onderzoeken. Wel zou een aantal mensen brandwonden opgelopen hebben toen zij uiteen gedreven werden met behulp van waterkanonnen, waaruit wegens de hitte bijna kokend water zou zijn gekomen.

In een dispuut waarin religieuze rechtschapenheid ondergeschikt blijkt te zijn aan zeer bedenkelijke politieke motieven, heeft Saoedi-Arabië waarschijnlijk de beste argumenten in de ogen van de internationale publieke opinie.

Zijn versie van de feiten is een soberder relaas dan het melodramatische verslag uit Teheran. Zo was de emotionele toewijzing van de ultieme verantwoordelijkheid voor de feiten aan de VS door ayatollah Montazeri -de vermoedelijke opvolger van Khomayni- volkomen ongeloofwaardig.

In zekere mate schenen de internationale aspecten echter minder belangrijk te zijn voor zowel Iran als Saoedi-Arabië dan de reaktie van het thuisfront.

De emoties in Iran liepen hoog op. Een woedende menigte, waartussen zich vele verwanten van de 'martelaren van Mekka' bevonden, bestormde op 1 augustus de ambassades van Saoedi-Arabië er Kuwait. Deze werden gedurende korte tijd bezet waarbij in de Saoedische ambassade foto's van koning Fahd in brand gestoken werden, terwijl in die van Kuwait meubilair en dokumenten in de vlammen opgingen. Enkele diplomaten werden een tijdlang gegijzeld. De beide ambassades werden later ontruimd door Iraanse veiligheids-diensten, die ook aanvallen verhinderden op de Franse en Iraqse gezantschappen.

Via de radio riep president Khameney de bevolking op niet onge-organiseerd te reageren op het gebeuren in Mekka, maar deel te nemen aan een grote, door de regering opgezette demonstratie in Teheran op zondag 3 augustus. Op deze 'dag van haat' werd een menigte van meer dan 1 miljoen mensen toegesproken door de Iraanse parlementsvoor-zitter Rafsandjani die beloofde dat Iran de in Mekka omgekomen martelaren zou wreken door de Saoedische heersers van de troon te stoten en zei o.a: "We moeten wraak nemen voor het heilige bloed dat vergoten is en de heiligdommen verlossen van de boosaardige en verdorven Wahhābieten en de grote natuurlijke bronnen van de islamwereld bevrijden uit de handen van de misdadige agenten van het imperialisme."

Later die dag gaf Khomayni in een radio-uitzending de schuld voor de rellen aan 'de huurlingen van de Grote Satan, het misdadige Ame-rika.' Hij noemde de Saoedische koninklijke familie 'dwalend', 'slecht en goddeloos', 'onbekwaam en zonder ruggegraat' en 'onwaardig de islamitische heilige plaatsen te beheren'.

In een groots opgezet televisiedebat in de VS tussen de Saoedische ambassadeur in de VS, prins Bandar ibn Sultān en de Iraanse VN-ambassadeur, Khurassani, beschuldigde deze laatste er de Saoedi's van Iraanse pelgrims in de ziekenhuizen te hebben laten ver-moorden. Waarnemers merkten echter op dat zijn verhaal veel tegen-strijdigheden bevatte.

De politieke gevolgen

Door deze zware beschuldigingen lijkt Irans politiek van de laatste 3 jaren, om de relaties met Riyad te verbeteren, in een poging Iraq te isoleren, in duigen te vallen. In tegenstelling tot de retoriek van de eerste jaren na de revolutie in 1979, hadden Iraanse functionarissen het koninkrijk privé en publiek verzekerd dat Iran niet aktief zou proberen de regering van Saoedi-Arabië omver te werpen, als deze neutraal zou blijven in de Golfoorlog.

De Iraanse pelgrims werden weliswaar aangespoord de *hadjdj* te politiseren en andere pelgrims uit te nodigen deel te nemen aan manifestaties, maar er werd hen op het hart gedrukt zich daarbij 'mo-reel, correct en opbouwend te gedragen'. Ze kregen strikte orders mee beledigingen, ruzies en schermutselingen te vermijden aangezien hun gedrag nauwkeurig zou geobserveerd worden door vijanden van de revolutie, om een voorwendsel te vinden om deze te discrediteren.

Het leek dan ook niet onwaarschijnlijk dat de Iraniërs een rechtstreekse aanval tegen Saoedi-Arabië zouden plannen, wat intussen trouwens nog steeds niet gebeurd is. Het schijnt eerder de bedoeling te zijn geweest de islamitische publieke opinie te mobiliseren als een deel van de propaganda-oorlog tegen de conservatieve bondgenoten van Iraq.

Zo zou Iran volgens sommige bronnen de schuld voor de tragedie in Mekka op de VS gestoken hebben om radikale oproepen tot wraakakties tegen Saoedi-Arabië af te leiden en de aandacht te vestigen op de rol van de VS in de Golf.

Daar was de spanning op dat moment immers gestegen nadat de tanker Bridgeton op een Iraanse mijn was gelopen en de VS daarop besloten een aantal Kuwaitse tankers onder Amerikaanse vlag te laten varen. Ze versterkten hun aanwezigheid in de Golf en vroegen aan de Europese NAVO-geallieerden mijnenvegers naar het gebied te sturen. Het feit dat Teheran ermee gedreigd had Kuwaitse doelwitten te zullen treffen als Iraq zijn aanvallen op Iraanse olie-installaties zou hernemen, verklaart mede de scherpe bewoordingen waarin de pers in Kuwait de Iraanse betrokkenheid bij de incidenten in Mekka veroordeelde.

Saoedi-Arabië van zijn kant heeft ook zijn vroegere verzoenende houding ten overstaan van de Iraniërs laten varen. Een Iraanse delegatie die een onderzoek naar de feiten wou instellen, werd de toegang tot het land geweigerd omdat ze weigerde haar verontschuldigingen voor het gebeurde aan te bieden.

In de Saoedische pers werd gemeld dat zich tussen de demonstranten zowat 20.000 speciaal getrainde revolutionaire wachters bevonden en dat gearresteerde Iraniërs bekend hadden dat het de bedoeling was geweest de grote moskee in te nemen en de aanwezige pelgrims te dwingen trouw te zweren aan *ayatollah* Khomayni

De Saoedi's werden in hun harde houding zeker gesteund door het grote aantal internationale en pan-islamitische steunbetuigingen. Zelfs Syrië, een bondgenoot van Iran in de Golfoorlog, betuigde zijn medeleven aan koning Fahd en bood aan te bemiddelen tussen Saoedi-Arabië en Iran. Syrië is van beide landen afhankelijk, respectievelijk voor financiële steun en oliebevoorrading.

In de maanden volgend op de incidenten in Mekka kwam het echter niet tot Saoedische sankties tegen Iran. De Saoedische positie werd zelfs meer gematigd: een buitengewone top van de Arabische Liga in Amman in november 1987 veroordeelde weliswaar nog steeds 'de bloedige misdaden begaan door de Iraniërs in de buurt van de moskee van Mekka', maar op de achtste Top van de Gulf Cooperation Council in Riyad een maand later werd Iran op geen enkele wijze meer veroordeeld. Dit werd toegeschreven aan de bemiddelingspogingen van zowel Syrië als de VAE en Oman die traditioneel goede relaties met Iran onderhouden en voorstanders zijn van een zekere entente.

De oorzaken

De voornaamste oorzaak van het conflict is een meningsverschil tussen het revolutionaire, shi'itische Iran en het conservatief wahhābitische Saoedi-Arabië over het al dan niet politieke karakter van de *hadjdj*.

Voor de Saoedi's is de pelgrimstocht een strikte religieuze gebeurtenis, een persoonlijk eerbetoon aan God en een demonstratie van de broederlijkheid van alle muslims. De eerbied voor deze meest heilige tijd van het jaar, en voor velen, van hun leven, is absoluut.

Voor de Iraniërs is de *hadjdj* echter in de praktijk secundair geworden aan de *ashuraviering,* het grote shi'itische herdenkingsfeest van de marteldood van Husayn, de derde *imām*. Aangezien zij bovendien geen scheiding maken tussen religie en politiek, beschouwen zij de *hadjdj* als een inherent politieke gebeurtenis.

Sinds de Iraanse revolutie zijn er dan ook elk jaar incidenten geweest tussen Saoedische veiligheidstroepen en Iraanse pelgrims die vastbesloten zijn de *hadjdj* te gebruiken om Teherans visie op de islamwereld bekend te maken. Reeds in 1979 werden enkele Iraanse pelgrims voor het begin van de *hadjdj* gedeporteerd omdat ze vlaggen en politieke literatuur bij zich hadden.

In 1980 werden onder de pelgrims activiteiten ontdekt 'die niets met de bedevaart te maken hadden'.

Een twintigtal Iraniërs werden gewond in oktober 1981 bij schermutselingen tussen de politie en pelgrims die in de moskee van Medina slogans riepen tegen Amerika en het zionisme en voor de revolutie. In Mekka werd een groep pelgrims verhinderd te betogen.

In 1982 verstoorden verschillende incidenten waarbij duizenden Iraniërs betrokken waren, de ceremonies zowel in Mekka als in Medina. Bij sommige pelgrims werden wapens aangetroffen. Op 8 oktober werd de leider van de Iraanse pelgrims in Mekka, *hudjat ul-islam* Musavi Khuyniha -de voormalige leider van de studenten die in 1980-1981 52 Amerikanen gijzelden in de ambassade van Teheran-door Saoedi-Arabië uitgewezen samen met 140 anderen na anti-Israëlische betogingen.

Volgens de Iraanse pers liepen ook in september 1983 25 à 30 mensen verwondingen op na betogingen.

In 1984 zond Iran de grootste delegatie van alle landen, 154.000 pelgrims, wat een verdrievoudiging betekende in vergelijking met 1981. Er werden Iraanse pelgrims gedood bij rellen, die ditmaal echter begonnen waren door Iraqse pelgrims, die naar de Iraniërs opstapten met foto's van president Saddam Husayn.

Op 22 augustus 1985 organiseerden zowat 150.000 Iraanse pelgrims een demonstratie in Mekka waarbij een boodschap van Khomayni werd voorgelezen. De politietroepen kwamen tussenbeide en 'arresteerden' pelgrims, aldus het Iraanse persbureau Irna, dat geen aantallen of redenen voor de aanhouding aangaf.

Op 8 augustus 1986 werden 103 Iraniërs bij hun aankomst in Djidda gearresteerd, volgens de Saoedi's omwille van de nationale veiligheid. Later lekte uit dat de douane in hun bagage 51 kg explosieven had ontdekt. De operatie was opgezet door de schoonzoon van *ayatollah* Montazeri, *mahdi* al-Hashimi, die later in Iran in verband met andere aanslagen werd gearresteerd. President Khamenei zou zich voor dit incident verontschuldigd hebben en zou de Saoedische regering verzekerd hebben dat zoiets in de toekomst niet meer zou gebeuren.

Saoedi-Arabië en Iran: de wrijvingen

De gespannen sfeer tussen Iran en Saoedi-Arabië is in zekere zin ironisch, omdat er ondanks de grote verschillen tussen beide staten ook vele gelijkenissen bestaan. Zo zijn beide regeringen gegroeid uit protestbewegingen van religieuze militanten.

Saoedi-Arabië werd gegrondvest op het samengaan van ideologische mobilisatie, in de vorm van de wahhābitische beweging, en militair elan van de *ikhwān* of 'broeders', de stoottroepen van de stichter van het nieuwe rijk Abd al-Azīz Ibn Sa'ūd. Na de consolidatie van het rijk rond 1930, werden de *ikhwān*, wier bekeringsijver en veroveringsdrang moeilijk in te tomen waren, ontbonden omdat hun religieus fanatisme onverenigbaar was met de moderne staat die Ibn Sa'ūd wou uitbouwen.

De islam keerde terug naar zijn meer vertrouwde functie als steun van de sociale orde, in plaats van er een bedreiging voor te vormen. In de ogen van de religieuze militanten was dit een klassiek geval van ideologische uitverkoop: in plaats van de islamitische regering van hun dromen te mogen vormen, waren de *ikhwān*, zoals zovele van hun voorgangers in de tijd van de *khalīfen*, gebruikt om de ambities van een wereldlijke leider uit te voeren.

Ibn Sa'ūd en zijn opvolgers zijn wel de islam blijven gebruiken om hun positie en hun beleid te legitimeren en ook hun recht om als koninklijke familie te heersen. Dit was tot voor kort vrij eenvoudig omdat vreemde ideologieën als nasserisme, ba'thisme en marxisme slechts een zeer beperkte invloed gehad hebben.

Bovendien hebben de Saoedi's de *ulamā,* de religieuze autoriteiten, geïnstitutionaliseerd. Zij zijn staatsagenten geworden, maar wat uniek is, is de mate van invloed die ze hebben in het openbare leven. Ze hebben ook een sterke band met de Saoedi's zelf, die de *ulamā* vaak om een *fatwā* (religieuze mening) vragen om hun beleid kracht bij te zetten. Ten derde wordt de *sjarī'a* volgens de voorschriften van de

hanbalitische rechtsschool streng toegepast, maar wanneer deze over bepaalde moderniseringen niets te zeggen heeft, neemt men aan dat ze toegelaten zijn. Zo kon men de invoering van bijvoorbeeld radio en televisie legitimeren. Heel de evolutie van de Saoedische staat tot de conservatieve monarchie die ze nu is, ging vrij geleidelijk. Sinds de islamitische revolutie in Iran is men er zich in Saoedi-Arabië echter pijnlijk van bewust geworden dat ze als voorvechters van de orthodoxie overvleugeld worden door een nieuwe theocratische staat, waar de *ayatollahs,* niet slechts advies geven over de islamitische wet, maar de regering zelf uitmaken.

Daarenboven kwam met Khomayni een man aan de macht die stelde dat een regering die de ware belangen van de muslims ter harte neemt, enkel kan ontstaan door een revolutie. Hoewel elk regime dat corrupt is of de belangen van vreemde mogendheden dient, voor omverwerping in aanmerking komt, beschouwt hij vooral monarchieën als intrinsiek anti-islamitisch omdat ze in strijd zijn met een fundamenteel geloofsartikel (het geloof dat de soevereiniteit rechtstreeks aan God toebehoort).

Dit was een bedreiging die rechtstreeks tegen het Saoedische koningshuis werd gericht. Het werd omwille van zijn buigzame houding ten opzichte van vernieuwingen beschuldigd van morele corruptie en politieke compromissen. Door hun afhankelijkheid van het Westen, vooral van de VS, begingen zij dezelfde zonde als de Sjah, namelijk het verkopen van de ziel, en de belangrijkste natuurlijke rijkdommen van een muslimnatie, aan de ongelovigen die deze relatie uitbuiten en op systematische wijze Israël steunen tegen de Arabieren.

Eind 1979 werden de Saoedi's, meer nog dan door de Iraanse problematiek, opgeschrikt door enkele uitingen van ongenoegen dat leefde in de bevolking. Hierin had Iran niet, zoals aanvankelijk werd gedacht, rechtstreeks de hand, maar mogelijk werd het wel geïnspireerd door de Iraanse kritiek.

De bezetting van de Mekkaanse moskee in 1979

Om 5.30 u op de eerste dag van het jaar 1400 A.H. (20 november 1979) werd het ochtendgebed in de grote moskee van Mekka onderbroken door een groep gewapende mannen (de schattingen lopen uiteen van 200 tot 500 personen) die de deuren van het heiligdom afsloten en schoten op iedereen die hen dit verhinderde. Omdat de *hadjdj* nog maar enkele dagen geëindigd was en wegens de religieuze betekenis van het eerste gebed van een nieuwe islamitische eeuw, was er een groot aantal gelovigen aanwezig in de moskee. Via de luidsprekers werden zij ertoe opgeroepen ene Muhammad ibn Abdallah al-Qahtānī als de langverwachte *mahdi* te huldigen. Er werd ook zware kritiek geuit op de koninklijke familie,

haar vermeende misdaden en het klimaat van moreel verval in het koninkrijk.

De Saoedische autoriteiten waren even verbaasd en bang als de gelovigen in de moskee toen de eerste verwarde details Riyad bereikten en ze reageerden traag. Het land werd van de buitenwereld afgesloten waarna werd aangekondigd dat het incident gesloten was. Vijf dagen na de inname van de moskee verkreeg de regering van de *ulamā* een opheffing van het verbod op het gebruik van wapens in de *harām*.

Ten minste 2.000 leden van de nationale garde, het leger en de politie drongen het heiligdom binnen, onder leiding van een speciaal korps Franse militairen dat voor dit doel overgevlogen werd. Toch duurde het nog negen dagen, tot de nacht van 3 op 4 december, eer de laatste bezetters gevat konden worden. Die hadden zich namelijk met een grote voorraad voedsel, wapens en ammunitie verschanst in de zowat 250 gewelven en kelders onder de moskee. Volgens officiële bron werden 255 personen gedood, waarvan 127 soldaten en 102 bezetters, en waren er ten minste 560 gewonden, waarvan 451 leden van de veiligheidstroepen. Diplomaten suggereerden echter dat het aantal slachtoffers veel hoger lag.

Aanvankelijk werd gedacht dat de bezetters sji'ieten waren, aangezien het *mahdi-idee* daar sterk uitgewerkt is, in tegenstelling tot het sunnisme. Onder de 63 bezetters die gevangen genomen waren en op 9 januari 1980 in het openbaar terechtgesteld werden, bevond zich slechts 1 Iraniër, naast 43 Saoedi's, 9 Egyptenaren, 5 Zuidjemenieten, 3 Kuwaiti's, 1 Sudanees en 1 Noordjemeniet. Zij behoorden tot een kleine groep van religieuze ijveraars, die elkaar ontmoetten aan de *sjari'a-fakulteit* van Medina, en zich de *ikhwān* noemden in navolging van de vroegere wahhābitische stoottroepen van Ibn Sa'ūd. Net zoals zij, lieten ze hun baard groeien en kortten het traditionele kleed *(thawba)* in tot op kuitlengte als teken van nederigheid.

Hun leider was Djuhayma ibn Muhammad ibn Sayf al-Utaybi, van wie in verschillende landen van het schiereiland religieuze traktaten in omloop waren. In het midden van de jaren zeventig predikte hij openlijk in de moskeeën voor een strikte navolging van de islamwet, een afwijzen van het Westen, de totale verwijdering van vrouwen uit het openbare leven, de afschaffing van de heiligschennende televisie en van het voetbalspel en de uitwijzing van alle niet-muslims. Hij kloeg ook de schandalige persoonlijke levensstijl aan van de Saoedische prinsen (drinken, gokken, bezoek aan de vleespotten van het Westen) en noemde hen verdorven en corrupt.

In 1978 werd hij hiervoor met 98 volgelingen gearresteerd, maar na korte tijd weer vrijgelaten onder druk van de *ulamā,* die hen zagen als misleide maar oprechte muslims die niet mochten vervolgd worden omwille van hun geloof. In 1979 werd bij het begin van de *hadjdj* geen aandacht aan hen besteed door de veiligheidsagenten, die hun handen

vol hadden met de Iraanse pelgrims en met de onrust tussen de sji'ieten van de oostelijke provincie Hāsa.

De inname van de meest heilige plaats van de islam betekende een zware schok voor het Saoedische establishment, niet in het minst omdat men besefte dat de kritiek niet enkel uit het buitenland, uit Iran, kwam. Weliswaar keurden de meeste Saoedi's, zoals de meerderheid van de muslims, het optreden van de bezetters af omdat zij door wapens in het heiligdom binnen te brengen een heiligschennis begaan hadden, maar het was opvallend dat dit het enige aspekt van de aktie was dat bekritiseerd werd. Velen herhaalden, in een mildere vorm, de graffiti die op de muren van de universiteit van Riyād verschenen in 1981: "Djuhayma, onze martelaar, waarom heb je de paleizen niet bestormd? De strijd begint pas."

Bovendien braken er terzelfdertijd met het Mekka-incident onlusten uit in de provincie Hāsa, waar de meerderheid van de zowat 600.000 Saoedische sji'ieten woont, die steeds aan verschillende sociale, economische en religieuze discriminaties vanwege hun wahhābitische heersers onderworpen zijn geweest. Zij waren misnoegd over het feit dat het merendeel van de inkomsten van de olie-industrie waarvan zij ongeveer 1/3 van de arbeiders uitmaakten, afvloeide naar infrastruktuur- en verfraaiingswerken in de rest van het land, terwijl in Hāsa zelf grote nood was aan nieuwe wegen, grotere scholen en moderne ziekenhuizen. Bij de rellen die uitbraken naar aanleiding van de door de autoriteiten verboden *ashura-viering* en die drie dagen duurden, werden ten minste 17 sji'ieten gedood, door het harde optreden van de ordediensten.

Belangrijker is nog dat deze incidenten uit 1979 en de jaarlijks weerkerende problemen met de Iraanse pelgrims, de geschiktheid van de Saoedi's om de heilige plaatsen te beschermen in vraag gesteld hebben en dat is net de basis van de legitimering van hun bewind. Vooral het toelaten van 'ongelovige' Franse militairen in de *harām* in 1979 lokte kritiek uit in binnen- en buitenland. Enkele muslimlanden hebben het idee geopperd van een internationaal beheer van Mekka en Medina.

De gevolgen van de rellen

Na de bloedige onderdrukking van de incidenten in Mekka en Hāsa werd er door de koninklijke familie wat gedaan aan de opbouw van een beter imago.

In Hāsa werden enorme fondsen ter beschikking gesteld voor de bouw van wegen, scholen en ziekenhuizen en de uitvoering van huisvestingsprojecten. De onpopulaire gouverneur werd vervangen door Muhammad, een zoon van de huidige koning Fahd. In het hele land werd een strikter toezicht gehouden op de naleving van de *sjarī'a*: winkels werden gesloten voor de gebeden, kranten kregen de raad op

te passen met foto's van vrouwen, er werd strenger opgetreden tegen alkoholgebruik door buitenlandse werknemers, enz.

Aan de leden van de koninklijke familie werd gevraagd diskreet te zijn tijdens hun vakanties in het Westen, alle extravaganties stop te zetten en jacht te maken op de corruptie. In 1986 werd het gebruik van de titel *malik*, koning, verboden. Deze maatregelen boden echter geen fundamentele oplossing voor de problemen die aan de basis van de malaise in het land liggen.

De meeste waarnemers zien als oorzaak van deze problemen de snelle modernisering van Saoedi-Arabië, vooral sinds de explosie van de olie-inkomsten in het midden van de jaren '70, die voorloopt op de ontwikkeling van het sociale en vooral het politieke leven. Dit heeft generatieconflicten en een culturele schok veroorzaakt en een kloof tussen de publieke moraal, die strikt gedefinieerd is door de religieuze autoriteiten, en het privé-gedrag, dat sterk beïnvloed is door westerse gewoonten.

Dit geeft het leven in Saoedi-Arabië een sfeer van onwerkelijkheid en hypocrisie, die door de Saoedi's zelf vaak bekritiseerd wordt. Deze spanningen zijn voelbaar tot binnen de koninklijke familie zelf, waar strubbelingen geweest zijn rond de troonopvolging tussen meer traditioneel gerichte prinsen, als de huidige kroonprins Abdallah Ibn Abd al-Azīz, (een halfbroer van koning Fahd), en de vernieuwingsgezinde groep onder leiding van Sultān Ibn Abd al-Azīz, (een volle broer van koning Fahd en minister van defensie).

In de toekomst zijn er ook nog toenemende moeilijkheden te verwachten tussen de zonen van Abd al-Azīz Ibn Sa'ūd enerzijds, en de prinsen van de tweede generatie, die in het buitenland vaak een goede opleiding genoten hebben, anderzijds. Vooral de zonen van wijlen koning Faysal zijn erg bekwaam en populair, zoals Sa'ūd ibn Faysal, de huidige minister van Buitenlandse Zaken.

De toekomst

De angst dat Saoedi-Arabië dezelfde weg zou opgaan als het sjāh-regime in Iran, gaf de VS aanleiding tot heel wat spekulaties rond de stabiliteit van de huidige regering. In het begin van de jaren '80 verschenen ontzettend veel artikels en boeken met als centrale vraag: "Saudi-Arabia: the next Iran?". Het merendeel van de auteurs is echter van mening dat de Saoedi's in staat zijn aan de problemen het hoofd te bieden.

Om de kritiek dat Saoedi-Arabië een lakei is van de VS te ondervangen, zal het nodig zijn zich nog meer te profileren als verdediger van Arabische, niet-gebonden belangen en meer beroep te doen op andere landen voor militaire steun en uitrusting. Deze politiek is al ingezet door de rol van Frankrijk als adviseur van de Saoedische zeemacht.

Er zijn ook Pakistaanse adviseurs bij het leger en er is een akkoord gesloten waardoor 5 à 10.000 man Pakistaanse troepen in Saoedi-Arabië zouden gelegerd worden onder het bevel van de Minister van Defensie. Na de moeilijkheden met de VS rond de levering van AWACS-radarvliegtuigen, gevechtsvliegtuigen en raketten, heeft men een nieuwe leverancier gevonden in China, dat recent een onbekend aantal grondraketten met een bereik van 2.400 km (waardoor Israël binnen bereik ligt) aan Saoedi-Arabië verkocht heeft.

Een ander probleem waar men eindelijk werk zal van moeten maken, is het opstellen van een grondwet, ter aanvulling van de *sjarī'a,* en de oprichting van een soort consultatieve vergadering *(madjlis asj-sjurā).* Hierover is reeds vaak sprake geweest en in januari 1980 werd een comité opgericht om met de voorbereiding ervan te beginnen. Sindsdien is er niet veel meer van gehoord.

Het probleem dat voorrang moet genieten, omdat het jaarlijks terug komt is de pelgrimstocht. De jaarlijkse stijging van het aantal pelgrims, van 108.000 in 1950 tot naar schatting bijna 3 miljoen in 1982, vormt een enorme logistieke uitdaging voor een land met slechts een kleine 10 miljoen inwoners (met inbegrip van meer dan 2 miljoen immigranten).

Om te beginnen werd een kontingentering van de pelgrims doorgevoerd en mogen niet-Saoedi's de *hadjdj* slechts om de 5 jaar maken. De oppervlakte van de moskeeën werd uitgebreid: in Mekka van 29.000 vierkante meter tot 160.000 vierkante meter en in Medina van 6.000 vierkante meter tot 16.000 vierkante meter.

In Djidda, waar de pelgrims aankomen vanuit het buitenland, werd in 1982 een derde luchthaven geopend, de grootste ter wereld. De hoofdterminal beslaat 1 vierkante mijl en is overdekt met 240 reusachtige tenten gemaakt van speciaal glasvezel, afkomstig uit het ruimtevaartonderzoek, die de zonnewarmte weerkaatst maar genoeg licht vasthoudt om de ruimte overdag te verlichten. De terminal kan tijdens de bedevaart zowat 1 miljoen mensen verwerken. Er zijn ook plannen om buiten Djidda een groot permanent kamp te bouwen om de pelgrims te huisvesten. Daarbij komen nog de problemen van water- (dat door de regering gratis geleverd wordt) en voedselvoorziening. Er is ook het probleem zo'n grote aantallen mensen met hun bagage te verplaatsen binnen de tijdslimiet van de ceremonies.

Wat de veiligheid van de pelgrims betreft zijn er sinds 1979 heel wat ingrijpende maatregelen genomen. Zo werd in de moskee van Mekka een glazen controlepost gebouwd recht tegenover de Ka'ba. De veiligheidstroepen werden hervormd, vooral de Nationale Garde van kroonprins Abdallah, die in 1979 alom bekritiseerd werd wegens haar onhandig optreden. Deze wordt nu getraind door Ulrich Wegener, de ex-commandant van de Westduitse elite-eenheid voor terreurbestrijding GSG6.

Sinds verleden jaar zijn er contacten geweest met Egypte, waarmee Saoedi-Arabië officieel geen diplomatieke relaties onderhoudt, over samenwerking op gebied van veiligheid, zodat het volgens sommige bronnen mogelijk zou zijn dat dit jaar Egyptenaren deel zouden uitmaken van de veiligheidsdiensten in Mekka. De Saoedi's hebben ook al aangekondigd dat het kontingent van Iraniërs van 150.000 op 45.000 zal worden teruggebracht.

Het ziet er overigens naar uit dat deze maatregelen niet overbodig zullen zijn aangezien Khomayni heeft aangekondigd dat de Iraanse pelgrims opnieuw betogingen zullen houden. Intussen heeft Saoedi-Arabië zijn diplomatieke banden met Iran verbroken. Wat niet wegneemt dat Iraanse pelgrims op bedevaart zullen gaan.

Literatuur

Petrossian, V., *Tragedy in Makkah*. In: Middle East Economic Digest, 8 Aug. 1987, pp. 6-8.

Quandt, W.E., *Saudi-Arabia in the 1980's*, Washington, 1981.

Reissner, J., *Die Besetzung des Grossen Moskee in Mekka 1979*. In: Orient 21, 1980, pp. 194-203.

Ruthven M., *Islam in the World*, New York, 1984.

Wright, R., *Sacred Rage. The Wrath of Militant Islam*, London, 1988.

A Survey of Saudi Arabia. In: The Economist, 13 februari 1982.

Al-Mustaqbal, 8 augustus 1987, pp. 14-17.

HET ESTABLISHMENT IN SAOEDI-ARABIE:
ENKELE BEMERKINGEN

Voor de meeste Westerlingen is Saoedi-Arabië wellicht het meest islamitische land ter wereld en dit niet alleen omdat de islam er ontstaan is, de profeet Muhammad er geleefd heeft en de twee grote heilige steden -Mekka en Medina-, er gelegen zijn, maar ook omdat de voorschriften van de islam er in het openbaar goed worden nageleefd. Zeer veel muslims echter zijn deze mening niet toegedaan, vinden dat de Saoedische monarchie zich ten onrechte op de voorgrond plaatst en misbruik maakt van de religie om haar positie te verstevigen. Het is inderdaad zo dat koning Abd al-Azīz en zijn opvolgers altijd de islam gebruikt hebben om hun regime en dynastie te legitimeren, en zich door de islam hebben laten leiden zowel in hun binnen- als buitenlandse politiek.

Tot voor kort viel het hen niet moeilijk de islam voor een dergelijk doel te gebruiken want ze waren de enigen om dat te doen en hadden geen concurrentie te vrezen; sedert de Iraanse revolutie echter zijn er nog anderen die de islam als legitimering voor een regime en een staat hebben gebruikt en daarin geslaagd zijn, althans in de ogen van velen.

Het Saoedisch politiek systeem en de Saoedische staat zelf zijn onlosmakelijk verbonden met de fundamentalistische Wahhābitische doctrine, die in de 18de eeuw een rigoristische interpretatie van de islam, gebaseerd op de neo-hanbalieten Ibn Taymīya, Ibn Qayyim al-Djawzīya en Ibn Qudāma, hadden geformuleerd. Meer in het bijzonder is het koninkrijk gegrondvest op een al meer dan twee eeuwen bestaand verbond tussen de Saoed-familie en het religieus establishment van zuiveraars van de islam, met name de Wahhābitische *ulamā* waaronder diegenen die behoren tot de āl asjsjaykh, d.i. de familie van Muhammad b. Abd al-Wahhāb, de eminentste plaats innemen. De koninklijke familie en de met haar verbonden heersende elite doen bij voorkeur beroep op de islam die zij zeggen te verdedigen en wiens voorschriften zij ten uitvoer beweren te leggen. De heersers of de invloedrijke leden van de koninklijke familie kennen een grote politieke betekenis toe aan de godsdienst in openbare verklaringen. Zo stelde Faysal in zijn eerste verklaring als koning: "We zullen ons inspannen de religieuze grondslagen te versterken waarop deze staat rust waaraan God bijzondere eer bewezen heeft, waarin Zijn huis (de Ka'ba) staat en de moskee van Zijn profeet, de staat die God van in het begin van de islam tot een bijzonder politiek centrum gemaakt heeft."

Tijdens de bedevaart van 1965 zei Faysal voor de verzamelde afgevaardigden van de Liga van de Islamitische Wereld o.a.: "Met al onze kracht willen we strijden voor de eenheid van de muslims, voor een verdere toenadering tussen hen, tegen alle factoren die hun wederzijdse betrekkingen verstoren." Specifiek refererend naar de religieuze aspecten van de koninklijke functie is wel dat één van de titels van de koning 'imām van de muslims' is en dat in november 1986 gedecreteerd werd dat de officiële titel van de koning voortaan 'dienaar van de twee heilige plaatsen' (Mekka en Medina) is, een titel die al door Saladin werd gedragen.

Kort nadat Faysal op 25 maart 1975 was vermoord, werd hij in het in Mekka verschijnende blad *Akhbār al-ālam al-arabī* de 'pionier van de solidariteit en de broederlijkheid onder de muslims' genoemd.

De regering, waarin invloedrijke leden van de koninklijke familie zetelen, steunt ook initiatieven die de bedoeling hebben de islam te verspreiden; zij financiert internationale conferenties over religieuze thema's, en instituten van Arabische en islamitische studies in meerdere landen.

Dat er in de persoon van de koning een samensmelting is van godsdienstig en wereldlijk gezag betekent evenwel niet dat zijn macht absoluut zou zijn want ook de koning is onderworpen aan de *sjari'a* of heilige wet. Als hij zou afwijken van de pricipes van de Heilige Wet kan hij afgezet worden. Zo werd koning Sa'ūd in oktober 1964 afgezet door zijn broer Faysal. De door de koning en de regering gevoerde politiek moet dus in overeenstemming zijn met de Heilige Wet. Hierover waken de *ulamā*, geleerden in de islamitische godsdienst en wet. Zij staan aan het hoofd van het religieuze establishment en vormen het tweede machtscentrum. Nergens elders in de sunnitische islamwereld is de macht der *ulamā* zo groot als in Saoedi-Arabië.

De politieke elite en de religieuze gezagsdragers zijn van elkaar afhankelijk. De laatste zijn a.h.w. geïnstitutionalizeerd en door het feit dat ze voor hun salaris en positie van de regering afhangen zijn ze in feite staatsambtenaren geworden, maar dan wel met een aanzienlijke invloed. Daar komt nog bij dat de grote *ulamā* tot belangrijke families behoren die al lange tijd goede connecties met de politieke elite hebben. Ze vormen de verbindingsschakel tussen de politieke leiding en de bevolking en worden door de traditionelen gesteund omwille van het doorgeven van de maatschappelijke waarden en politieke gedragslijnen. Binnen de groep of de klasse der *ulamā* wordt een bijzondere plaats ingenomen door de islamgeleerden die behoren tot de *āl asj-sjaykh*, de familie van Muhammad b. Abd al-Wahhāb en die relatief vrij talrijk zijn. Ze bekleden belangrijke religieuze ambten, zoals bv. de functie van *groot-muftī*, het voorzitterschap van de Raad van de grote *ulamā* en van de Islamitische Wereldliga, het rectoraat resp.

voorzitterschap van religieuze universiteiten, opperste leiding van de moskees van Mekka en Medina enz.

Het aantal *ulamā* is niet vastgesteld. Rond 1950 was er een kleine elite van 6 à 10 *ulamā* die de hoogste religieuze hiërarchie uitmaakten en aan wier hoofd de *groot-muftī* van het koninkrijk stond. In 1964 werd de *fatwā* waardoor koning Sa'ūd vervallen werd verklaard van de troon ondertekend door 12 *ulamā* terwijl de *fatwā* van december 1979 inzake de moskee van Mekka door een dertigtal *ulamā* werd onderschreven. De *ulamā* zijn vooral actief op juridisch gebied, in het onderwijs en in de zaken die de bedevaart en de *awqāf* (vrome stichtingen) betreffen maar ze hebben wel aan invloed ingeboet. Wat de administratie van de justitie en de rechtsbedeling betreft hebben ze nog veel macht, hoewel die in 1970 verzwakte toen de *groot-muftī* en hoofdrechter die de spirituele en juridische leider van het koninkrijk was, overleed. In plaats van een nieuwe *groot-muftī* aan te duiden, benoemde de koning een rechter uit Djidda tot minister van justitie. Hij was de eerste om dit ambt te bekleden want vóór 1970 bestond er geen ministerie van justitie.

In 1974 werd ook overgegaan tot een reorganisatie van het traditionele hanbalitische rechtssysteem. De koning kan een quasi-rechterlijke bevoegdheid geven aan diverse organismen om problemen waar de *sjarī'a-rechtbanken* niet veel mee te maken hebben, te behandelen. Zo zijn er de Raad van de klachten of petities *(diwān al-mazālim)* en de handelsrechtbanken *(mahākim tidjārīya)* die zogezegd de *sjarī'a-rechtbanken* aanvullen maar in feite hun macht beperken omdat ze niet door de *sjarī'a* gebonden zijn. Daar men stelt dat er geen echte wetgevende macht is worden door de koning en de regering dus alleen maar administratieve maatregelen genomen (binnen het kader van de *siyāsa sjar'īya)* die natuurlijk in feite wetten zijn. Ze hebben betrekking op gebieden waarin de *sjarī'a* veel van zijn geldigheid heeft moeten prijsgeven, zoals het handels- en fiscaal recht en de sociale wetgeving.

Juist ook door het althans theoretisch ontbreken van de mogelijkheid autonoom en soeverein wetten uit te vaardigen moet de koning beroep doen op de *ulamā* om zijn decreten een wettelijk karakter te geven. De *ulamā* verklaren dan dat de genomen maatregelen in overeenstemming zijn met de *sjarī'a* waarvan zij de behoeders zijn. Dit gebeurt in de vorm van een *fatwā*, d.i. de gefundeerde opinie van een *muftī* die over een bepaald probleem zegt wat volgens hem de *sjarī'a* als oplossing voor dat probleem geeft. Reeds in 1953 werd het Instituut voor het uitvaardigen van *fatwā's* en voor de supervisie van de religieuze zaken opgericht. In 1962 kwam er een raad van 22 *ulamā* en *fuqahā* om *fatwā's* die door individuele personen gevraagd werden af te leveren. In 1971 tenslotte werd een raad van grote *ulamā* gevormd, o.l.v. Ibn Bāz om de *sjarī'a* te bestuderen en dus ook *fatwā's* af te leveren.

Het spreekt vanzelf dat veel *fatwā's* betrekking hebben op politieke kwesties en zeer dikwijls dienen om zekere politieke maatregelen of beslissingen met het gezag van de *sjarī'a* te dekken. Als het gaat om zaken die belangrijk zijn voor de stabiliteit van het regime, is het advies door vorst en regering gevraagd, altijd positief. Twee befaamde voorbeelden terzake zijn de *fatwā* van 1964 waardoor koning Sa'ūd werd afgezet en vervangen door Faysal en waardoor de *groot-muftī* in het conflict tussen beide broers de zijde van de laatste koos, en de *fatwā* van december 1979 waardoor koning Khālid de toelating kreeg met geweld op te treden tegen de rebellen die de grote moskee van Mekka bezet hielden.

In het onderwijs is de invloed van de *ulamā* nog altijd vrij aanzienlijk. Samen met de moskee is het in de scholen dat de traditionele religieuze, maatschappelijke en politieke waarden worden doorgegeven. Tot voor kort monopoliseerden de *ulamā* alle onderwijsniveaus, van de Koranscholen tot religieuze instituten. Drie van de zes universiteiten zijn religieuze instellingen en leggen bijzondere nadruk op godsdienstonderwijs. Een ander bewijs van invloed wordt geleverd door het feit dat ze voor een groot deel de inhoud van de leerstof mogen bepalen en dat een relatief groot aantal uren besteed wordt aan godsdienstonderwijs. Ook hier echter is een vermindering van invloed waar te nemen. Door de hervorming en modernisering van het onderwijs in 1966 worden ook niet-godsdienstige onderwerpen onderwezen, waardoor westerse opvattingen en ideeën beter bekend geraken. Ook zijn er universiteiten van humane, sociale en natuurwetenschappen opgericht, waar de *ulamā* geen toezicht op hebben. Opmerkenswaardig is dat globaal genomen het godsdienstonderricht dat in 1948 nog 78,5% van de schooltijd in beslag nam, in 1966 nog maar 26,5% bedroeg.

De *ulamā* hebben ook het monopolie van het toezicht op de naleving in het openbaar van de islamitische voorschriften inzake moraliteit. Ze doen dit via de 'Organisatie voor het bevelen van het goede en het verbieden van het kwade', bekend als de religieuze politie. Deze is het meest zichtbare teken van de stricte toepassing van de rigoristische wahhābitische doctrine over het maatschappelijk gedrag en heeft de Saoedi-Arabische maatschappij zeer beïnvloed. Ook van deze organisatie is de invloed wat aan het afnemen sinds 1962. Zo moeten aanhoudingen van personen, die in het openbaar een voorschrift van de islam overtreden, nu niet meer door de religieuze maar door de gewone politie worden verricht. Dit belet niet dat er nog gevallen zijn waarbij de religieuze politie (wier activiteit nog steeds door de regering gesubsidieerd is) mensen aanhoudt en straft omwille van een openbare inbreuk op de religieuze voorschriften.

Hier kan even vermeld worden dat er wel spanningen geweest zijn tussen de regering en de *ulamā* aangaande het invoeren van westerse technologie (telefoon, televisie) maar de leiders van het land hebben de *ulamā* kunnen overtuigen van hun gehechtheid aan de islam zodat men compromissen heeft gesloten. Onder de *ulamā*, vooral deze van de *āl asj-sjaykh*, ressorteerden ook de administratie van de jaarlijkse bedevaart *(hadjdj)* en van de vrome stichtingen *(awqāf)*. Het is altijd een *ālim* die minister is van de Bedevaart en de *Awqāf*. De *ulamā* beheren niet alleen de vrome stichtingen, zij zijn er ook begunstigden van en dit versterkt hun economische positie alhoewel bemoeiingen van de regering in het beheer van de *awqāf* ook hier geleid hebben tot een vermindering van hun macht.

Ondanks het feit dat de *ulamā* op meerdere gebieden aan invloed hebben ingeboet en dat naar algemeen aangenomen wordt, het wahhābisme op de terugtocht is, zijn de *ulamā* nog altijd een stabiliserende factor in de Saoedische politiek. Ze legitimeren de relatief gematigde politiek van innovaties (die streng traditionalistisch denkende muslims tegen de borst zouden kunnen stuiten) en maken die zodoende aanvaardbaar voor de massa. Zij waarborgen ook dat het regime orthodox is en dat er vanuit islamitisch standpunt niets op aan te merken valt. De politieke elite, zeg maar het koninklijk huis, is daarom van hen afhankelijk maar de positieve houding van het hoogste politieke gezag tegenover de *ulamā* en het angstvallig behouden van het islamitisch imago van het regime, laat de *ulamā* niet toe kritiek te uiten op het staatsgezag of niet samen te werken met de beleidsmensen. Van hun kant is dus geen ernstige of gevaarlijke oppositie te verwachten alhoewel er natuurlijk altijd conflicten kunnen zijn over de moderniseringen. Er moet echter op gewezen worden dat de hanbalitische rechtsschool (waarop het wahhābisme zich beroept) zich weliswaar strikt houdt aan de letter van de Koran en de *sunna* maar, als deze bronnen van de islam over een bepaald probleem niets zeggen, niets verplichtends voorschrijft zodat men gemakkelijker nieuwigheden kan doen aanvaarden als er geen expliciete tekst is die ze zou verbieden.

Oppositie kan er wel komen van twee niet nader te omschrijven groepen die uit ontevredenheid met de toestand, acties tegen het regime zouden kunnen ondernemen maar dan wel om tegenovergestelde redenen. Een eerste mogelijke oppositie kan uitgaan van de modernistische middenklasse en is dus seculier. Door de stijging van de olie-inkomsten waardoor de industrialisering en de modernisering werd gefinancierd, hebben zich in Saoedi-Arabië grote wijzigingen in de maatschappij voorgedaan. Er was een snelle groei van de bureaucratie en de technocratie. Er ontstond een middenklasse die een seculiere westerse opleiding heeft gekregen en in conflict kwam met de conservatieve *ulamā* of er onverschillig tegenover stond, maar niet tegen de monarchie was want die voerde juist een politiek die de middenklasse haar onstaan had gegeven. De bureaucraten en intellectuelen echter kunnen ook niet allemaal door de arbeidsmarkt geabsorbeerd worden en worden geconfronteerd met Amerikaanse en Europese concurrenten voor kaderfuncties en om beslissingen te nemen. Ze willen ook niet langer buiten de politiek en de organen waar de beslissingen genomen worden, gehouden worden en zij menen dat aan die onrechtvaardige toestand moet verholpen worden. Om deze mogelijke oppositie de wind wat uit de zeilen te nemen werd in 1981-82 het salaris van de ambtenaren aanzienlijk verhoogd en werden institutionele hervormingen in meer democratische zin in het vooruitzicht gesteld.

Een andere mogelijke oppositie is van religieuze aard. Door de plots gestegen rijkdom en de ermee gepaard gaande invoer van Westerse gedragingen en niet-islamitische materialistische waarden kan wel eens de betekenis en het belang van de islam verminderen met alle ernstige morele gevolgen vandien. Er waren er dan ook die zich keerden tegen de rijkdom, de verwesterlijking en de modernisering, die te vlug gaat. Zij wijzen op de corruptie die alom tegenwoordig is in de politieke elite en onder koninklijke prinsen en op het teloorgaan van de publieke moraliteit. Zij vallen dus diegenen aan die de islam zeggen te verdedigen en die hun eigen regime onwettelijk maken door allerlei praktijken (oogluikend) toe te staan die door de islam als verwerpelijk worden beschouwd. De elite wordt verweten te falen in het behoeden van de islamitische moraliteit en onvoldoende afstand te nemen van de Westerse cultuur en haar waarden.

De religieuze oppositie, die tot op zekere hoogte begrip gekregen heeft in bepaalde *ulamā* kringen die alles bij elkaar genomen toch gemarginaliseerd waren, wil zich afzetten tegen de moderniteit en terugkeren naar de bronnen van de godsdienst die de gewenste zekerheid geven. Ze meent dus dat het Wahhābisme niet meer volledig aan zijn trekken komt en wijst erop dat de seculariserende regimes in de islamwereld in feite mislukkingen waren en niet konden voldoen aan de religieuze verzuchtingen van de gelovige massa. De regering heeft een zekere aandacht besteed aan de religieuze conservatieven. Zo wordt minder uitdrukkelijk nadruk gelegd op de noodzaak van een snelle ontwikkeling en wordt het toezicht van de religieuze politie wat geïntensifieerd.

Alhoewel de meeste Saoedi's een compromis nastreven tussen traditionalisme en modernisme, mag men waarschijnlijk toch stellen dat het regime kan bedreigd worden door groepen die dezelfde islamitische ideologie als het establishment aankleven, maar in naam van de islam, kunnen wijzen op de nefaste sociale gevolgen van de industrialisatie en de modernisering en de nadruk leggen op het egalitarisme dat in de revolutionaire regimes van Libië en Iran zeer beklemtoond wordt. De Saoedische monarchie staat bloot aan grote druk, niet alleen vanuit Iran dat jaarlijks aanwezig is tijdens de Bedevaart en elke monarchie in de islam enige wettelijkheid ontzegt, maar ook, in mindere mate weliswaar, van de sji'itische minderheid in het koninkrijk, die een onvoldoende aandeel in de gestegen rijkdom heeft gekregen en, waarschijnlijk niet helemaal toevallig, voor de gebeurtenissen in Mekka in 1979, tegen het regime in opstand is gekomen. Door de economische en tevens strategische betekenis van Saoedi-Arabië kan het lukken of mislukken van de door dit koninkrijk gevoerde politiek en het al dan niet bewaard blijven van het politiek-religieus evenwicht en het al dan niet aan de macht blijven van groepen die het schragen, niet te verwaarlozen gevolgen hebben voor gebieden die geografisch gezien ver van de Golf gelegen zijn.

NOORD-JEMEN: IN WANKEL EVENWICHT

De Arabische Republiek Jemen ligt aan de zuidpunt van het Arabische schiereiland, geklemd tussen het conservatieve Saoedi-Arabië en het marxistische Zuid-Jemen.

Bergland

Ten westen grenst de Tihāma-kuststreek aan de strategisch belangrijke Rode Zee. Deze ongezonde en niet zo vruchtbare strook met een bevolking waarin het Afrikaanse element sterk opvalt, is slechts 30 tot 60 km breed. De bergketen daarachter, tot ver boven de 3.000 m, vangt de restanten op van de moessonregens; haar hellingen lenen zich tot terraslandbouw en hier woont dan ook het grootste deel van de Noordjemenitische bevolking. Verderop daalt het reliëf terug geleidelijk af en vormt op zo'n 2.000 m hoogte een hoogplateau, met o.a. de hoofdstad San'ā'. De irrigatielandbouw maakt, naar het oosten toe, plaats voor een verlaten woestijnlandschap met schaarse bewoningskernen. De wādī's (rivierbeddingen die slechts éénmaal per jaar water bevatten) verzanden hier in de Rub al-Khalī (het lege kwartier), een woestijn, die zich vanuit Saoedi-Arabië over de onduidelijke grens met Noord-Jemen uitstrekt.

De stam en de clan zijn en blijven zeker op het platteland de hoekstenen van deze maatschappij, die sterk traditioneel ingesteld is. Ieder rechtgeaarde man draagt fier zijn djambīya (kromdolk) en, buiten de steden, zijn geweer. Vrouwen zijn er nog steeds onderworpen aan islamitische en traditionele waardepatronen die aan de man meer rechten geven dan aan de vrouw. Van oudsher valt 's namiddags bijna alle activiteit stil om in groep qat te kauwen, een soort soft drug die enkel in Zuid-Arabië groeit. Het gaat hier om een sociaal gebeuren waarbij moeilijke problemen en meningsverschillen uitgepraat worden. De gezondheidszorg staat nog in haar kinderschoenen: sterftecijfer 24%, geboortecijfer 48%, levensverwachting ongeveer 40 jaar. Eén op twee kinderen sterft in zijn eerste levensjaar.

Wierook en mirre

Bekijken we even de bewogen geschiedenis van dit bergland. Vanaf de 7de eeuw v. Chr. tot zowat de 5de eeuw na Chr. bloeiden in deze streken verschillende koninkrijkjes: Saba -beroemd van de in de bijbel en koran vermelde koningin van Saba-, Ma'īn, Himyar, Qatabān. Ze twistten om de heerschappij en haalden hun macht en rijkdom uit de kontrole over de handel in wierook en mirre. De planten waaruit deze aromatische stoffen getrokken werden groeiden in Zuid-Jemen, West-Oman, Indië en Somalië. De handel hierin verliep hoofdzakelijk over een landroute aan de rand van de woestijn in het oosten van Jemen.

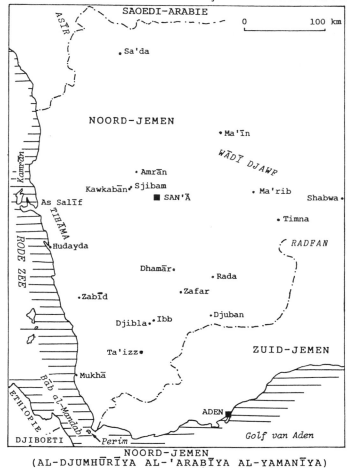

NOORD-JEMEN
(AL-DJUMHŪRĪYA AL-'ARABĪYA AL-YAMANĪYA)

Daar ontstonden deze welvarende staatjes, op de stopplaats van de kamelenkaravanen. Zoals een kwasi-monopolie op aardolie de landen van de Arabische Golf rijk heeft gemaakt, zo ook bezaten zij het zeer winstgevende monopolie van de handel in wierook en mirre die in de hellenistische en Romeinse erediensten onmisbaar waren.

Zoals we in de lokale antieke inscripties lezen, ging het hierbij eerder om stammenfederaties dan om echte, gecentraliseerde staten. Deze inscripties, geschreven in het Oudzuidarabisch, zijn trouwens teruggevonden overal langs de bewuste handelsweg en zelfs nóg verder, tot het Griekse eiland Delos. Door dammen en irrigatiewerken slaagden deze Oudzuidarabieren erin om aan hun voedingsbehoeften ruimschoots te voldoen. Toen in de 6de eeuw na Chr. de Sabese dam van Ma'rib voor de laatste en definitieve maal doorbrak, luidde dit meteen ook het einde van deze beschaving in. Het machtsvacuüm dat hierbij ontstond werd eerst opgevuld door de Ethiopiërs, maar uiteindelijk waren het de Perzen die Jemen inlijfden.

Islam en imām

In 628 ging het land zonder slag of stoot over tot de islam, als één van de eerste gebieden buiten de geboortestreek van de profeet. Verschillende lokale dynastieën regeerden gedurende de volgende eeuwen naast elkaar, waarbij soms één dynastie toonaangevend werd. Zo beheersten de Rasulieden in de 13de-15de eeuw vanuit Zabīd bijna geheel Jemen. De Ottomaanse legers van Sulayman de Grote veroverden het land in de 16de eeuw, maar in 1636 werden ze verdreven door een stammenleger onder leiding van Mansūr Billah, de leider *(imām)* van de zayditische dynastie uit Sa'da in het noorden. In 1872 heroverden de Turken het land maar in 1919 trokken ze zich, na hun nederlaag in de Eerste Wereldoorlog, definitief terug en werd het Koninkrijk Jemen geboren onder het bewind van *imām* Yahyā.

Het imamaat 1919-1962

Reeds in 1904 werd Yahyā door de vooraanstaande families tot *imām* verkozen. Men kan stellen dat de *imāmkwestie* de Jemenitische politiek domineerde. Een *imām* moest aan bepaalde voorwaarden voldoen om verkozen en beëdigd te worden door de *ulamā* (religieuze vooraanstaanden), waarna hij politiek, religieus en militair leider werd van de gemeenschap en vanaf 1919 dus ook van de staat. Meestal haalde de kandidaat met de sterkste persoonlijkheid en het grootste doorzettingsvermogen het van zijn concurrenten. Dit betekende dat de stabiliteit van het land nauw samenhing met de persoonlijkheid van de *imām*.

Yahyā Ibn Hamīd ad-Dīn kende deze situatie zeer goed en probeerde zoveel mogelijk macht in zijn handen te concentreren. Hij nam alle politieke beslissingen zelf en beheerde de schatkist en alle bronnen van inkomsten als zijn privé-bezit. Om de loyauteit van de stammen af te dwingen gijzelde hij de zonen van de machtigste stamhoofden en gaf hij aanzienlijke bedragen uit om hen om te kopen. De *imām* eiste dat de oudste zoon van ieder stamhoofd op het koninklijk paleis zou verblijven. In geval van stammen- of andere twisten beschikte het staatshoofd op die manier over een ideaal drukkingsmiddel. Onderwijs, geneeskunde, infrastructuur, een munt, enz. bestonden niet in dit middeleeuwse Jemen.

Buitenlandse invloeden werden zoveel mogelijk geweerd. De *imām* voerde een politiek van uiterste isolatie en schermde zijn land totaal af van de buitenwereld. Anderzijds voerde Yahyā een agressieve politiek tegenover zijn twee buren, met name Saoedi-Arabië en de Britten in Aden. Hij wilde namelijk Asīr, een gebied dat hij aan Saoedi-Arabië was kwijt gespeeld, en de protectoraten in het Zuiden inlijven. De *imām* verloor zich dus in eindeloze grensoorlogen zonder veel resultaat. Toen hij in 1934 de oorlog tegen Saoedi-Arabië verloor, sloot hij een grensverdrag met de Saoedi's en de Britten waarbij hij afstand deed van Asīr en Nadjrān en de Britse soevereiniteit over het Zuiden erkende.

Yahyā beging de zware politieke fout, als Jemenitisch *imām,* de post van *imām* erfelijk te maken om alzo een eigen dynastie te vestigen. Deze politiek ging radikaal in tegen het basisprincipe van het zayditisch imamaat waar de meest competente van de kandidaten via verkiezingen aan de macht kwam. Het mag dan ook niet verwonderen dat de oppositie tegen zijn bewind groeide. Die oppositie werd gedragen door alle lagen van de bevolking die elk hun eigen reden tot ontevredenheid hadden. Toch had de misnoegdheid een gemeenschappelijke grond: allen wilden ze de aanstelling van een nieuw staatshoofd dat binnen het imamaat hervormingen zou doorvoeren.

Op 7 februari 1948 pleegden de tegenstanders een staatsgreep en vermoordden Yahyā samen met een aantal van zijn vertrouwelingen. Ahmad, zijn zoon, kon ontsnappen, vanuit het noorden met de hulp van de zayditische stammen een 'counter-coup' organiseren en de orde herstellen.

Ahmad b. Hamīd ad-Dīn 1948-1962

Ahmad voerde dezelfde despotische politiek als zijn vader, maar trad nog wreder op. In het begin van zijn ambtsperiode kwam hij evenwel tegemoet aan een aantal eisen van de modernisten, met als voornaamste de ontginning van de bodemrijkdom, de uitbouw van het onderwijs en het aanknopen van relaties met andere Arabische landen. De progressieven waren ontgoocheld over het magere resultaat van de moderniseringspolitiek en probeerden zich ondanks de zware repressie te reorganiseren. Ahmad die verschillende aanslagen op zijn leven overleefde, kreeg de mythische reputatie van onvernietigbare.

Onder invloed van het nasserisme en het onvermogen om de beperkte economische vooruitgang te consolideren en te vrijwaren, was er een kwalitatieve verandering in de basisidee van de oppositie op gang gekomen. De reformisten stapten af van de idee dat ze hervormingen konden doorvoeren binnen het imamaat en geloofden dat ze zelf het systeem konden omschakelen. Ook de druk van de progressieve

Arabische staten onder leiding van Egypte, werd steeds sterker. Om die af te zwakken sloot Ahmad in 1958 een unie met de Verenigde Arabische Republiek (de unie tussen Egypte en Syrië) die van dan af de Verenigde Arabische Staten genoemd werd. Bovendien haalde Ahmad zich nog de woede van één van de machtigste stammenconfederaties op de hals door, na een conflict over de subsidies aan die confederatie, de sjaykh te laten vermoorden.

In 1961 werd Ahmad andermaal doelwit van een aantal aanslagen, zonder succes evenwel. Hij plaatste zijn land ook buiten de Verenigde Arabische Staten door een agressief anti-socialistisch gedicht aan het adres van Nasser te schrijven. Hij had tevergeefs gehoopt hierdoor de steun van de conservatieven en de stammen terug te winnen. Op 19 september 1962 stierf Ahmad ibn Hamīd ad-Dīn een natuurlijke dood. Hij werd opgevolgd door de als progressief bekend staande al-Badr.

al-Badr 1962-1962

Al-Badr nam het roer in handen onder de naam 'al-mansūr billāh', overwinnaar door God. Het nieuwe staatshoofd probeerde een compromis te vinden tussen de progressieven en de conservatieven. Maar veel werd hem niet gegund. Het leger pleegde namelijk een staatsgreep en ontzette al-Badr uit de macht. Abdullah as-Sallal, de nieuwe president, riep de Jemenitische Arabische Republiek uit en kondigde een reeks van vergaande hervormingen aan. Er kwam een einde aan de periode van het imamaat. De *imām-familie* werd na de revolutie streng vervolgd. Al-Badr kon evenwel ontkomen en zocht een veilig heenkomen in het noorden van het land. Hij vormde een regering in ballingschap in Nadjrān (in Saoedi-Arabië) en met de hulp van de zayditische stammen bereidde hij een contra-revolutie voor.

De burgeroorlog

In 1962 brak een burgeroorlog uit waarbij de republikeinen militair door Egypte en de royalisten financieel door Saoedi-Arabië gesteund werden. De republikeinen kwamen vooral uit Tihāma en het zuiden en waren veelal sunnitische muslims. De royalisten daarentegen stonden vooral sterk in het noorden en oosten en waren overwegend sji'itische, meer bepaald zayditische, muslims.

De burgeroorlog werd een strijd tussen twee mogelijke staatsvormen, een republiek of een imamaat, maar was tegelijk een weerspiegeling van de strijd tussen twee concurrerende politieke systemen in de Arabische wereld, de progressieven met Egypte, en de conservatieven met Saoedi-Arabië en Jordanië. Het is precies door die dubbele dimensie dat de oorlog zo lang aansleepte en zo wreed was. Een oplossing bleek dan ook alleen mogelijk door onderhandelingen die zich op twee fronten tegelijk zouden afspelen: enerzijds tussen Egypte en

Saoedi-Arabië en anderzijds tussen de monarchisten en de republikeinen.

De strijd op het slagveld verzandde evenwel in een patstelling. De Egyptenaren trokken hun troepen terug na de nederlaag in de Zesdaagse oorlog tegen Israël in 1967. Nasser sloot in augustus van datzelfde jaar, met Faysal, de overeenkomst van Khartum, waarbij de twee landen iedere verdere inmenging staakten. Het conflict werd van dan af een Jemenitische aangelegenheid.

De Arabische Republiek Jemen

In 1970 kwam het uiteindelijk tot een vergelijk en werd officieel de gematigde Arabische Republiek Jemen opgericht, na een akkoord tussen de royalisten en de republikeinen, door bemiddeling van de Saoedi's. Abd al-Iryānī werd president en stond aan het hoofd van een republikeinse raad waarin zowel monarchisten als republikeinen vertegenwoordigd waren.

Als tegengewicht voor de sovjethulp (toen de Egyptenaren zich terugtrokken begon de USSR openlijk hulp te geven aan de republikeinen) en om Saoedi-Arabië ter wille te zijn, zocht de nieuwe regering toenadering tot het Westen. Noord-Jemen onderhield goede relaties met Frankrijk en Groot-Brittannië en knoopte diplomatieke betrekkingen aan met de DDR en de DBR. De relaties met de meeste Arabische landen waren normaal. San'ā' had goede banden met Oman, Bahrayn, Qatar, en de Emiraten. De Jemenitische overheid kreeg aanzienlijk wat subsidies van die staten om het land op te bouwen. Saoedi-Arabië bleef een belangrijke rol spelen in de Noordjemenitische politiek.

De nationale verzoening, die evolueerde naar een 'tribale democratie', werd afgerond met de verkiezingen -in 1971- van 159 leden van de *madjlis asj-sjūrā* (het parlement). De sjaykhs bezetten 70% van de zetels en het parlement werd voorgezeten door sjaykh Abdullah al-Ahmar van de Hāsjid-confederatie. Al-Iryānī bleef president.

Kolonel al-Hamdī

Op 13 juni 1974 pleegde kolonel al-Hamdī een staatsgreep waardoor het bijna zeven jaar oude bewind van al-Iryānī omvergeworpen werd. Saoedi-Arabië was niet ontevreden met deze gang van zaken. De Saoedische ambassade had immers niet geaarzeld het ongenoegen tegen het Iryānī-bewind aan te wakkeren. Ze hekelde ook scherp de gematigde regeringspolitiek ten opzichte van Zuid-Jemen.

Iryānī had niet alleen dit probleem het hoofd moeten bieden. De hervorming van het belastingstelsel viel niet in goede aarde. Vooral de omvang van de verschillende lokale heffingen drukten zwaar op de bevolking. Daarnaast was hij ook niet in staat gebleken de economie op gang te trekken en tot overmaat van ramp lag Iryānī overhoop met de sjaykh van de machtige Hāsjid-confederatie. Onder al-Hamdī lag de feitelijke macht bij een uit militairen samengestelde Commandoraad. De kolonel poogde zijn als conservatief ervaren regime geleidelijk aan los te maken van de sterke Saoedische invloed. Om daarin te lukken moest hij drie doelstellingen verwezenlijken: het militaire bewind moest stabiliteit brengen, het centrale gezag moest gevoelig uitgebreid worden en op de internationale scène moest Jemen een politiek van evenwicht volgen, in de eerste plaats tussen Zuid-Jemen en Saoedi-Arabië.

De oppositie tegen al-Hamdī kwam uit verschillende hoeken. De stammen waren misnoegd omdat hun macht beknot werd. Saoedi-Arabië zag liever een zwak centraal gezag in San'ā'. De traditionalisten verzetten zich tegen elke secularisering van de macht en de maatschappij. Tenslotte was er de progressieve oppositie. Deze verbonden zich in 1976 in het Nationaal Democratisch Front van de Arabische Republiek Jemen (NDF).

In oktober 1977 stelde het NDF zijn programma voor. Naast een verregaande democratisering werd van de regering geëist dat ze het land zou bevrijden van de Saoedische betutteling en dat er een actieve verenigingspolitiek met het Zuiden zou worden gevoerd. Hoewel deze oppositiegroep buiten de wet stond, werd ze oogluikend toegestaan door al-Hamdī. Dit was niet naar de zin van de stammen die begin 1977 in minstens zes provincies anti-regeringsacties begonnen. Pas in augustus werd, na Saoedische bemiddeling, een akkoord bereikt tussen regering en stamhoofden. Hierdoor werd het ongenoegen van de stammen echter niet weggenomen en algemeen wordt aanvaard dat dit een niet onaanzienlijke rol speelde in de moord op al-Hamdī, op 11 oktober 1977.

Die moord werd in progressieve kringen begrepen als een wraakactie van de conservatieven. Met het verdwijnen van al-Hamdī leek de weg vrij voor een nieuwe machtstoename van de stammen. De stabiliteit liet te wensen over. Al-Ghasjmī, die al-Hamdī opvolgde, onderhield zeer goede relaties met Saoedi-Arabië, met Aden werden evenwel de spanningen opgedreven. De nieuwe president was echter een droevig lot beschoren, negen maanden na zijn aantreden werd hij slachtoffer van een bomaanslag. Een afgevaardigde van de Zuidjemenitische president, die op het moment van de aanslag in het kantoor van al-Ghasjmī aanwezig was, werd verantwoordelijk gesteld voor deze moord en de diplomatieke relaties met Aden werden verbroken.

Alī Abdullah Sālih

Sālih werd de nieuwe president. Hij wilde in de eerste plaats zijn positie verstevigen. De zayditische religieuze elite had grote invloed op het politieke leven in Noord-Jemen. De stammen bleven zich verzetten te-

gen de uitbreiding van het centraal gezag. De handelaarsklasse, gegroeid uit de talrijke Jemenitische migrantenarbeiders, gaven er de
voorkeur aan in meer stabiele buurlanden te investeren, zodat Sālih
de grootste moeite had de economie op gang te trekken om zo de onrust bij de bevolking weg te nemen. Sālih begreep dan ook onmiddellijk dat de voornaamste pijler van zijn bewind het leger zou zijn. De
president trad hardhandig op tegen de opposanten waardoor velen een
veilig heenkomen zochten in Zuid-Jemen of zich aansloten bij het
NDF.

Het NDF, dat aanvankelijk zijn doelstellingen op vreedzame wijze
nastreefde, greep nu naar de guerrilla-tactiek om Sālihs bewind omver
te werpen. Hierbij kon het front rekenen op de steun van Aden. De
Zuidjemenitische overheid liet de rebellen immers actie voeren vanuit
de grensstreek tussen de twee landen. In 1979 brak dan ook een
grensoorlog uit. Onder druk van de Arabische Liga werd de strijd
beëindigd en de kersverse president Alī Abdullah Sālih sprak zich op
een topontmoeting met de Zuidjemenitische leider uit voor een geleidelijke unie van de twee Jemens.

Onder druk van deze gebeurtenissen koos Sālih voor een nieuwe politiek en hoewel de conservatieven aan de macht bleven, zagen de
progressieven hun invloed toenemen. Het nieuwe beleid uitte zich
vooral op drie fronten.

Er was ten eerste het belangrijke wapenleveringsakkoord dat in 1979
met de USSR werd gesloten. San'ā' wilde zijn leger moderniseren om
een nederlaag, zoals die tegen Aden, in de toekomst te vermijden. Dat
Sālih zich hiervoor tot Moskou richtte was normaal. De Russen waren
reeds lang in Jemen aanwezig en hadden een niet geringe rol gespeeld
in het doorbreken van het monarchistische beleg van San'ā' in
1967-1968. Een andere factor die meespeelde was de vertrouwdheid
met het Russische materieel.

De VS hadden zich, door toedoen van Saoedi-Arabië buiten spel
laten zetten. In 1972 waren ze inactief gebleven, in 1979 kondigden ze
massale wapenleveringen voor San'ā' aan, maar die werden door
Riyād belemmerd. Saoedi-Arabië was immers beducht voor een versterking van het gezag in Noord-Jemen. Het was dan ook deze
bemoeizucht die Sālih er mede toe bracht om de USSR als bondgenoot
te houden. Indien de USSR enkel nog in Aden aanwezig zou zijn, zou
Sālih bijna automatisch overgeleverd worden aan de willekeur van het
Saoedische hof. Toch bleven de Saoedi's zware geldelijke steun verlenen om hun invloed niet te verliezen.

Vervolgens waren er zowel met Zuid-Jemen als met het NDF onderhandelingen, al dan niet openlijk, maar deze bleven aanslepen omdat
geen van de drie partijen echt water in de wijn wou doen.

In 1980 was de Zuidjemenitische president Abd al-Fatah Ismā'īl wel
vervangen door de meer gematigde Alī Nāsir Muhammad, maar deze
kon zijn steun aan het NDF niet opzeggen zonder zijn eigen positie in

gevaar te brengen. Hoewel sultān Ahmad Umar van het NDF nog steeds gesprekken voerde met de Noordjemenitische regering, voelden de meeste frakties binnen het NDF niet veel voor een niet-militaire oplossing. Het vertrouwen tussen Aden en San'ā' was ook zoek, ondanks de belofte van Muhammad Alī Nāsir om het NDF niet langer te steunen.

Bij de sporadische gevechten in het zuiden van het land werden nu aan de kant van de regering ook stamkrijgers ingeschakeld onder het banier van het pas opgerichte Islamitisch Front. In 1981 leek alles op een uitputtingsoorlog af te gaan, te meer daar Noord-Jemens belangrijkste geldschieter, Saoedi-Arabië, eens en voorgoed komaf wilde maken met de kommunistische dreiging aan zijn zuidgrens. President Sālih weerstond evenwel deze Saoedische druk en bleef verder een goede verstandhouding met het zuiden nastreven.

De nationale verzoening

In december 1981 ondertekenden Noord en Zuid in Aden een verdrag waarbij een Hoge Jemenitische Raad werd opgericht die de éénmaking moest voorbereiden. Ondertussen trachtte Sālih verder zijn basis te verbreden door zowel modernisten als stamleiders in zijn regering op te nemen. Hij liet zich niet verleiden tot megalomane prestigeprojecten noch tot een personencultus, maar koos integendeel voor geleidelijke, welbestudeerde stappen naar nationale verzoening en economische opbouw. In 1980 werd een Comité voor Nationale Dialoog opgericht dat een Nationaal Pakt moest uitwerken. Dit kwam in de plaats van de eerst voor 1980 beloofde algemene verkiezingen.

In allerlei openbare zittingen en informatievergaderingen werd geleidelijk gewerkt aan dit Pakt dat uiteindelijk door een verkozen Algemeen Volkscongres (AVC) zou moeten goedgekeurd worden in 1982. Dit streven naar nationale verzoening geraakte reeds in 1980 terug op de achtergrond door de snel verslechterde economische toestand. Zowel de zakenwereld als de buitenlandse donors en hulporganisaties waren hun vertrouwen in de regering aan het verliezen. Deze belabberde economische toestand had te maken met de verminderde geldstroom van de Jemenitische gastarbeiders.

Gastarbeiders

Er waren sinds de jaren '70 zeer veel (in 1981 nog meer dan één miljoen op een totale bevolking van 9 miljoen) Noordjemenieten werkzaam in de Arabische olielanden als ongeschoolde arbeiders in de oliewinning en bouwnijverheid. Vooral in Saoedi-Arabië waren ze zeer welkome gasten, dit als tegengewicht voor de vele niet-Arabische gastarbeiders uit Pakistan, India, Korea en andere landen. Met de daling van de olieprijzen werden ze echter meer en meer teruggestuurd en droogde de stroom van geld dat ze naar huis zonden, gedeeltelijk op. De betalingsbalans vertoonde al vlug een deficiet: gebrek aan vreemde valuta.

Sālih benoemde daarop de ex-president uit het begin van de jaren 70, al-Iryānī, tot eerste minister om o.a. het IMF en de Wereldbank gerust te stellen. Al-Iryānī, een gedegen technokraat, begon onmiddellijk met de uitwerking van een nieuw vijfjarenplan. In 1982 laaide het konflikt met het NDF terug in alle hevigheid op en werd even het grensstadje Djuban door de rebellen veroverd. Het daaropvolgende regeringsoffensief bracht het NDF echter bijna op de knieën. Ondanks alle interne oppositie greep er een topontmoeting plaats tussen Sālih en Nāsir Muhammad waarbij Aden beloofde het NDF niet langer meer te steunen en San'ā' amnestie afkondigde voor de NDF'ers die wilden meewerken aan het Nationaal Pakt.

Vijfjarenplan

Ondertussen was het nieuwe vijfjarenplan op een internationale konferentie met instemming begroet door de ontwikkelingshulporganisaties en kwamen na Saoedi-Arabië en Iraq ook andere landen met geld over de brug. In augustus 1982 werden 700 leden van AVC rechtstreeks verkozen en 300 leden, waaronder enkele eminente NDF'ers, door de president aangeduid. Het Nationaal Pakt werd door het AVC goedgekeurd en er werd beslist dat het AVC om de 4 jaar herkozen zou worden. Tussen de tweejaarlijkse zittingen door zou een bestuur van 75 leden het beleid waarnemen.

Een zware aardbeving in de streek van Dhamār, samen met de verminderde Saoedische hulp, dwongen al-Iryānī een soberheidsprogramma door te voeren. Daarin werd gewerkt aan het tegengaan van de smokkel over de Saoedische grens en werd de import en de geldmarkt onder strengere kontrole gesteld. Dit zette veel kwaad bloed en al-Iryānī werd vervangen door al-Ghānī als eerste minister.

Recente ontwikkelingen

Inmiddels lijkt het AVC meer en meer een echte eenheidspartij te worden en de positie van president Sālih schijnt stevig, naar Jemenitische maatstaven althans. Echte algemene verkiezingen stelt hij niet meteen in het vooruitzicht, dit volgens sommigen omwille van de vrees voor religieuze fundamentalisten. Deze zouden het nu moeizaam opgebouwde evenwicht tussen links en rechts, tussen technokraten, leger en stammen kunnen ondermijnen. Waarnemers veronderstellen evenwel dat hun invloed niet zo groot is als soms wordt geopperd. De meeste Noordjemenieten lijken best tevreden met het huidige regime van president Sālih (sinds 1978 aan de macht, een record in duur) dat een gematigde politiek van nationale verzoening voert en een vrije markteconomie voorstaat.

De olie in het Alif-veld (reserve van 500 miljoen vaten) leverde vanaf eind 1987 zowat 150.000 vaten per dag op. In april 1986 werd een olieraffinaderij geopend in Ma'rib en een oliepijplijn is in aanbouw naar de havenstad Salīf. Vorig jaar nog werden nieuwe aardoliereserves ontdekt, ditmaal in de wādī Djawf. Op dezelfde plaats zijn ook aardgasreserves aangeboord, terwijl ook voor de Rode-Zeekust gas onder de zeebodem zou zitten.

De politieke stabiliteit mag dan wel sterk verbeterd zijn, de economische situatie is toch nog steeds niet optimaal. De devaluatie van de Noordjemenitische munteenheid de riyal van 4,5 YR voor 1 US S (1983) naar 10 YR voor 1 US S (1987) is in dit opzicht betekenisvol, zelfs indien men rekening houdt met de schommelingen van de dollar. In 1986 werden dan ook strikte importbeperkingen ingevoerd en werd de geldmarkt aan banden gelegd door de oplegging van een vaste wisselkoers. De handelsbalans werd wel enigszins verbeterd maar de prijzen gaan wel gestaag de hoogte in.

Ongebondenheid

De relaties met Zuid-Jemen zijn goed, ook na de machtswisseling in Aden in het voorjaar van 1986, en de gezamenlijke commissies bestuderen nog steeds de éénmaking. Of van deze hereniging ooit iets in huis zal komen, valt af te wachten. De ideologische verschillen blijven sterk. Toch zijn enkele praktische regelingen getroffen zoals ondermeer de vrije grensovergang voor alle Jemenieten, uit Noord zowel als uit Zuid. In het Palestijnse vraagstuk steunen beide landen de PLO en vingen aldus zowel in 1982 als in 1983 uit Libanon verdreven PLO-strijders op. Men schat dat er zich zowat 2.600 Palestijnen in Noord-Jemen bevinden. Yassir Arafat heeft trouwens in San'ā' zijn hoofdkwartier gevestigd.

De buitenlandse politiek van Noord-Jemen wordt gekenmerkt door een streven naar ongebondenheid. In april van 1986 is in de nasleep van het VS-bombardement op de Libische hoofdstad Tripoli wel een funktionaris van de Amerikaanse ambassade ernstig gewond bij een bomaanslag, maar dit heeft de diplomatieke relaties met Washington geenszins verstoord. De economische en ontwikkelingshulp komt zowel uit Oost als West: USSR, Saoedi-Arabië, China, VS, Verenigde Arabische Emiraten, Kuwait, Qatar, Nederland, West-Duitsland.

Noord-Jemen is een land in de kering. Op zo'n 20 jaar tijd is het uit de middeleeuwen in de maalstroom van de 20ste eeuw verzeild geraakt. Hoewel de eigen landbouw erg te lijden heeft onder de konkurrentie van goedkope invoer, blijft ze standhouden, voorlopig althans. De evolutie van de globale economische situatie zal uitmaken of de stabilisatie onder het Sālih-regime zich zal doorzetten.

Literatuur

Bidwell, R., *The Two Yemens,* Essex, 1983.
Deffarge, C., Troeller, G., *Yemen '62-'69: de la Révolution sauvage à la Trève des Guérriers,* Paris, 1969.
Halliday, F., *Arabia without Sultans,* Harmondsworth, 1974.
Peterson, J., *Yemen. The Search for a Modern State,* Londen, 1982.
Stookey, R., *Yemen. The Politics of the Yemen Arab Republic,* Colorado, 1978.

NOORD-JEMEN: KUNST EN KULTUUR

De twee Jemens hebben niet toevallig een gemeenschappelijke naam. Ze delen een geschiedenis die tot vóór enkele eeuwen dezelfde was. Hoewel ze niet vaak onder één bewind verenigd waren, heeft hun cultuur en samenleving duidelijk dezelfde trekken.

Arabia Felix

Vóór de komst van de islam was Jemen een bloeiende landstreek. De antieke auteurs (o.a. Plinius) noemden het *Arabia Felix* of het 'Gelukkige, Welvarende Arabië', dit in tegenstelling tot de rest van het schiereiland dat beter beantwoordt aan het beeld dat de man in de straat heeft van Arabië. Woestijn beslaat inderdaad maar een klein deel van Jemen dat hoofdzakelijk een bergland is. De Jemenitische cultuur is sterk beïnvloed door en versmolten met haar natuurlijk milieu. De bergen zorgen ervoor dat het voldoende regen ontvangt van de moessonwinden uit de Indische Oceaan om landbouw mogelijk te maken en een grote bevolking te kunnen voeden. Ook vandaag is de bevolking van Jemen nog steeds een veelvoud van die van Saoedi-Arabië. De aardrijkskundige ligging zorgde in de oudheid ook voor haar rijkdom: Jemen lag op een zeer belangrijke handelsroute. Hoe komt het dan dat Jemen toch zo onbekend is gebleven? Het is natuurlijk altijd een gebied geweest dat op de rand van de grote culturen lag. Verder is er in de islam een tendens om alles wat dateert van vóór Muhammad te beschouwen als onbelangrijk, want het is heidens. Het is ook zo dat de belangrijkste Oudzuidarabische centra er sinds eeuwen verlaten bij lagen en tot vóór enkele decennia eigenlijk vergeten waren. Tenslotte is Jemen nooit een land van veroveraars of wereldrijkbouwers geweest. Zeker gedurende de laatste eeuwen was het, met uitzondering van Aden, een geïsoleerd, mysterieus bergland, geregeerd door sultäns en vorsten zonder veel weerklank.

Hoe dan ook, van zowat de 7de eeuw v. Chr. tot de 5de eeuw n.Chr. bloeiden hier verschillende koninkrijkjes die op hun beurt reeds voortbouwden op een boeiende voorgeschiedenis. De stand van het archeologisch onderzoek in Zuid-Arabië laat ons evenwel nog niet toe tot duidelijke conclusies te komen. Na korte opgravingen ondernomen door Duitsers (Huqqa 1928) en een Engelse ploeg (Hur'aydha 1938) en de meer substantiële Amerikaanse onderzoekingen te Timna (1952-52) en Ma'rib (1952), moest men wachten tot de jaren '70 om de eerste, echt systematische archeologische expedities tot stand te zien komen. Er zijn nu ondermeer Franse, Italiaanse en Amerikaanse missies werkzaam, voornamelijk in Noord-Jemen.

Een joods man, nu een zeldzaamheid in Jemen. In de jaren vijftig verliet de economisch zeer belangrijke joodse minderheid Jemen om zich in Israël te vestigen.

In de wādī Hadramawt en Tihāma zijn sporen gevonden van prehistorische bewoning. Toen ergens rond 3.000 v. Chr. het klimaat in het Arabisch schiereiland aanzienlijk verslechterde, emigreerde een deel van de bewoners van het binnenland naar het noorden (Syrië, Mesopotamië) of naar de kustgebieden (Asīr, Jemen, Oman). In het 3de millennium v. Chr. ontdekte men de unieke eigenschappen van bepaalde planten die groeiden in West-Oman (Dhofar), Zuid-Jemen, Somalië en het eiland Soqotra. Men kon ermee wierook, mirre en andere produkten bereiden die gebruikt werden voor de eredienst (Israël), voor mummificering (Egypte), voor geneeskundige toepassingen, voor cosmetica, enz. De handel in deze produkten werd een zeer winstgevende bezigheid en trok sommige naar het noorden uitgeweken Arabieren aan. Velen onder hen vestigden zich in Jemen en brachten een heleboel verworvenheden van de stedelijke Mesopotamische cultuur met zich mee. De eerste fazen van de dam van Ma'rib stammen uit deze tijd.

Rond de 7de eeuw v. Chr. begon de echte bloei van de Oudzuidarabische cultuur. Een vijftal koninkrijken bestonden min of meer naast elkaar, gedurende verschillende eeuwen: Saba (hoofdstad Ma'rib), Ma'in (hoofdstad Qarnaw en Baraqisj), Qatabān (hoofdstad Timna), Himyar (hoofdstad Zafar) en Hadramawt (hoofdstad Sjabwa). Het koninkrijk Aswan is minder goed gekend. Deze staatjes waren eerder stammenfederaties dan echte gecentraliseerde gemeenschappen. De grenzen lagen nooit vast en evolueerden mee met de machtsverhoudingen. Soms werden enkele koninkrijken onder één bewind gebracht.

De Oudzuidarabische welvaart was, zoals reeds aangestipt, ondermeer te danken aan de zelfvoorziening wat betreft voedsel. De landbouw werd mogelijk gemaakt door dammen, sluizen en allerlei irrigatiewerken en -kanalen op de oostelijke hellingen en plateaus van het bergland. De steden waren gevestigd in het centrale bergland maar meer nog op de oostelijke of, zoals in Zuid-Jemen, op de noordelijke rand van de woestijn. Het gaat hier niet om stuwdammen op rivieren zoals we nu meestal kennen, maar om bouwsels die de chronische watervloeden in de meestal droogstaande rivierbedingen *(wādī's)* afleidden naar irrigatiekanalen. Zo slaagde men er in om grote oppervlakten land die nu woestijn zijn, te behouden. De meest beroemde dam was die te Ma'rib, waaraan hoofdstuk 34 *(sūra Saba)* van de Koran gewijd is. Hierin wordt verhaald hoe de inwoners van Saba gestraft werden voor hun weigering zich te bekeren tot de ene God, Allah, door de breuk van hun dam (waarover later meer).

De Oudzuidarabische staatjes floreerden pas echt door hun handelsactiviteiten. De wierook en mirre konden enkel overland naar de Levant (kusten van de oostelijke Middellandse zee) gebracht worden omdat zeevaart op de Rode Zee te gevaarlijk was, omwille van de piraterij. Naast deze aromatische produkten werden ook goederen uit Indië en de Hoorn van Afrika verhandeld.

Ver weg in het hellenistisch-Romeinse noorden had men geen flauw benul van het feit dat de Oudzuidarabieren ook tussenhandelaars waren en dacht men dat al de gegeerde oosterse goederen uit deze ene landstreek afkomstig waren. Ook daarom noemden ze het *Arabia Felix*. Uit de Perzische Golf kwamen parels, uit Indië specerijen, textiel en zwaarden, uit China zijde, slaven, apen en ivoor, uit Ethiopië goud en struisvogelveren, enz. Deze produkten werden per schip tot in Zuid-Jemen gebracht, voornamelijk naar de haven van Qatna (Bi'r Alī), verder over land naar het noorden via Nadjrān, Mekka, Jathrib (het latere Medina), Petra en Gaza. Merk op dat de twee belangrijkste steden van de islam (Mekka en Medina) dankzij deze handel hun ontplooiing vonden. De kamelen die door de Oudzuidarabieren gedomesticeerd werden, waren hierin een onmisbare schakel.

De karavanen volgden de route die het minst hindernissen opleverde, nl. de grens tussen de woestijn en het bergland. Aangezien de

Oud-San'ā'.

Jemenitische bergketen parallel loopt met de kust, verliep deze weg eerst westwaarts en daarna richting noorden. Cultureel en historisch gezien behoort een flink stuk van de Asīr (de zuidelijke Rode-Zeekust van Saoedi-Arabië) ook tot Jemen. Op één dagreis van elkaar ontstonden op deze route stopplaatsen waarvan enkele zich tot steden ontwikkelden. Op het doorkruiste gebied werd een tol voor 'bescherming' geheven, zowel door rovers als door de autoriteiten, op straffe van executie, zo leren we uit Plinius' *Historia naturalis*. Het ene koninkrijk saste de karavanen door naar het andere, ofschoon ze soms onderling oorlog voerden. De handel was belangrijker: elke schakel was nodig om iedereen te laten profiteren van het gedeelde monopolie.

Toch zocht nu en dan één der staatjes zijn controle over de anderen uit te breiden. Saba domineerde vanaf het einde van de 5de eeuw v. Chr., zodanig zelfs dat Anixikrates, een verkenner van Alexander de Grote, in 322 v. Chr. enkel de Sabeeërs vermeldde als machthebbers in Zuid-Arabië. In dezelfde lijn ligt het gebruik van de benaming *Sabees* voor de ganse beschaving, mede gebaseerd op de populariteit van de koningin van Sjaba. De Griekse aardrijkskundige Eratosthenes (3de eeuw v. Chr.) beschrijft echter vier evenwaardige koninkrijken: Saba, Qatabān, Ma'in en Hadramawt.

De inheemse geschreven bronnen helpen ons (voorlopig) jammer genoeg niet veel verder. Ze bestaan grotendeels uit inscripties op steen of metaal, geschreven in de Oudzuidarabische taal en in hetzelfde schrift. Beide zijn goed gekend, maar de inhoud van de duizenden tot nog toe ontdekte teksten is nogal eenzijdig: vooral namen van personen, koningsnamen, data en formulaire uitdrukkingen. Dat maakt het, tot de recente opgravingen eindelijk vrucht zullen afwerpen, moeilijk de ingewikkelde machtsverhouding en de reële levenswijze van deze mensen, hun cultuur, enz. te begrijpen. Het lijkt erop dat na Saba eerst Qatabān en daarna Ma'in een korte periode overheersend waren, terwijl Hadramawt in het oosten min of meer onafhankelijk bleef.

Traditionele Jemenitische architectuur; kantwerk in steen, arabesken, geometrische figuren, gekleurde glasramen, soms tot zeven verdiepingen hoog.

De inscripties die bewaard zijn, vertonen verschillende stijlen wat betreft schrift en weerspiegelen de verschillende dialecten: Sabees,

Qatabanisch, Minees (Ma'in), en Hadramawtisch. Hun verspreiding en datering (alhoewel vaak onzeker) helpt ons enigszins de geheimen van het oude Zuid-Arabië te ontsluieren. Enkele in Ethiopië gevonden teksten duiden op de belangrijke contacten met Oost-Afrika, evenals het Ethiopische schrift dat onbetwistbaar van het Oudzuidarabisch afgeleid is. De handel met het noorden wordt bevestigd in tekstvondsten in de Fayyum-oase (Egypte) en op het Griekse eiland Delos. Waarschijnlijk waren voor ons meer interessante teksten geschreven op vergankelijke materialen. Onlangs werden bv. enkele korte teksten op houten staven teruggevonden.

De Oudzuidarabische taal behoort tot de Zuidsemitische groep, samen met klassiek en modern (Noord-)Arabisch, enkele Ethiopische talen en Nieuwzuidarabisch (alleen nog gesproken op Soqotra en enkele kleine gebieden in Zuid-Jemen en Oman). Het gestileerde schrift is waarschijnlijk onrechtstreeks van het Fenicische afgeleid. Het geeft, zoals typisch is voor Semitische schriften, geen klinkers weer, wat de lectuur niet bepaald vergemakkelijkt.

Godsdienst en samenleving

Laat ons nu een blik werpen op wat wel geweten is omtrent de Oudzuidarabische samenleving. De leider van het Sabese koninkrijk werd *mukarrib* genoemd, een soort koning maar wel met een sterk religieuze betekenis. Hij slaagde erin een groep stammen samen te brengen of in een confederatief verband te houden. De hoofdstad van de bondsstaat was tevens het religieuze centrum. Alle Sabese stammen vereerden een gemeenschappelijke hoofdgod, *almaqah,* en kwamen jaarlijks samen in de tempel te Ma'rib.

De Mineeërs hadden als hoofdgodheid *wadd* en de Qatabaanse beschermgod was *amm.*

De godsdienst leverde dus het cement voor de politieke eenheid, maar een echte gecentraliseerde bureaucratie zag nooit het licht. Het heiligdom en het koninklijk paleis te Ma'rib waren eerder symbolen dan echte machtscentra. De individuele stammen koesterden hun stamgoden in hun eigen tempels en hadden hun eigen leiders. Deze plaatselijke 'adel' riep zich vaak uit tot de enige echte koninklijke dynastie, daarbij de *mukarrib* uitdagend. De macht van de koning was hoofdzakelijk religieus en militair. Hij was eerder een scheidsrechter, een opperrechter dan een echte vorst. Dit is erg duidelijk in de wetteksten die uitgevaardigd werden in naam van de vorst en de 'raad der edelen'.

De verdere organisatie van de bond was verschillend in het echte bergland en aan de rand van de woestijn. Op het centrale bergplateau vertoonde het stamverband een pyramidale structuur. In het geval van Saba had men twee deelfederaties, de Bākil en de Sum'adj, die bestonden uit meerdere stamgroepen. Deze stamgroepen verenigden op hun beurt de kleinste eenheden *(sja'ab)*. Elke deelfederatie werd geleid door een aparte klasse van *qayls* die als een soort adel de gewone lui aanvoerden in de strijd en openbare werken. Ze organiseerden de voedselvoorziening.

Het is verbazingwekkend te constateren dat deze structuur in het centrale hoogland ten noorden van San'ā' in zekere mate vele eeuwen heeft overleefd. De twee stammenfederaties zijn daar nog steeds erg belangrijk, zij het dat de Sum'adj de plaats heeft geruimd voor de Hāsjid (vroeger een stamgroep binnen de Sum'adj-federatie). Tot in deze eeuw waren de *sāda* (afstammelingen van de profeet) hun leidende kaste, dezelfde waaruit de *imām* gekozen werd. Maar er zijn natuurlijk ook veel zaken veranderd sindsdien, zoals de geografische situering van de stammen.

Zoals hoger reeds aangeraakt was het bindmiddel tussen de verschillende stammen in een confederatie godsdienstig. Maar de Oudzuidarabische godsdienst was meer ontwikkeld dan dat. Er was een soort primitief monotheïsme dat geleidelijk aan verwaterde. De oudste heiligdommen bestonden uit een *betyle* (huis van god), d.i. een onversierde, staande steen die het centrum was van de eredienst. Dit is ook gekend in Noord en Centraal-Arabië zowel als in de bijbel: Jakob richt twee *betylen* op (Genesis XXV en XXVIII).

De Zwarte Steen in Mekka was oorspronkelijk ook een dergelijk 'huis van god'. Dit lijkt een typisch religieuze grondidee te zijn geweest van de Arabieren. De eerste onderzoekers dachten dat de Oudzuidarabische beschaving sterk afhankelijk moest zijn van Mesopotamië en stelden daarom enkele godheden gelijk aan Mesopotamische goden: *sayyan: sin* (maan), *sjams: sjamasj* (zon) en *athtar: isjtar* (planeet Venus). Maar deze vermeende parallellen bleken al gauw onhoudbaar: het geslacht klopte niet, evenmin als de functie: in Zuid-Arabië waren het eerder stamgoden. Het oudste godsdienstige symbool was een liggende hulve maan met een schijf erboven. In Arabië vertoont de maan zich liggend aan de hemel, dit in tegenstelling tot West-Europa. De schijf is waarschijnlijk de planeet Venus. Het geheel symboliseerde het hemelgesternte, het verloop der tijd. We zijn hier heel dicht bij de monotheïstische grondidee.

De eerste onderzoekers dachten ook dat er, weer naar analogie met Mesopotamië, een hiërarchische priesterklasse bestond in het oude Zuid-Arabië, een soort theocratie, met de *mukarrib* aan de top. Dit was evenwel gebaseerd op een verkeerde interpretatie van enkele inscripties. De stamhoofden leidden de religieuze offers maar waren geen priesters in de echte zin van het woord.

Het belangrijkste godsdienstig ritueel was het *risjwatoffer* ter verkrijging van regen. De *betylesteen* evolueerde mettertijd. Ze kreeg eerst ogen, daarna een gelaat en werd uiteindelijk een standbeeld van een godheid, geplaatst in een tempel. Het werd meer een kunstvoorwerp en minder een religieus symbool. In de oudste teksten komt als hoofd-

Mannen in Jemen bewonderen een djambīya, met bolle wang qat kauwend.

god *athtar,* god van het water, naar voor. Eén van zijn titels was *dhuqabdin* of 'hij die alles in zijn handen houdt', wat nu nog één van de titels van Allah is. Daarnaast heeft men vermeldingen van vele stamgoden en beschermgoden van bepaalde plaatsen. De onderliggende idee was nog steeds die van één god. We kennen vele persoonsnamen zoals: 'Il heeft bemind', 'Il heeft bevolen', enz. *Il* (God) is hier hoogstwaarschijnlijk geen specifieke godheid maar de God, de ene God. Toen de Oudzuidarabieren zich in de 5de eeuw n.Chr. tot het jodendom en later tot het christendom bekeerden, gebruikten ze deze naam, onder de vorm *Ilah* of *Ilahan,* om God aan te duiden. Het spreekt vanzelf dat dit heel dicht staat bij de islamitische naam van God: Allah *(al-Ilah).* Een Oudzuidarabische omschrijving van *Il* was onder andere *Rahmanan* of 'de genadige', ook één der titels van Allah later.

Beeldhouwkunst

De Oudzuidarabische kunst getuigt van vele invloeden: Mesopotamië, Rome, Griekenland en de hellenistische wereld, Byzantium, Indië, China... Uit de oudste periode kennen we enkel religieuze kunst. Allerhande stenen of bronzen voorwerpen zijn teruggevonden, versierd met steenbokken, stieren, palmbomen e.d., in laag- of hoogreliëf. Deze stukken dienden als altaarblok, plengoffersteen (met geul) of wierookbrander (kubusvormig). Iets later werden ook bronzen beelden vervaardigd. Een bekend voorbeeld stelt de god *almaqah* voor, met leeuwevel bekleed à la Hercules, en met een Cypriotisch kapsel. Naast de *betylen* die de godheid symboliseerden, werden gelijkaardige, eenvoudige sculpturen, voorzien van een gelaat, geproduceerd die de gelovige voorstelden. Ze werden in de tempel geplaatst en vertegenwoordigden daar de gelovige. Er zijn goede parallellen voor dit gebruik te vinden in Mesopotamië. De gezichten waren eerst erg schematisch maar werden al vlug meer levensecht, in echt reliëf uitgehouwen. Soms kwam het gezicht helemaal uit de steen los en werd een hoofd op een paal. De beschilderde of ingelegde ogen versterkten het symbolische, niet-individuele karakter.

Naast prachtige godsbeelden in brons zijn ook kleine ex-voto's gevonden, allen sterk beïnvloed door de hellenistische kunst. In de latere perioden liet de gelovige zich afbeelden op reliëfplaten die zijn offerande en aanbidding van de godheid voorstelden, naast andere levendige taferelen uit het dagelijks leven. De versiering van de woningen is enigszins gekend vanaf deze tijd. De Griekse auteur Agatharkidos van Knidos spreekt over gouden en zilveren zuilen, maar daar zijn maar weinig sporen van teruggevonden. Opgedolven tot nog toe zijn vooral reliëffriezen, o.a. met voorstellingen van de dierenriem. In de veelal geplunderde graven vonden de archeologen ivoorinlegwerk, juwelen, mooi vaatwerk, enz. Onze kennis is echter nog steeds erg gebrekkig. De Jemenitische geleerde al-Hamdānī (10de eeuw n. Chr.) beschrijft het paleis te San'a' van de koning van Saba en Radjan, met zijn 20 verdiepingen, en een majestueuze poort geflankeerd door leeuwesculpturen. Eén van de opgegraven bronzen leeuwesculpturen is zo eigenaardig van stijl dat ze wel eens best op voorbeelden uit het Verre Oosten geïnspireerd zou kunnen zijn, zoals de draakachtige voorstelling op een marmeren poortboog.

Het meest verwant echter is de Oudzuidarabische kunst met de hellenistisch Syrische, de Koptische en de Byzantijnse kunst. De meest bekende figuur uit het oude Zuid-Arabië is de koningin van Sjaba (Saba). Deze intrigerende vrouw wordt vermeld in de Bijbel zowel als in de Koran. In Koningen I,10 en Kronieken II,9 lezen we dat zij,

De bovenste verdiepingen van een huis zijn voor de mannen gereserveerd. Daar bevindt zich de mooiste kamer, de mafradj, waarin zij genesteld in kussens genieten van een waterpijp of qat.

aangetrokken door de faam van koning Salomon, naar Jeruzalem reisde met een karavaan die beladen was met kostbare geschenken. Ze stelde Salomons wijsheid op de proef, maar daar hij op al haar raadsels en problemen het antwoord wist, moest ze uiteindelijk toegeven dat hij nog wijzer en machtiger was dan haar was verteld. In de 27ste en 34ste *sūra* van de Koran neemt het verhaal een andere wending: Salomon eiste van haar volk dat ze niet langer de zon maar wel de Ene God, Allāh, zou aanbidden. Ze gaat uiteindelijk naar Jerusalem en bekeert zich tot de islam. De moderne populaire verhalen (opera's e.d.) omtrent deze koningin vinden hun oorsprong mede in verscheidene teksten van Arabische geschiedschrijvers en latere auteurs. In deze legenden is sprake van de geboorte van een zoon uit een liefdesnacht van Salomon en de koningin. Deze zoon stichtte later het Ethiopische keizerrijk. Keizer Haile Selassie heeft een historische grond in die zin dat het inderdaad Oudzuidarabieren waren die de oude Ethiopische hoofdstad Aksum stichtten. In bepaalde verhalen krijgt onze heldin ook de naam Bilqis. Is deze Bilqis, koningin van Sjaba, een historische figuur of niet? De tempel van *almaqah* te Ma'rib wordt in de volksmond *Haram Bilqis* ('heiligdom/paleis van Bilqis') genoemd, maar enige band is onwaarschijnlijk. De naam 'Bilqis' dook tot nog toe niet op in de inscripties van Ma'rib. Alles wel beschouwd lijkt het er op dat zij een legendarische figuur is, gegroeid uit de versmelting van enkele historische koninginnen (in Noord- zowel als Zuid-Arabië) en een flinke dosis verbeelding.

Bouwkunst

Een aspect van de Oudzuidarabische cultuur dat we nog niet behandeld hebben, is de architectuur. In Hammet Kilab ontdekten Franse archeologen in 1972 een tamelijk goed bewaard Himyaritisch huis evenals een tempel, opgetrokken in mooi glad gehouwen steenblokken. De tempel had blinde ramen, versierd met het symbool van de halve maan en de schijf. De bouwsels dateerden uit de 6de eeuw n.Chr. Resten van bouwwerken zijn o.a. nog gevonden te Timna, Huraydha, Na'ith en Sjabwa. Het meest bekend zijn evenwel de monumentale resten te Ma'rib en in de wādī Djawf (het oude koninkrijk Ma'in). Amerikaanse archeologen groeven te Ma'rib de hogervermelde 'Haram Bilqis' op. Deze tempel van *almaqah*, beschermgod van de Sabese bondsstaat, was omgeven door een ovale muur (ca.9 m hoog en 4 m dik) die een oppervlakte van 100 bij 74 m omsloot. Ook hier had echter reeds de kwaal waaraan alle Jemenitische antieke monumenten lijden, toegeslagen: hergebruik van de regelmatig gehouwen steenblokken door de plaatselijk bevolking.

Vele mooie reliëfs en inscripties sieren de facades van huizen in dorpen en steden in de buurt van Oudzuidarabische ruïnes. Iedere Jemeniet heeft nu een wagen met vierwieltractie. Deze auto's zijn erg geschikt om zelfs bij gebrek aan gebaande wegen vanuit de verste uithoeken stenen los te wrikken uit monumenten en te vervoeren. Het tempo van deze vernielingen is zorgwekkend. Vele architecturale resten die door archeologische missies in de jaren '70 nog tamelijk goed bewaard werden aangetroffen, zijn nu volledig verzwonden. In Qarnaw in de wādī Djawf zijn nog zuilenrijen met dwarsbalken bewaard, maar in Ma'rib is de toestand al slechter. De 'tempel van Bilqis' zelf werd niet volledig opgegraven daar de archeologen in de jaren '50 op een bepaald ogenblik moesten vluchten wegens vijandelijkheden van de plaatselijke bevolking. Een opgegraven zuilengalerij had zuilen uit één stuk, tot 5 m hoog. In Qarnaw zijn de versterkingen rond de stad nog bewaard gebleven.

Enkele vensters, meestal die van vrouwenvertrekken, zijn voorzien van een musjarabīya, een soort houten kantwerk. Op die manier kunnen vrouwen ongezien 'deelnemen' aan het openbaar leven.

Dit is het geschikte ogenblik om de schijnwerper te richten op de antieke dam van Maʾrib. Deze aarden dam met een kern van kiezelstenen, 600 m lang, is gedeeltelijk verdwenen, maar de twee sluishoofden aan de uiteinden zijn goed bewaard. Het zuidelijke sluishoofd werd half uitgehouwen in de rotshelling en half gebouwd. Het noordelijke sluishoofd (60 m hoog) werd geheel in regelmatig gehouwen steenblokken opgetrokken. Beide constructies leidden de watervloeden via sluizen naar een hoofdkanaal dat verderop vertakte in vele kleinere irrigatiekanalen. De muren van deze sluishoofden werden erg knap in reliëf uitgewerkt door afwisseling van dieper- en hoger-liggende steenblokken. Deze dam werd in de oudheid vele malen hersteld en verhoogd. Het bekken achter de dam verzandde meer en meer en het water kwam bijgevolg telkens hoger en hoger. Ook de kanalen werden daarom verhoogd zodat de resten ervan erg goed zichtbaar waren in het landschap, totdat de fenomenale groei van het nieuwe Ma'rib onlangs het grootste deel van de vroegere tuinen van Saba, (ca. 5.000 ha) opslokte. De eerste fase van dit damcomplex stamt waarschijnlijk reeds van juist voor het 1ste millenium v. Chr., maar de huidige resten dateren ten vroegste uit de 5de eeuw v. Chr., zo vertellen ons de inscripties.

In de 4de eeuw n. Chr. werd gans Jemen voor een laatste maal verenigd onder de Himyaritische dynastie. Naar dit koninkrijk wordt de Oudzuidarabische cultuur soms ook wel de *Himyaritische* genoemd. Dit was de laatste bloeiperiode. Naar het einde toe van de 4de eeuw n.Chr. bekeerde een Himyaritische koning zich tot het jodendom. Dit bezegelde voorgoed het lot van het oude religieus-politieke centrum Ma'rib. Zafar, gelegen in het centrale bergland, werd nu de hoofdstad. Het koninkrijk telde ook reeds vele christelijke bekeerlingen (vooral te Nadjrān en in de Tihāma). Dat bracht geen problemen met zich mee tot een Himyaritische koning in het begin van de 6de eeuw n.Chr. hen begon te vervolgen. De reden voor deze ommekeer kan misschien gelegen hebben in de Bijzantijnse inmenging. Hoe dan ook, de christelijke Ethiopiërs bezetten daarop Jemen en één van hun generaals besteeg de troon.

Het was evenwel al lang niet meer een welvarend en sterk Jemen dat ze veroverden. Toen in 24 v. Chr. een Romeins leger onder leiding van Aelius Gallus Zuid-Arabië trachtte te veroveren, moesten ze onverrichterzake afdruipen. Deze eens zo welvarende handelsnatie had toen reeds van zijn pluimen gelaten. De zeeweg naar Indië was niet langer een geheim en de vraag naar wierook en mirre verminderde sterk door de christianisering van het Middellands-Zeebekken. De oude landroute werd uit de markt geprijsd door directe zeehandel. Zoals we reeds zagen verlegde ook het politieke zwaartepunt zich naar het westen: Himyar werd geregeerd vanuit Zafar. De irrigatielandbouw met kanalen en dammen maakte plaats voor terrasbouw op de berghellingen. De samenleving werd terug minder stedelijk. De Ethiopiërs die in de 1ste eeuw n.Chr. reeds de Tihāma hadden bezet, lijfden voor beperkte tijd ook het bergland in, rond het midden van de 4de eeuw n.Chr. De rivaliteit tussen de verschillende dynastieën en koninkrijken, aangewakkerd door de Ethiopiërs en Byzantijnen, kristalliseerde zich uit de godsdienstige geschillen (joden tegen christenen) en verzwakte verder Zuid-Arabië. De beroemde dam van Ma'rib brak in de 6de eeuw n.Chr. een laatste keer en luidde de doodsklok in voor de onafhankelijke Oudzuidarabische beschaving. De Ethiopische bezetters vulden het ontstane machtsvacuüm op. De onderlinge strijd

Het huis van een imām in San'ā'.

bleef echter voortduren tot de Perzen op het einde van de 6de eeuw
n.Chr. van Jemen een provincie van hun rijk maakten en de
Ethiopiërs verjoegen. De laatste Perzische gouverneur bekeerde zich in
628 n.Chr. tot de islam en leidde aldus Jemen als het eerste gebied na
de geboortestreek van de profeet binnen in de snel groeiende
islamitische wereld.

Moskeeën en torengebouwen

Onder het islamitisch bewind zetten de reeds aanwezige tendensen
zich door: verschuiving van het zwaartepunt naar het westen, omschakeling naar terraslandbouw, interne machtsstrijd tussen de ver-

schillende plaatselijke sterke dynastieën, teloorgang van de handel en contacten met de buitenwereld.

De oude tegenstellingen laaiden al vlug weer in alle hevigheid op, temeer omdat het zwaartepunt van de islamitische staat zich naar het verre noorden (Syrië) verlegde. Jemen werd geleidelijk aan een randgebied zonder veel invloed. In het begin leverde het nog soldaten en kaders voor de snel uitbreidende islam, maar ook dat was vlug voorbij. Vanaf de 9de eeuw n.Chr. was Zuid-Arabië een landstreek die slechts in naam door de *khalīfen* in Damascus of Baghdad geregeerd werd. In de Tihāma stichtte een gouverneur boudweg een eigen dynastie, de Banū Ziyād, met als hoofdstad Zabīd.

In 898 n.Chr. noteren we een gebeurtenis met verstrekkende gevolgen: al-Hadjdj Yahyā Ibn Husayn, een afstammeling van Alī, schoonzoon van Muhammad, vestigde zich vanuit Syrië in Sa'da en stichtte de zayditische dynastie. De leiders van deze dynastie, de *imāms,* oefenden een verregaande invloed uit op Jemen, tot aan de burgeroorlog in de jaren '60 van deze eeuw. De zaydieten zijn een gematigde minderheid binnen de sji'itische stroming en verschillen in feite niet veel van de sunnieten.

In de 11de eeuw n.Chr. slaagde een aanhanger van de Fatimieden (een nieuwe groep binnen de islam, die van Kaïro de nieuwe hoofdstad maakte) er in om een eigen dynastie te stichten: de Sulayhieden. Hij verenigde bijna geheel Jemen onder zijn gezag. Zijn schoondochter Arwa regeerde rond het begin van de 12de eeuw n.Chr., vanuit Djibla, een welvarend en gezond koninkrijk. Maar na haar bewind kwam er weer strijd die pas beslecht werd door een ingrijpen van de Ayyubidische sultāns.

Weerom onttrok een gouverneur zich aan het centrale gezag van de *khalīfen* en stichtte een onafhankelijke dynastie, de Rasulieden (13de-15de eeuw n.Chr.). Jemen kende zijn grootste bloei sinds de Oudzuidarabische tijd onder deze heersers. Met uitzondering van het zayditische noorden was het land terug herenigd. Ta'izz werd tot hoofdstad uitgebouwd terwijl Zabīd uitgroeide tot een universiteitsstad van eerste rang in de Arabische wereld. Nog steeds getuigen de vele prachtige gebouwen in Zabīd van deze vergane glorie. Hier zou de moderne algebra zijn ontwikkeld.

Van het midden van de 16de tot het midden van de 17de eeuw bezetten de Turken Jemen, maar de zayditische *imām* al-Qasim slaagde er uiteindelijk in de Ottomaanse troepen te verjagen door meerdere stammen onder zijn leiding te verenigen. Toen in de 19de eeuw Aden een Brits protectoraat werd, vielen de Turkse legers opnieuw Noord-Jemen binnen. De Ottomaanse sultāns wensten hun invloed in dit strategisch gebied te vrijwaren tegenover de Engelsen die geleidelijk aan geheel het huidige Zuid-Jemen controleerden. De Turkse bezetting was evenwel nooit volledig; het bergachtige binnenland bleef meestal buiten hun machtsbereik. De *imāms* sloten uiteindelijk een soort stilzwijgend akkoord en gaven de Tihāma-vlakte op. De Turkse bezetting liet daar diepe sporen na. Zij introduceerden een seculiere administratie, bouwden wegen en forten en verstevigden de sunnitische inslag van het westen en het zuiden van Noord-Jemen. Na het debacle van het Ottomaanse Rijk in de Eerste Wereldoorlog werd Noord-Jemen onafhankelijk onder de zayditische *imāms,* terwijl Zuid-Jemen verder een Britse kolonie bleef. De Europese invloed in Noord-Jemen bleef beperkt tot enkele handelaars in al-Mukhā die aldaar de beroemde koffievariëteit mokka aankochten. Deze koffie was tot in het begin van de 20ste eeuw Jemens belangrijkste exportprodukt.

De monumentale resten van het middeleeuwse Jemen bestaan vooral uit moskeeën. Reeds in de dagen van de profeet werden vier moskeeën gebouwd: te ad-Djanad, San'ā', Djabbana en te Farwa (beide nabij San'ā'). Het islamitisch gebedshuis was oorspronkelijk een navolging van het huis van de profeet in Medina: vierkant met een gebedszaal met gebedsnis die uitgaf op een binnenkoer omgeven door zuilengaanderijen. De vier oudste Jemenitische moskeeën hebben nog steeds min of meer de oorspronkelijke houten plafonds met beschilderde reliëfversiering. In de loop der tijd werd de structuur van de moskeeën ingewikkelder: meer beuken in de gebedszaal, gevelversiering met bogen, allerlei bijgebouwen, opengewerkte koepels, monumentale poorten, minaretten met verfijnde baksteenpatronen, enz. De moskee te ad-Djanad, nabij Ta'izz, was een beroemde bedevaartsplaats en zou, volgens de geschiedschrijver al-Hamdānī (10de eeuw n.Chr.), zelfs evenwaardig aan de bedevaart naar Mekka geweest zijn. Het huidige gebouw stamt uit de Ayyubidische tijd (12de eeuw n.Chr.) en verraadt Egyptische invloed.

Ook de Grote Moskee te San'ā' is heden ten dage bekend in een veelvuldig veranderde en verbouwde vorm. De belangrijkste delen dateren wel degelijk uit de 8ste-9de eeuw n.Chr. Wanneer men er binnenwandelt, herkent men gemakkelijk talrijke hergebruikte antieke kapitelen en zuilen, uit de Sabese tijd zowel als van de vroegchristelijke kathedraal te San'ā'. Deze kathedraal werd opgetrokken gedurende de Ethiopische bezetting in de 6de eeuw n.Chr. en later gesloopt na de komst van de islam. Ze had de vorm van een basiliek zoals de beroemde voorbeelden te Jerusalem en Bethlehem.

De best bewaarde oude moskee is echter die van Sjibam-Kawkabān: bijna onveranderd sinds de 9de eeuw n.Chr. Ze is uitgerust met prachtige houten reliëfplafonds met levendige beschildering. Andere boeiende moskeeën bevinden zich te Sa'da (zayditische Grote Moskee, 10de eeuw n.Chr.), Zabīd (Vrijdagmoskee, 9-10de eeuw n.Chr.), Ta'izz (Vrijdagmoskee, 13de eeuw n.Chr., en Asjrafīyya moskee, 13-14de eeuw n.Chr.), Rada (Amarīyya moskee, 16de eeuw n.Chr.) en San'ā' (Bakirīyya moskee, 16de eeuw n.Chr.).

Wat het meest in het oog springt bij aankomst in Jemen is zonder twijfel de traditionele huizenbouw, vooral in de kleine bergdorpjes.

Zelfs in San'ā', Amrān en Sa'da is de oude traditionele stadskern nog
bewaard gebleven. De moderne stijl rukt evenwel snel op: doosvormige
betonconstructies met metalen deuren, beschilderd in helle kleuren.
Toch schemert zelfs in deze moderne huizen de traditonele stijl door;
brandglasramen en *mafradj* maken nog steeds deel uit van de architectuur. Een traditioneel Jemenitisch huis is een torenvormige con-
structie, 5 tot 8 verdiepingen hoog. De oudste bewaarde huizen zijn
vele eeuwen oud. Ze zijn gebouwd in het materiaal van de streek zoals
steen (bv. San'ā', Sjibam-Kawkaban) of leem (bv. Sa'da, wādī
Hadramawt) met houten balken ter overwelving. De verschillende
verdiepingen hebben elk hun eigen functie. Het gelijkvloers dient tot
stal voor de dieren. Hogerop is er een onderscheid tussen keuken,
vrouwen- en mannenvertrekken, enz. Op de bovenverdieping vindt
men gewoonlijk de *mafradj*, d.i. de kamer waarin men gasten ontvangt.
De gevels zijn smaakvol versierd door aanbrenging van kalk in geometrische motieven die soms teruggaan tot de voorislamitische tijd.
Men ziet nog vaak een soort houten kooi uitspringen op de gevel: men
plaatste een pot of kruik, gewikkeld in vochtige doeken, in deze con-
structie en de wind die door het lattenwerk speelde, zorgde ervoor dat
de levensmiddelen koel bleven in de pot of kruik. De vensters waren
oorspronkelijk voorzien van albasten platen, maar de meeste huizen
hebben nu glasramen. In de *mafradj* schitteren gekleurde brandglasramen. Het licht speelt doorheen deze ramen die in allerlei motieven
uitgewerkt zijn: rozassen, bloemen, sterren... Typisch zijn ook de
stucversieringen op de wanden.

Qat

In de *mafradj* grijpt ook het *qat* ritueel plaats. *Qat (Cathula Edulis)*
is een immergroene plant die enkel in Zuid-Arabië groeit en dan nog
alleen op bepaalde hoogten in de bergen. De jonge blaadjes worden
gekauwd in de mond en het moes wordt verzameld in de wang. Bepaalde substanties worden zodoende rechtstreeks in de bloedsomloop
opgenomen via de wangaderen. Het is een soort soft drug, met een
licht euforisch effect, die niet sterk verslavend is. Qat wordt in
groepsverband verbruikt. 's Namiddags, gedurende de heetste uren,
komen de mannen samen in een *mafradj* en kauwen qat. Ze drinken
een frisdrank of water erbij en er wordt ook gerookt (sigaretten of
waterpijp). Vrouwen kauwen soms ook qat, maar niet samen met de
mannen.
Alles in acht genomen is Zuid-Arabië een landstreek met zeer oude
wortels en een geschiedenis die, alhoewel nog niet voldoende bekend,
zeer rijk en verscheiden is. De afzondering in de laatste eeuwen heeft
de overlevingskansen van dit rijk cultureel patrimonium verbeterd,
maar de maalstroom van de 20ste eeuw met zijn westerse verlokkingen
is sterk.

Overzicht van de Noordjemenitische dynastieën

821-1012 Ziyādieten (hoofdstad: Zabīd)
898-1962 Zaydieten (hoofdstad: Sa'da, San'ā', Ta'izz)
1047-1138 Sulayhieden (hoofdstad: San'ā', Djibla)
1173-1229 Ayyubieden (hoofdstad: San'ā')
1229-1454 Rasulieden (hoofdstad: Ta'izz, Zabīd)
1538-1636 Ottomanen
1636-1849 Zaydieten
1849-1918 Ottomanen
1918 Onafhankelijk Noord-Jemen

ZUID-JEMEN: AAN DE RAND
VAN DE ARABISCHE WERELD

Zuid-Jemen, officieel de Democratische Volksrepubliek Jemen, maakt in geografisch opzicht samen met Oman de zuidflank uit van het Arabische schiereiland en daarmee ook de zuidoostelijke begrenzing van de Arabische wereld. In de Arabische wereld bekleedt Zuid-Jemen een marginale positie. Het ligt in de bedoeling van dit artikel de rol van de Zuidjemenitische volksrepubliek in de Arabische wereld te illustreren, op politiek, economisch en sociaal vlak. Om dit gegeven goed te kunnen interpreteren, is een historische terugblik onontbeerlijk. Daarbij mag niet enkel de aandacht uitgaan naar de periode van het onafhankelijke Zuid-Jemen, dat overigens in 1988 20 jaar oud is, maar ook naar het tijdvak van het kolonialisme. En hiermee bedoelen wij niet exclusief het Westerse kolonialisme. Er is namelijk ook de (lange) periode van wat we het islam-'kolonialisme' kunnen noemen.

Jemen en het islamkolonialisme

Over de vroege Zuidarabische cultuur is tot op heden zeer weinig geweten. Deze cultuur bloeide vóór, en ook nog ten tijde van de Grieks-Romeinse Oudheid, in de landstreken die nu Jemen en Dhofar (in Oman) heten. Nochtans is er een potentieel aan archeologische vindplaatsen voorhanden, dat mettertijd meer klaarheid in deze materie kan brengen, tenminste indien de lokale autoriteiten een grotere bereidheid gaan vertonen om zich te interesseren voor deze preislamitische, 'niet-Arabische' beschaving.

Wat wel vaststaat is dat Zuid-Jemen (vooral Hadramawt, in mindere mate Aden) belangrijke handelssteunpunten en/of produktiecentra bezat van wierook en mirre. Bovendien vormde het land de vertrekbasis van de uit Indië over zee aangebrachte waren, die via het Arabische schiereiland, en door middel van de handelskaravanen aldaar, hun weg vonden naar Palestina en Egypte.

Het hoeft dan ook niet te verwonderen dat de profeet Muhammad, die zozeer met de karavaanhandel vertrouwd was, het nut inzag van een verbond met het zuidelijk gelegen Jemen. Muhammads eigen schoonzoon Alī ondernam in 631 een reis naar Aden om de zuidelijke Arabische stammen te helpen islamiseren (de stedelijke elite was immers overwegend joods of kristelijk). Het was ook Alī die, toen hij

khalīf geworden was, in 656 een gouverneur benoemde over de drie
Jemenitische provincies: San'ā', Djanad (beide in Noord-Jemen) en
Hadramawt. Ondanks de geografische nabijheid van het hart van de
islam, is de islamisering en zeker de Arabisering van Jemen niet vlot
verlopen. De Jemenieten beschouwden zich immers als de
afstammelingen van *Qahtān* en waren daardoor van een andere
genealogische tak dan de noordelijke Arabieren, die tot het ras van
Adnān behoorden. Voor de Zuidarabische Jemenieten waren die
noordelingen dus eigenlijk de overheersers, die én hun taal én hun
godsdienst én hun politieke invloed kwamen opdringen aan hen,
zuiderlingen.

Met de verschuiving van het politieke centrum van de islam vanuit
Mekka naar het noorden, eerst naar Damascus onder de Umayyaden,
later naar Baghdad met de Abbāsieden, kwam Jemen steeds meer in
de periferie van het islamitische kalifaat te liggen. De autonomieten-
dens liet zich dan ook steeds sterker gevoelen: op politiek vlak onder
de vorm van verschillende, met elkaar rivaliserende lokale
vorstendommetjes; op socio-cultureel vlak door de hang naar het
sji'isme, tegen de hoofdstroom van het sunnisme, en dan meer bepaald
nog naar enkele aftakkingen, te weten ismaïlisme en zaydisme.

Opvallend bij dit alles is dat het epicentrum van al deze ontwikkelingen in Jemen over de periode 800 tot 1500 bijna uitsluitend in het
noorden gelegen is. Er bestond toendertijd weliswaar geen geografisch,
politiek of sociaal onderscheid tussen de gebieden die we nu aanduiden
als Noord en Zuid-Jemen. De Jemenitische geschiedenis over die periode is overigens hoofdzakelijk geschreven in en rond de cultuursteden
uit Noord-Jemen (San'ā', Ta'izz, Zabīd), waar de belangrijkste lokale
dynastieën hun thuisbasis hadden.

Het Zuiden kende een eerder onopvallend bestaan, tot -in de eerste
helft van de 16de eeuw- de Portugezen aan de Jemenitische kusten
opdoken, na hun ronding van Kaap de Goede Hoop en het openen
van een zeeverbinding met Indië.

De Mamlukken uit Egypte, en later de Ottomanen, zagen zich
bedreigd in hun 'binnenwateren', te weten de Rode Zee. Zuid-Jemen,
meer bepaald Aden, werd plotseling strategisch belangrijk. De onver-
mijdelijke strijd tussen Turken en Portugezen liep uit op een compromis: de Ottomanen konden de Rode Zee van buitenlandse inmenging
vrijwaren en mochten daartoe Aden bezetten; de Portugezen zouden
de handel met Indië mogen ondernemen.

De volgende stap, die de sunnitische Ottomanen in Jemen ondernamen, was hun poging om vanuit het noorden en het zuiden tegelijk
het Noordjemenitisch sji'itisch bolwerk te veroveren, met name het
zayditisch imamaat. Vanaf 1546 werd Jemen het strijdtoneel tussen
sunnieten en sji'ieten, tot aan de aftocht van de Ottomanen uit het
gebied in 1636. Voor de eerste keer wordt heel Jemen een politieke
eenheid, onder zayditisch, Noordjemenitisch bestuur. Vanaf 1728

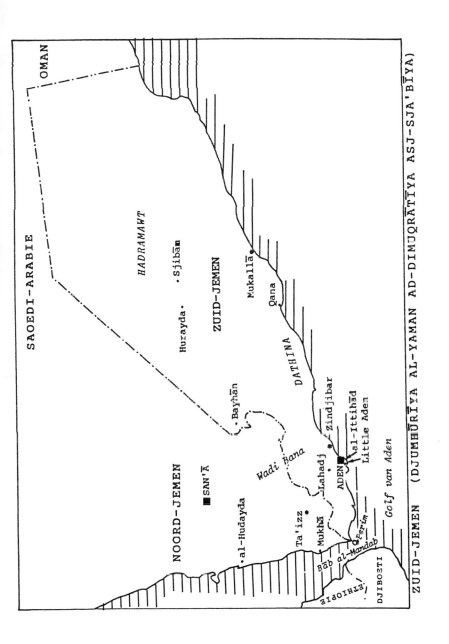

evenwel begint de macht van het zaydisme en de *imām* te tanen. Eén na één ontstaan terug sunnitische vorstendommetjes of stammenfederaties in het zuiden. Eén van die vorstendommetjes is het sultanaat Lahadj, waartoe de stad Aden behoorde.

Jemen en het Westers kolonialisme

Naar het einde van de 18de eeuw toe werd het Midden-Oosten opnieuw een politiek brandpunt. Napoleon had met zijn Egyptische expeditie als doel de oude weg vanuit Europa naar Indië, via het Midden-Oosten, te heropenen en aldus de Engelse omweg langs Zuid-Afrika overbodig te maken. De Ottomaanse sultān sloeg met argusogen het ontluikend separatisme gade, meer bepaald in Egypte onder Muhammad Alī en in Saoedi-Arabië met het wahhābisme.

Zowel de Britten als de Ottomanen besloten dat hoognodig moest ingegrepen worden. De sultān stuurde een bezettingsleger uit naar Saoedi-Arabië en Jemen, en de Britten consolideerden hun positie aan de toegang van de Rode Zee tot de Indische Oceaan. Aldus verwierven de Britten achtereenvolgens de controle over de Khurīya Murīya-eilanden (bezit van de sultān van Oman), Perim en -tijdelijk- Soqotra. Ondertussen bezetten ze ook -in 1839- Aden, na een strijd met de sultān van Lahadj, en verwierven ze in 1869 het nabijgelegen Burayqa ('Little Aden') van de Aqrabī-stam.

In hetzelfde jaar 1869 werd het Suez-kanaal opengesteld en het belang van Aden voor de Britten, als stopplaats voor de stoomschepen, werd nu veel groter. Aanvankelijk bestuurd vanuit Bombay en als haven minder belangrijk dan Hudayda of Mukhā in Noord-Jemen, had de Britse gezant Haines zich als objectief gesteld van Aden het Singapore van Arabië te maken. Weldra stroomden immigranten toe (Somali's, Jemenieten uit het Noorden, Indiërs, Joden, Perzen, Arabieren); dit werd nog aangewakkerd toen Aden in 1850 een vrijhaven werd en zich tot de groeipool van de regio ontwikkelde.

De Ottomanen zagen deze evolutie met lede ogen aan, maar gelet op de problemen die zij in Noord-Jemen ondervonden, konden zij niets anders dan de Britse aanwezigheid erkennen. Om hun eigen positie in het gebied te consolideren, sloten zij zelfs een diplomatieke overeenkomst met de Britten in 1904, waarbij Jemen verdeeld werd en een grens van ca. 250 kilometer werd vastgelegd van aan de Rode Zee tot de wādī Banā. Ten noorden van die lijn werd Jemen een echte provincie van het Ottomaanse Rijk *(wilayet),* onderverdeeld in vier *sandjaks* (San'ā', Hudayda, Ta'izz en Abha). Ten zuiden ervan was er de welstellende Britse koloniale nederzetting Aden, met daarrond een verpauperd hinterland waarvoor de Britten nooit veel belangstelling hadden betoond.

Pas vanaf 1873 begonnen zij, omwille van politiek-strategische ontwikkelingen, protectoraatsverdragen te sluiten met de lokale

vorstendommetjes en stammenfederaties, die zich ertoe verbonden enkel met de Britten te onderhandelen, in ruil voor jaarlijkse subsidies.
De Eerste Wereldoorlog, waarbij Britten en Turken opnieuw tegenover elkaar stonden, speelde zich, wat het Midden-Oosten betreft, vooral in Egypte en Iraq af. In Jemen ondernamen de Turken wel een opmars richting Aden, maar verder dan het sultanaat Lahadj geraakten ze niet. In 1918, na de nederlaag van de Turken, herwon het zayditisch imamaat in Noord-Jemen zijn politiek gezag. Noord-Jemen werd onafhankelijk.
De Britten versterkten vanaf dat ogenblik hun aanwezigheid in het binnenland. Dat had ondermeer te maken met het steeds groter wordend belang van de luchtvaart in de defensie en dus de nood aan luchthavens, gelet op de beperkte actieradius van de gevechtstoestellen in die tijd. Doel was een keten van luchthavens vanaf Aden over Oman, de Emiraten, Kuwait tot in Iraq.
Het cruciale element van de Britse politiek werd nu de eenheid van het bestuur over Aden en het binnenland. De versplinterde vorstendommetjes moesten samengevoegd worden en de nadruk werd gelegd op een gecentraliseerd bestuur. In plaats van lokale protectoraatsverdragen werd in 1937 het 'West Aden Protectorate' opgericht, met als hoofdstad Aden, en het 'East Aden Protectorate' met als hoofdplaats Mukallā. Na het verlies van Palestina in 1948 en de rampzalige Suez-oorlog met Nasser in 1956, werd Aden zelfs het hoofdkwartier van de Britse strijdkrachten in het Midden-Oosten. Voor de eerste keer ging Aden echt deel uitmaken van de Arabische wereld, voor de Britten tenminste.
Maar ook de Jemenieten begonnen zich meer en meer Arabisch te voelen en hun blikken noordwaarts te richten. Niet alleen was er de arabisering van de strijdkrachten (gevolg van de centralisatietendens van de Britten), er was bovendien de Palestijnse kwestie en de oprichting van de Arabische Liga. Tenslotte was ook economisch het zwaartepunt verschoven vanuit Indië en Zuid-Oost-Azië, waar vele Jemenieten grote eigendommen hadden verloren in de Tweede Wereldoorlog, naar de Golfstaten en Saoedi-Arabië, door de ontdekking van petroleum.

De zoektocht naar politieke ontvoogding

Omdat Aden strategisch en economisch zo belangrijk geworden was voor de Britten, moesten zij ten alle prijze de weg naar politieke ontvoogding in juiste banen leiden. Zoniet zou Zuid-Jemen de zoveelste Britse 'ex'-kolonie worden, zoals Jordanië en Iraq het voorbeeld al hadden gegeven in het Midden-Oosten.
Daarenboven begonnen de eerste politieke stromingen zich reeds te profileren. Er was de gematigde 'Aden Association', die een autonomie van de stad Aden nastreefde (à la Hongkong), er was de

Zuidarabische Liga, die een federatie van Aden en de East en West Protectorates voorstond in een onafhankelijk Zuid-Jemen, er waren de syndicaten die, verenigd in de ATUC (Aden Trade Union Congress), opteerden voor een fusie met Noord-Jemen.

Buiten Aden waren politieke activiteiten verboden, maar beïnvloeding door andere Arabische staten, waar sommige emiraten in het East of het West Aden Protectorate aan bloot stonden, hield grote gevaren in voor de stabiliteit van Zuid-Jemen als geheel. Althans, zo oordeelden de Britten en ze besloten dan ook om de twee protectoraten te fusioneren tot de Federatie van Emiraten van het Zuiden (februari 1959). Ondertussen was ook Aden steeds meer onder invloed geraakt van politieke denkbeelden uit de rest van de Arabische wereld. De MAN (Movement of Arab Nationalists) werd opgericht door George Habbash (de latere leider van het Volksfront voor de Bevrijding van Palestina), de Arabische socialistische Ba'th-partij met haar panarabische ideeën kreeg voet aan de grond en de Marxistische Democratische Volksunie werd opgericht.

Opnieuw gingen de Britten hun eerder beproefde taktiek gebruiken: de politieke beweging neutraliseren door een fusie in een nieuw geheel. Op 26 september 1962 werd in de Wetgevende Raad van Aden de aanhechting gestemd van de Emiraten van het Zuiden. De sjaykhs in het binnenland hadden zich hier sterk tegen verzet en ook de ATUC, ondertussen de Socialistische Volkspartij geworden. Maar de Britten hadden hun zin gekregen. Het enige waar zij geen rekening mee hadden kunnen houden was dat op diezelfde 26 september 1962 in Noord-Jemen *imām* al-Badr door een staatsgreep aan de dijk werd gezet en vervangen door kolonel Sallal, een aanhanger van Nasser, die onmiddellijk de republiek uitriep in het Noorden.

De Socialistische Volkspartij, die zich eerst tegen een fusie van Aden met de omliggende emiraten had verzet, omdat zulks tot de oprichting van een aparte Zuidjemenitische entiteit zou leiden, zag nu de kans schoon om haar doel, één Jemen, op korte termijn te realiseren. Een aantal van haar leiders trokken enthousiast naar het Noorden en werden er minister. Andere sympathisanten uit het Zuiden die naar het Noorden waren uitgeweken richtten het Nationaal Bevrijdingsfront (NLF) op. Dit bestond uit een tiental groeperingen, waarvan de al eerder genoemde MAN de voornaamste was. Het NLF kreeg de officiële zegen van de Noordjemenitische minister voor Zuidelijke aangelegenheden, Qahtān asj-Sja'bī, zelf een Zuidjemeniet. Op 14 oktober 1963 nam de gewapende strijd een aanvang in Radfān, onder leiding van Alī Antar. Het jaar daarop werden aanslagen in Aden uitgevoerd.

De gematigde nationalisten in Aden zagen nu plots een radicale onafhankelijkheidsbeweging opduiken, met als basis het Jemenitische platteland, en gesteund door Egypte. Een verward jaar 1965 volgde. Eerst werd een poging ondernomen om de Socialistische Volkspartij, de Zuidarabische Liga en het NLF te verenigen. Toen dat niet lukte, volgde een fusie tussen een deel van het NLF en het Egyptische FLOSY (Front for the Liberation of South Yemen). De Zuidarabische Liga ging een pro-Saoedische koers varen.

Het resterende deel van het NLF radicaliseerde zich, mede onder invloed van de Cubaanse en Viëtnamese voorbeelden. Op hun tweede congres, gehouden in juni 1966 te Djibla (Noord-Jemen) werd Qahtān asj-Sja'bī uit het NLF gezet en kwam er een nieuwe leiding met als belangrijkste figuren Abd al-Fatah Isma'īl (een uit Noord-Jemen naar Aden geëmigreerde onderwijzer), Muhammad Alī Haytham (uit Dathīna), Sālim Rubayy Alī en Alī Antar (beiden uit Radfān) en Alī al-Baydh (uit Hadramawt).

In november 1966, op het derde NLF-congres, werd Qahtān asj-Sja'bī wel gerehabiliteerd, maar de breuk tussen NLF en FLOSY was definitief geworden. FLOSY, gesteund door Noord-Jemen en Egypte, begon nu zelf de guerrilla in Zuid-Jemen te voeren tegen het NLF, maar na de juni-oorlog in 1967 tussen Egypte en Israël en de val van Sallal in november 1967, stortte de beweging in elkaar.

De Britten hadden ondertussen aangekondigd dat zij zich in 1968 uit Aden zouden terugtrekken, maar zij bleven hopen op een redelijke machtsoverdracht, gelet op hun posities in Oman en de Golfstaten. De militaire ontwikkelingen, en dus het toenemend belang van het NLF, gingen evenwel zo snel, dat zij niet anders konden dan de onafhankelijkheidsdatum vervroegen naar 30 november 1967. Op 21 november begonnen in Genève onderhandelingen met het NLF, maar verder dan een diplomatieke erkenning van de nieuwe staat Zuid-Jemen, raakte men niet. De Britten moesten in allerijl Aden verlaten.

De moeilijke geboorte: 1967-1971

De onafhankelijkheid van Zuid-Jemen vond plaats onder een zeer ongunstig economisch gesternte. In juni 1967 werd het Suez-kanaal geblokkeerd door het Israëlisch-Egyptisch conflict, en in november vertrok de laatste Britse garnizoensoldaat uit Aden, zodat 20.000 werkloze Jemenieten achterbleven in de lege Britse basis. Tegelijk schroefde Groot-Brittannië zijn financiële bijstand scherp terug omdat het linkse NLF en niet de gematigde stromingen het bewind uitmaakten. En alsof dat nog niet genoeg was, waren ook vele middenstanders het land ontvlucht uit vrees voor het 'marxistische' NLF. Tussen 1966 en 1968 daalde de economische produktie in Zuid-Jemen met liefst 20%.

Op politiek vlak was de toestand al evenmin rooskleurig. In Saoedi-Arabië zaten de verdreven sultāns en de resterende leden van de Zuidarabische Liga hun kans op een afrekening met het NLF af te wachten. In Egypte en Noord-Jemen bevonden zich de resterende leden van het FLOSY, die eveneens op weerwraak zinnen. De relatie met de Arabische Liga, waarvan Zuid-Jemen toch lid werd na enige strubbelingen, bleef derhalve gespannen.

Ook intern waren de spanningen alles behalve opgelost. Binnen het NLF was er de rechtse vleugel, gesteund door het leger en de administratie, die -beïnvloed door het nasserisme- wel opkwam voor een sterk gecentraliseerd gezag, maar die, wat hervormingen betrof, eerder gematigd was en de tribale aanpak bleef verkiezen. Haar uitgesproken leider was de president, Qahtān asj-Sja'bī. De linkse vleugel van het NLF daarentegen pleitte voor radicale hervormingen van de structuren met voorop, op economisch vlak, een landhervorming.

Op het vierde NLF-congres, in maart 1968, haalde de linkse vleugel zijn slag thuis. Maar een deel van het leger protesteerde en de linkse leiders, met o.m. Abd al-Fatah Isma'īl, werden gevangen genomen. Door bemiddeling van de president werden ze weer vrijgelaten, maar ze begonnen onmiddellijk een gewapende rebellie in het binnenland.

Een tijdelijke verzoening tussen de twee vleugels van het NLF volgde in de zomer van 1968, toen gewapende groepen vanuit Noord-Jemen en Saoedi-Arabië, Zuid-Jemen binnenvielen, in de hoop het land in twee te snijden, tussen Aden en Mukallā. Van zodra deze externe dreiging was afgewend, hernam de interne strijd.

Op 22 juni 1969 volgde de ontknoping met het aftreden van president Qahtān en de installatie van een presidentiële raad, aan het hoofd van de zgn. 'correctieve' beweging. Dezelfde figuren, die ten tijde van het tweede NLF-congres de linkse lijn doorgedrukt hadden, traden nu opnieuw op de voorgrond: Sālim Rubayy Alī werd president, Alī Haytham eerste minister en andere belangrijke posten waren voor Abd al-Fatah Isma'īl en Alī Antar.

Al vlug volgden de eerste nationaliseringen van banken, verzekeringsmaatschappijen, handelscompagnieën en havenondernemingen. In 1970 werd de landbouwhervorming doorgevoerd en in hetzelfde jaar werd de eerste grondwet afgekondigd. Zuid-Jemen werd omgedoopt tot de Socialistische Volksrepubliek Jemen, het hoogste wetgevend gezag zou de Opperste Volksraad van 101 leden zijn (die op hun eerste bijeenkomst Abd al-Fatah Isma'īl als voorzitter kozen).

Op economisch en sociaal vlak werd de ideologie van het 'wetenschappelijk socialisme' aangekleefd (de term marxisme werd zorgvuldig vermeden, mede wegens de anti-religieuze beladenheid ervan). De doelstellingen waren: staatsinterventie in de produktie- en verdelingsprocessen, oriëntatie op produktieve in plaats van dienstverlenende activiteiten, inkomensgelijkheid en verzekering van de basisbehoeften voor iedereen.

Dat iedereen het met deze radicale lijn niet eens was, bleek nog maar eens in augustus 1971: eerste minister Alī Haytham werd 'weggezuiverd', en de macht kwam in handen van een triumviraat: Sālim Rubayy Alī (president), Alī Nāsir Muhammad (eerste minister) en Abd al-Fatah Isma'īl (secretaris-generaal van het NLF). Onder deze leiding ging het land een steeds radicalere militante koers varen: een eerste economisch driejarenplan werd uitgetekend, (met oprichting van coöperatieven in de landbouw en de visserij, nationalisering van alle huizen die niet door hun eigenaar bewoond waren, meer rechten voor de vrouw, vaste prijzen voor basisgoederen, volwassenenonderwijs enz.).

In Oman werd actieve steun verleend aan het Dhofar-bevrijdingsfront en later ook aan het Volksfront voor de bevrijding van de Arabische Golf. In eigen land werd een eenheidspartij opgericht, waarin de communisten (het Democratisch Volksfront) en de Ba'thisten werden opgenomen. Volksmilities werden opgericht. Internationaal waren de beste vrienden, Viëtnam, Cuba en Noord-Korea, eerder dan de Sovjetunie of China. De grootste vijanden waren de Arabische buurlanden, waar imperialisme, kapitalisme en bourgeoisie het voor het zeggen hadden, aldus de Zuidjemenitische visie.

Terwijl in eigen land de politieke structuren verder vorm kregen onder impuls van Abd al-Fatah Isma'īl, en het op economisch vlak stilaan beter begon te gaan, bouwde president Sālim Rubayy Alī op buitenlands vlak aan de bruggen met de rest van de Arabische wereld. In de oktoberoorlog van 1973 blokkeerde Zuid-Jemen de toegang tot de Rode Zee vanop het eiland Perim. In maart 1976 werden diplomatieke betrekkingen met Saoedi-Arabië aangeknoopt, na de opschorting van de steun aan het zieltogende Dhofar-bevrijdingsfront. Jemenitische gastarbeiders trokken naar de Golfstaten, vanwaar zij een aanzienlijke inkomensstroom lieten terugvloeien naar hun vaderland, en... de verhoudingen met Noord-Jemen werden steeds beter, toen daar na een staatsgreep legerkolonel al-Hamdī de nieuwe president was geworden.

In Zuid-Jemen zelf zorgden deze ouvertures voor spanningen binnen het NLF: in maart 1973 had het vijfde congres zich wel meer pragmatisch opgesteld ten aanzien van de Arabische buurlanden, maar de kringen rond Abd al-Fatah Isma'il vonden dat men niet te ver mocht gaan. In 1978 werd de Noordjemenitische president al-Ghasjmī, opvolger van al-Hamdī, vermoord. De daders werden nooit gevonden.

Feit is dat in Zuid-Jemen Abd al-Fatah Isma'īl van de gelegenheid gebruik wist te maken om de schuld voor de moord in de schoenen van president Sālim Rubayy Alī te schuiven (met wiens politieke lijn hij het niet langer eens was). Salim werd geëxecuteerd, Abd al-Fatah Isma'īl werd de nieuwe president, en meteen waren zowel in Noord als Zuid-Jemen de gematigde fracties onthoofd.

Een nieuw conflict tussen beide staten zou niet lang op zich laten wachten. Op 24 februari 1979 brak de tweede oorlog tussen Noord en Zuid uit. Op 16 maart evenwel werd onder impuls van de Arabische Liga een wapenstilstand gesloten, opnieuw gevolgd door een provisioneel akkoord tot eenmaking van de twee Jemens. Meer nog dan bij de vorige gelegenheid doofde het enthousiasme echter snel om het fusieplan in de praktijk om te zetten.

In het Zuiden ging Abd al-Fatah Isma'īl een steeds duidelijkere pro-Russische koers varen: op 25 oktober 1979 werd een 20-jarig vriendschaps- en samenwerkingsverdrag met de Sovjetunie afgesloten, van de buurlanden werd Ethiopië de naaste vriend en in het Arabische kamp koos Zuid-Jemen de zijde van het Standvastigheidsfront (met Algerije, Libië en Syrië). Alī Nāsir Muhammad, eerste minister onder Sālim Rubayy Alī, was nooit afkerig geweest van een grotere rol van Zuid-Jemen binnen de Arabische wereld, en dan vooral tegenover de buurlanden, een rol die nu aan belang inboette door het beleid van Abd Al-Fatah Isma'īl.

Op 21 april 1980 kwam het conflict aan de oppervlakte: Isma'īl trok zich 'om gezondheidsredenen' terug uit de politiek en emigreerde naar de Sovjetunie, Alī Nāsir Muhammad werd de nieuwe president.

Zuid-Jemen als volwaardige Arabische Broederstaat: 1980-1988

Vanaf juni 1980 bracht Alī Nāsir Muhammad bezoeken aan achtereenvolgens Noord-Jemen, Saoedi-Arabië, de Verenigde Arabische Emiraten en Kuwait. Zulks betekende evenwel niet dat Zuid-Jemen zich nu begon af te keren van de Sovjetunie. Wel integendeel. In augustus 1981 werd een verdrag voor vriendschap en samenwerking afgesloten met Libië en Ethiopië, twee landen die zelf zo'n verdrag met de Sovjetunie hadden ondertekend.

Het grote verschil met de lijn, die Abd al-Fatah Isma'īl wenste te volgen, was dat afgestapt werd van het isolationisme, vooral wat de betrekkingen met de Arabische Golfstaten betrof. Op 15 november 1982 werd een vredesverdrag gesloten met Oman, wat de weg openmaakte voor diplomatieke betrekkingen met dit land alsook (opnieuw) met Saoedi-Arabië. In hetzelfde jaar trok Zuid-Jemen ook zijn steun in aan het Nationaal Democratisch Front, dat in Noord-Jemen zware problemen had gesteld voor de regering, ook op het militaire vlak.

Het resultaat van deze beleidswijziging was dat in augustus 1983 te San'ā' de eerste vergadering kon plaatsvinden van de Jemenitische Raad, d.i. de staatshoofden van Noord en Zuid-Jemen. De aanhangers van de lijn van de afgezette Abd al-Fatah met als nieuwe leider de minister van defensie Alī Antar waren van mening dat Alī Nāsir Muhammad de revolutie aan het verraden was ten voordele van een verzoening met de Arabische Golfstaten in het algemeen, Noord-Jemen in het bijzonder. Het kwam tot een open conflict tussen beide visies, maar Alī Antar moest het onderspit delven: hij werd weggepromoveerd in de erefunctie van vice-president.

Zware overstromingen in 1982 en een catastrofale droogte in 1984 dwongen Alī Nāsir Muhammad ertoe ook op economisch vlak wat meer de kapitalistische toer op te gaan om met buitenlandse hulp de economie weer op poten te zetten. Dit gaf natuurlijk nieuw voedsel aan de kritieken van de ultra-linkse lijn over het 'verraad' van Alī Nāsir aan de revolutie. Om het tegendeel te bewijzen, besloot Alī Nāsir Muhammad een verzoenend gebaar te stellen naar de ultra-linkse vleugel. Abd al-Fatah Isma'īl mocht uit ballingschap in de Sovjetunie terugkeren om opnieuw secretaris van de Jemenitische Socialistische Partij te worden (de opvolger van het NLF). Bovendien bleef Alī Nāsir Mohammad voortaan enkel nog president, terwijl de eerste ministerpost van nu af waargenomen werd door Haydar Abu Bakr Al-Attas.

De gebeurtenissen in januari 1986

De terugkeer van Abd al-Fatah Isma'īl vergrootte de spanningen en leidde niet tot de grote politieke verzoening en de terugkeer van politieke stabiliteit. Dit alles culmineerde in de bijeenkomst van het partijcongres van de Jemenitische Socialistische Partij in oktober 1985. Na bemiddeling van de Palestijnse leiders George Habbash en Nāyif Hawatmeh (resp. van het Democratisch Front en het Democratisch Volksfront voor de Bevrijding van Palestina) werd een wankel compromis bereikt. De aanhangers van de president zouden de meeste functies bekleden in de uitvoerende macht, maar in de wetgevende vergadering (d.i. de partij-instanties) zouden Abd al-Fatah Isma'īl, Alī Antar en hun aanhangers een belangrijke inbreng behouden.

Wellicht omdat zoiets een zware rem begon te betekenen op het regeringswerk en op de politieke bewegingsvrijheid van de president zelf, heeft deze in januari 1986 voor een drastische oplossing gekozen. Op een bijeenkomst van de partijtop werd door de presidentiële wacht een aanslag in koelen bloede uitgevoerd op Abd al-Fatah en zijn medestanders. Zowel Abd al-Fatah Isma'īl als Alī Antar vonden hierbij de dood. Maar de afrekening kon niet binnenskamers gehouden worden en sloeg over naar het leger, waar de tankeenheden zich als verdedigers van de lijn Isma'īl opwierpen. In normale omstandigheden zou deze gedeeltelijke legeropstand onderdrukt kunnen zijn geworden.

Maar toen het nieuws uitlekte over hoe de afrekening echt had plaatsgevonden (eerst was gesproken over executie na poging tot staatsgreep door Isma'īl en de zijnen), keerde de stemming in het leger en liet vooral het middenkader de president in de steek. Het resultaat was een medogenloze strijd tussen voor- en tegenstanders van de president, met als eindresultaat meer dan 12.000 doden (proportioneel een enorm cijfer, gelet op een totale bevolking van iets meer dan 2 miljoen).

Uiteindelijk moest Alī Nāsir Muhammad op de vlucht, Abu Bakr al-Attas, de eerste minister, die zich op het ogenblik van de feiten toevallig in Moskou bevond, werd de nieuwe president en Alī Sālim al-Baydh de nieuwe partijsecretaris. Deze laatste is meteen de enig overgebleven figuur van de groep van 5 linkse figuren, die in 1966, bij het tweede NLF-congres, de leiding had overgenomen van de rechter-vleugel.

Alle nog overlevende figuren uit de beginperiode, rechtse zowel als linkse, hebben zich ondertussen teruggevonden in de Nationale Groe-pering van Patriottische Krachten van Zuid-Jemen, gevestigd te Kaïro. Hier bevindt zich nu de eigenaardige combinatie van politieke leiders als al-Makawī (nog door de Britten naar voren geschoven als toekomstig regeringsleider), Alī Haytham (in 1971 in ongenade geval-len) en Alī Nāsir Muhammad. Of de nieuwe politieke leiding in Zuid-Jemen opgewassen zal zijn tegen haar taak (d.i. de oppositie afweren), zal de tijd moeten uitwijzen.

Momenteel heeft het land ook nog af te rekenen met een ernstige economische crisis die te wijten is aan de daling van de olieprijs en de problemen in de Golf. De inkomsten van de Volksrepubliek, die vooral leeft van gastarbeid naar de Golfstaten, daalde van 490 milj. dollar in 1984 naar 350 milj. dollar in 1986. Die trend zet zich door. Daarbij komt nog dat de oliestaten zelf hun inkomsten zagen dalen en als gevolg daarvan knipten in de budgetten die vrijgemaakt waren voor hulpprogramma's in minder gefortuneerde Arabische landen. Zuid-Jemen werd daar het slachtoffer van. Men mag ook niet vergeten dat de burgeroorlog het land fortuinen heeft gekost.

Toch is er een lichtpunt. De USSR heeft immers na talrijke proef-boringen olie gevonden in Sjabwa, 200 km ten oosten van de Noordjemenitische oliebronnen. Dit jaar heeft de overheid ook het vijfjarenplan 1986-1990 gelanceerd, met twee jaar vertraging welis-waar wegens de rellen van 1986.

Vast staat in elk geval dat de Sovjetunie voor 100% achter het nieuwe bewind staat. Of zulks gaat betekenen dat Zuid-Jemen zich opnieuw zal isoleren van zijn Arabische buren, dan wel of de Sovjetunie precies Zuid-Jemen zal gebruiken in haar diplomatieke ouvertures naar de Golfstaten, is op dit ogenblik nog niet uit te maken. Eén ding lijkt zeker: de toekomstige lijn, die de nieuwe leiders zullen uitzetten, zal met argusogen gevolgd worden door de buren en dan in de eerste plaats Noord-Jemen en Saoedi-Arabië.

Zuid-Jemen mag dan op verschillende punten een buitenbeentje blijven in de Arabische wereld, diezelfde Arabische wereld zal in de toekomst rekening moeten houden met wat er zich in Aden afspeelt.

Literatuur

King, G., *Imperial Outpost Aden,* Londen, 1964.
Koszinowski, T., *Die politischen Ziele Süd-Jemens auf der Arabischen Halbinsel.* In: Europa Archiv, 34(12), juni 1979, pp. 367-376.
Rouaud, A., *Les Yémen et leurs populations,* Bruxelles, 1979.

Stookey, R., *South Yemen. A Marxist Republic in Arabia,* Londen, 1982.

Viennot, P., *Aden de la lutte pour la libération à l'indépendance.* In: Orient, 43-44, Paris, 1967, pp. 8-48.

Chronologisch overzicht

1968: Zuid-Jemen wordt onafhankelijk met Qahtān asj-Sja'bī als president.

1969: Er wordt een presidentiële raad opgericht met Salīm Rubayy Alī als president en Alī Haytham als eerste minister.

1970: Abd al-Fatah Ismaïl wordt partijvoorzitter.

1971: Na een 'zuivering' binnen de partij neemt een triumviraat de leiding op zich; Salīm Rubayy Alī blijft president, Alī Nāsir Muhammad wordt de nieuwe eerste minister en Abd al-Fatah Isma'īl secretaris-generaal van het NLF.

1979: Salīm Rubayy Alī wordt ter dood veroordeeld en opgevolgd door Abd al-Fatah Isma'īl.

1980: Isma'īl trekt zich terug uit het politieke leven. Alī Nāsir Muhammad volgt hem op in de functie van president.

1982: Haydar Abu Bakr Attas wordt eerste minister.

1986: Na een bloedige paleisrevolutie wordt Abu Bakr Attas president en Alī Salīm al-Baydh partijsecretaris. Alī Nāsir Muhammad vlucht en Abd al-Fatah Isma'il en Alī Antar sneuvelen.

ZUID-JEMEN: VROUWEN EN OVERHEID

In 1967 werd Zuid-Jemen onafhankelijk na een bloedige strijd tegen de Britse koloniale overheid. In tegenstelling tot de Algerijnse, de Libische, de Iraanse en andere revolutionaire bewegingen heeft de Zuidjemenitische een grote invloed gehad op de positie van de vrouwen in hun maatschappij. De marxistisch-leninistische regering die in 1968 het roer overnam, wilde zich immers inzetten voor de emancipatie van de vrouw. In die emancipatiepolitiek neemt Zuid-Jemen een aparte plaats in op het Arabische schiereiland.

Het National Liberation Front (NLF)

Reeds voor het aan de macht kwam steunde het NLF het principe van gelijkheid der seksen. De onafhankelijkheidsbeweging nam dan ook in 1965 een resolutie aan waarin ze opriep tot bevrijding van 'het juk der tradities en onderwerping' om te streven naar gelijkheid en te komen tot emancipatie van de vrouw.

Kort na zijn ontstaan, in 1963, richtte het NLF een vrouwelijke tak op. Die hield zich evenwel meer bezig met de strijd tegen de Britten dan met emancipatie. Toch waren vrouwen in die mate betrokken in de revolutie dat de strijd tegen de Britse overheersing voor hen uitliep op een strijd tegen traditionele familieplichten. In Aden manifesteerden de vrouwen zich vooral op politiek vlak. Op het platteland waren ze aktief in de guerrilla-oorlog. Dit was een gevolg van de specifieke sociale omstandigheden op het platteland. De vrouwen droegen er immers geen sluier en waren gewoon met mannen op de akkers te werken.

De aktiviteiten van de vrouwelijke guerrillero's speelden zich echter grotendeels op de achtergrond af: verbergen van wapens en strijders, verdelen van pamfletten en voedsel, uitbouwen van de administratie e.d. Ze waren niet vertegenwoordigd in de leiding van het NLF. Enkelen komen voor in de Jemenitische militaire geschiedenis of misschien beter, sieren het patriottisch geheugen met hun heldendaden. Pas na de onafhankelijkheid werden concrete stappen ondernomen om de positie van de vrouwen daadwerkelijk te verbeteren.

De General Union of Yemeni Women (GUYW)

In februari 1968 werd de GUYW opgericht. Na de machtsovername van de linkervleugel van het NLF in de partij, in 1970, werd de GUYW erkend als 'massa-organisatie'. Dit wil zeggen dat de Jemenitische vrouwenorganisatie sindsdien gedirigeerd werd door het centraal comité van de socialistische eenheidspartij en als voornaamste taak de mobilisatie van de massa en steun aan de partij en de staat toebedeeld kreeg.

De eerste jaren bleven de aktiviteiten van de GUYW beperkt tot Aden, Lahadj en Hadramawt. Bij het partijcongres van 1974 echter was ze uitgegroeid tot een nationale organisatie die zich uitstrekte over alle provincies. In 1977 telde de vrouwenbeweging 14.926 leden als volgt verdeeld: 89% huisvrouwen, 6,1% industriearbeidsters, 3,5% landarbeidsters, 1,7% in de dienstverlenende sector en enkele studenten.

De belangrijkste rol van de GUYW bestaat erin de vrouwen te integreren in het politieke, sociale en economische leven van het land via opvoeding, onderwijs en technische scholingsprogramma's. In 1976 waren er 6 scholingscentra waarin jaarlijks 1.500 vrouwen een opleiding tot technicus genoten. Hier en daar zagen de organisatoren zich verplicht centra te sluiten omdat ze op te grote weerstand botsten van de traditionele lokale bevolking. Die zag zijn dochters immers niet graag technische aktiviteiten buitenshuis verrichten. De GUYW was ook de drijvende kracht achter de alfabetiseringsinitiatieven. Hierdoor leerden van 1975 tot 1977 59.065 Jemenitische vrouwen lezen en schrijven. Niettemin bedraagt het aantal ongeletterde vrouwen nog steeds meer dan 50%. De Jemenitische vrouwenorganisatie geeft ook een eigen tijdschrift uit 'nisâ al-yaman'(de Jemenitische vrouwen).

Deze vrouwenorganisatie heeft enerzijds een belangrijke maar beperkte betekenis in het formuleren van de politiek tegenover vrouwen. Anderzijds voorziet zij het staatsapparaat van informatie en beslissingvormende elementen. Het is geen feministische organisatie maar een deel van het staatsorgaan dat strijdt voor de verbetering van de positie van de Jemenitische vrouwen op lange termijn, te vergelijken met de organisaties voor minderheden, de vakbonden, enz.

Zelfs binnen dit beperkt kader is een frisse wind gewenst. De GUYW zou immers een massaorganisatie zijn zonder doorslaggevende rol in het sociaal, economisch en politiek leven. Het belangrijkste objectief is echter de algemene doelstellingen van de staat na te streven en de vrouwen daarvoor te mobiliseren, eerder dan hun specifieke belangen te bevorderen. De GUYW heeft wel leden op elk niveau van de staats- en partijstructuren: 6 zetels in het parlement in 1981 en 10% van de provinciale zetels.

De familiewet van 1972

Een belangrijke stap in het verbeteren en vormgeven van de rechts-positie van de Jemenitische vrouwen was het ontwerpen en doorvoeren van de familiewet. In 1972 werd een nieuwe familiewet als discussie-onderwerp aangebracht in de GUYW, de vakbonden, het departement voor religieuze zaken enz. Vrouwen stelden tijdens deze raadplegingen vaak ongewoon radikale en duidelijke eisen die dikwijls verder gingen dan die van hun mannelijke collega's. In 1974 werden de consultaties aan de basis afgesloten en het ontwerp in aangepaste vorm in een wet gegoten. De vrouw kwam er niet al te slecht uit.

De controle over de rechtspraktijk werd voortaan in de handen van de staat gelegd in plaats van in die van de *qādī* (islamitische rechter). De fundamentele idee achter de familiewet was het verzekeren en sta-biliseren van de familie als basiscel in de Jemenitische maatschappij. De nieuwe wet ging radikaal in tegen een aantal Jemenitische, tribale en islamitische tradities zonder evenwel te raken aan de fundamenten van de islamitische wet of *sjari'a*.

Polygamie werd afgeschaft, behalve in bepaalde gevallen. Huwen kan alleen nog mits toestemming van de beide partijen. Om kinder-huwelijken tegen te gaan werd een minimumleeftijd vastgesteld: 16 jaar voor meisjes en 18 voor jongens. Gedwongen huwelijken kunnen ongeldig verklaard worden en de bruidschat werd beperkt tot 100 Jem. dinar (een arbeidersloon van twee maanden). Unilaterale echt-scheidingen zijn niet toegelaten en ouders dragen elk voor de helft van het alimentatiegeld bij. Het hoederecht gaat in het belang van het kind bij voorkeur naar de moeder, zelfs wanneer die hertrouwt. Clitoridectomie, een gebruik dat ook in bepaalde delen van Jemen be-staat, werd echter niet bij wet verboden. Vanaf 1978 hebben mannen en vrouwen wettelijk gelijke arbeidskansen en krijgen moeders 60 dagen bezoldigd zwangerschapsverlof en recht op kinderopvang.

Het onderwijs

Zelfs de Arabische Liga geeft toe dat Zuid-Jemen een degelijk uitge-bouwd onderwijsnet heeft. In zijn onderwijsbeleid werd het land bij-gestaan door Cubaanse ontwikkelingshelpers. De onderwijspolitiek voor vrouwen speelt zich af op drie terreinen.

Massale alfabetiseringscursussen moeten ervoor zorgen dat het hoge percentage, 90%, ongeletterde vrouwen verminderd wordt. Het on-derwijsnet moet op alle niveaus opengesteld worden voor vrouwen en technische vormingscentra werden opgericht. Het aantal schoollopende meisjes steeg op korte tijd met 138% in de lagere school en met 200% op humanioraniveau. De evolutie verloopt positief maar 50% van de meisjes blijft nog steeds thuis. 90% van de jongens daarentegen zit op de schoolbanken. De traditionele culturele barrières tegen onderwijs voor vrouwen blijven, zeker op het platteland, moeilijk te doorbreken.

De arbeidsmarkt

In Zuid-Jemen nemen steeds meer vrouwen om diverse redenen deel aan het arbeidsproces. Het aantal geschoolde vrouwen groeit dankzij de onderwijspolitiek. Om ideologische redenen worden vrouwen aangemoedigd om deel te nemen aan alle domeinen van het publieke leven zoals politie en milities. De staat besteedt aandacht aan de opname van vrouwen in het produktieproces door ondermeer fabrieksprojecten op te zetten.

Het feit dat vrouwen kansen krijgen op de arbeidsmarkt en dat de staat vrouwen aanmoedigt om buitenshuis te werken, heeft waarschijnlijk te maken met het tekort aan mannelijke arbeidskrachten. Jemen kent immers een lange traditie van migratie naar het Westen (GB en VS), de Golfstaten en het Verre Oosten. Het land is bovendien zeer dun bevolkt. Vrouwen worden dus ingeschakeld. Zij zijn in de eerste plaats werkzaam als verpleegkundigen, in het onderwijs en in de administratie. Dit zijn sectoren waarin de lonen traditioneel lager liggen dan in de zogenaamde 'mannenberoepen'. Vrouwen blijven geconcentreerd in de sectoren van de ongeschoolde en semigeschoolde arbeid.

Het totaal aantal buitenshuis werkende vrouwen steeg tussen 1965 en 1981 van 4,4% naar 5,9%. Als zij dan uit werken gaat, duikt voor de Jemenitische vrouw het probleem van de kinderopvang op. De 23 kindertuinen die het land rijk is, volstaan niet. Grootmoeders bieden noodgedwongen hulp. In Jemen, waar het voor mannen traditioneel ondenkbaar is deel te nemen aan de huishoudelijke aktiviteiten, wordt niets ondernomen om hen wat dat betreft tot enige participatie, initiatief aan te moedigen. De vrouwen beredderen zodoende het volledige huishouden.

Staatsinterventie en radikale hervormingen zorgden voor verbetering van de positie van de Jemenitische vrouwen. Fundamentele ongelijkheden blijven evenwel bestaan en worden weerspiegeld door bv. de povere aanwezigheid van vrouwen op de arbeidsmarkt. Die veranderingen werden echter in de eerste plaats doorgevoerd om ideologische en economische redenen, minder of zelfs helemaal niet om de vrouw zelf. Ze zijn dus verre van bevredigd, maar in vergelijking met Noord-Jemen heeft de Volksrepubliek heel wat bereikt. In Noord-Jemen zijn vrouwen immers nog steeds speelbal van de traditionele, islamitische opvattingen zonder dat de overheid ook maar iets onderneemt om hun sociale, economische of rechtssituatie te veranderen.

Literatuur

De Smet C., *Noor Baabad: zonder en met chad'r of vrouwen in Zuid-Jemen*. In: Vrede, maart 1982, pp.19-22.
Al-Hibri Azizah, *Women and Islam,* Exeter, 1982.
Ismael T.Y., Ismael J.S., *PDR Yemen: Politics, Economics and Society,* Londen, 1986.
Molyneux M.D., *State Policy and the Position of Women in South-Yemen. In:* Peuples Méditerranéens, nr. 12, juli-sept. 1980, pp. 33-49.

NOORD EN ZUID-JEMEN OP WEG NAAR EENHEID?

De scheiding van Jemen in Noord en Zuid, die in een recent verleden voltrokken werd, is voorafgegaan door een periode van eenheid die meer dan twee millennia heeft geduurd. Die eenheid was van culturele en geografische aard; van enige politieke of economische eenheid was nauwelijks sprake. Toch mag men niet ontkennen dat, in de loop van de Jemenitische geschiedenis, een aantal sjaykhs en koningen erin slaagden grote delen van het gebied onder hun gezag te brengen. In 1904 werd er evenwel officieel een einde gemaakt aan de eenheid toen de Britten, die van 1839 tot 1968 Aden koloniseerden, een grensverdrag sloten met de Ottomanen, die vanaf de 16de eeuw tot 1919 Noord-Jemen bestuurden.

Hoewel Noord en Zuid-Jemen zich vandaag totaal verschillend ontwikkelen, leeft er bij de bevolking en haar leiders een sterk eenheidsgevoel. Dit is geen nieuw verschijnsel, het manifesteerde zich reeds duidelijk vóór de republikeinse periode, tijdens het imamaat in het Noorden en de Britse kolonisatie in het Zuiden. De Jemenitische leiders putten een niet onbelangrijk deel van hun legitimiteit uit die eenheidsgedachte en voeren dan ook een actieve herenigingspolitiek.

Het eenheidsstreven van deze twee enige republieken op het Arabische schiereiland verloopt echter niet zonder moeilijkheden. Ten dele zijn die te wijten aan de Jemenieten en hun regimes: het conservatieve Noord-Jemen met een zwak centraal gezag, staat tegenover het marxistische Zuiden, de meest progressieve staat in de Arabische wereld. Een aantal erfenissen uit het verleden mogen ook niet vergeten worden: de machtige stammen in het Noorden die nooit met kolonisatie te maken hadden en zich in feite nooit onderwierpen aan een centraal gezag, en de kolonisatie in het Zuiden die de stammenstructuren doorbrak en een min of meer centrale administratie organiseerde.

Ook de religieuze verdeeldheid tussen zaydieten en sjafi'ieten is niet te onderschatten. Het Zuiden is immers sjafi'itisch terwijl in het Noorden de twee stromingen ongeveer de helft van de bevolking uitmaken. Minstens even zwaar wegen de belangen van een aantal machtige landen waarvoor Noord en Zuid-Jemen een strategische ligging hebben. Door tussenkomst van Saoedi-Arabië en de USSR werd en wordt het eenheidsstreven bemoeilijkt.

De periode van het imamaat: 1919-1962

In 1919 werd Noord-Jemen onafhankelijk en werd een imamaat in-gesteld. De Ottomanen hadden de Eerste Wereldoorlog verloren en werden verplicht het land te verlaten, na het verdrag van Versailles. Beide *imāms,* eerst Yahyā ibn Hamīd ad-Dīn en daarna zijn zoon Ahmad ibn Hamīd ad-Dīn voerden een zeer behoudsgezinde en autocratische politiek. Gedurende de hele periode van het imamaat groeide dan ook een oppositie die in steeds radikalere termen streefde naar verandering, vooruitgang en meer openheid t.o.v. de buitenwe-reld. Na een aantal mislukte aanslagen op de staatshoofden en pogin-gen tot revolutie brak in 1962 een revolutie uit, waarbij het imamaat omvergeworpen en de republiek ingesteld werd.

De beide *imāms* voerden een miserabele binnenlandse politiek. An-derzijds probeerden zij kost wat kost het Zuiden met het Noorden te herenigen. *Imām* Yahyā ibn Hamīd ad-Dīn heeft nooit de aanwe-zigheid van de Britten in het Zuiden aanvaard. Bij de onafhanklijkheid van Jemen in 1918 verwierp hij het verdrag dat in 1904 tussen het toenmalige Ottomaanse rijk en Groot-Brittannië gesloten was en dat de grenzen tussen Noord en Zuid-Jemen gedeeltelijk vastlegde. Hij zette zijn aanspraken op het Zuiden kracht bij door een permanente grensoorlog tegen Groot-Brittannië te voeren.

In 1934 werd de *imām* evenwel verplicht een verdrag te sluiten met de Britten. Hij kon immers door de nederlaag in een oorlog tegen Saoedi-Arabië zijn heroveringspolitiek tegen de Britten niet meer be-kostigen. De twee partijen sloten een verdrag waarbij Groot-Brittannië de onafhankelijkheid van de *imām* erkende, en de *imām* van zijn kant het Britse protectoraat erkende voor 40 jaar. Er werd eveneens voorzien in het behoud van de grensposities, zonder dat de grenzen evenwel vastgelegd werden. De vijandelijkheden namen vanaf 1938 echter weer toe, met een onderbreking tijdens de Tweede Wereldoorlog vanwege de Jemenitische neutraliteit.

In 1948 werd de *imām* Yahyā ibn Hamīd ad-Dīn vermoord. Zijn opvolger, *imām* Ahmad ibn Hamīd ad-Dīn zou op zijn beurt het Zuiden opeisen. Ahmad voerde dezelfde agressieve politiek als zijn vader maar met een emotionele ondertoon. Hij achtte zijn zuiderburen immers verantwoordelijk voor de moord op zijn vader en de oppositie tegen zijn bewind. Na een heftig treffen tussen de Britten en de *imām* in Bayhān in 1950, belegden beide partijen een rondetafelconferentie in Londen. Daar bereikten ze een 'modus vivendi' die evenwel groten-deels dode letter bleef. Belangrijker is dat de *imām* in zijn anti-Britse politiek toenadering zocht tot de zogenaamde vijanden van Groot-Brittannië, met name Egypte en het Oostblok.

Op het hoogtepunt van de Suez-crisis, in 1959, sloot hij het Pact van Djidda met Saoedi-Arabië en Egypte, waardoor de drie landen elkaar steun beloofden wanneer een derde één van hen zou aanvallen. Vanaf de jaren vijftig kreeg de USSR met het uitzenden van legerinstructeurs definitief voet aan de grond in het gebied van de Rode zee. Het Noordjemenitische staatshoofd probeerde ook via diplomatieke ka- nalen, bijvoorbeeld de VN en de Arabische Liga, druk uit te oefenen op de Britten, zonder succes evenwel. De Britten reageerden heftig te- gen de aanvallen van Ahmad en er brak een periode van relatieve rust aan, ondanks het toetreden van Jemen tot de Verenigde Arabische Republiek (Egypte). Er werden zelfs twee akkoorden gesloten. Het ene voorzag in de oprichting van een luchtverbinding tussen San'ā' en Aden, het andere in de oprichting van een grenscommissie die voor het eerst vergaderde in februari 1960. In 1962 brak de revolutie uit, een paar maanden nadat Ahmad een natuurlijke dood stierf en werd op- gevolgd door zijn zoon al-Badr.

Wegens de harde politieke repressie in Noord-Jemen werd Aden het toevluchtsoord voor opposanten die van daaruit, met oogluikende toe- stemming van de Britten, actie konden voeren. Groot-Brittannië zag in hun aanwezigheid een wapen om druk uit te oefenen op de *imām* in verband met het grensvraagstuk. Wanneer de besprekingen hierover min of meer vlot verliepen temperden de Britten de acties van de opposanten, wanneer de *imām* onbuigzaam bleek, steunden ze de ac- ties. Vandaar dat in het programma van de opposanten met geen woord werd gerept over een mogelijke hereniging met het Zuiden. Ze beschouwden de Britten als gewone buren met wie ze goede relaties wensten te behouden. Deze pragmatische politiek zou eerder uit zelf- behoud dan uit overtuiging gevoerd zijn aangezien leiders van de op- positie in politieke toespraken geregeld het Zuiden opeisten.

Ook na de revolutie van 1962 bleven de uitspraken over de relaties met de Britten in het protectoraat voorzichtig, dit om verschillende redenen. De nieuwe machthebbers streefden internationale erkenning van hun bewind na, inclusief die door Groot-Brittannië. Ook de reactie van de Zuidjemenitische bevolking op de revolutie was van groot be- lang. Onder de Zuidjemenitische stammen heerste reeds vroeger ver- deeldheid over een eventuele hereniging met het Noorden. De sjafi'itische stamhoofden zagen er geen brood in om deel te worden van een Noord-Jemen waar een zayditisch *imām* alle macht in handen had. Maar, veel Noordjemenieten verbleven in het Zuiden en de groeiende oppositiebeweging tegen de Britse aanwezigheid in Aden zegde haar steun toe aan de revolutie, die overigens een impuls gaf aan de onafhankelijkheidsstrijd die in het Zuiden begonnen was. De onafhankelijkheidsstrijders kwamen zelfs samen met de revolutio- nairen tegen de aanhangers van het imamaat vechten. Zo werd Noord-Jemen de basis voor de onafhankelijkheidsstrijd in het Zuiden, die zeer unionistisch gericht was.

De republiek

Vrij snel werd duidelijk dat de republiek zou moeten vechten om te overleven. In het Noorden van het land bereidde al-Badr, die aan de vergeldingsacties tegen de *imām-familie* kon ontsnappen, met de hulp van de zayditische stammen en Saoedi-Arabië, een contra-revolutie voor. Die liep enkele weken later uit op een burgeroorlog toen de Egyptische luchtmacht, die de jonge republiek alle steun toezegde, op 4 november 1962 Nadjrān in Saoedi-Arabië aanviel, waar al-Badr een regering in ballingschap had opgericht. In die burgeroorlog werden de revolutionairen steeds meer afhankelijk van het Egypte van Nasser, terwijl al-Badr kon bogen op de steun van Faysal, die ieder sprankeltje progressiviteit als een bedreiging voor zijn eigen conservatief systeem zag.

Na een aanvankelijk neutrale houding tegenover de Britten in het Zuiden, verhardden de revolutionairen vanaf oktober 1962 hun standpunt. Sallal, de toenmalige president, verklaarde dat de monarchisten militaire uitrusting en wapens kregen van de Britten en dat er grensincidenten waren in Bayhān. De Jemenitische klachten over de Britse inmenging namen hierna toe en niet zonder reden. Via Bayhān, dat aan het gebied grensde van waaruit de monarchisten de republikeinen bestookten, leverden de Britten inderdaad wapens.

De Britten werden in hun politiek gesteund door de Zuidjemenitische lokale heersers die, terugblikkend op hun eigen autocratisch regime, niet geestdriftig waren over de vorming van een progressief bewind in het Noorden. Ze vreesden voor uitbreiding van de revolutie en drongen meer dan ooit aan op de vorming van de federatie (zie infra). Anderzijds werden de opposanten tegen de Britse aanwezigheid in Aden aangemoedigd in de onafhankelijkheidsstrijd en hun streven naar hereniging.

Vanaf november stapten de republikeinen uit de periode van terughoudendheid en namen de aanspraken van het imamaat over. Deze stelling was mede het gevolg van de beslissing van Londen om de kolonie verder te organiseren en te besturen. Intussen bleven de republikeinen ijveren voor Britse erkenning, zonder resultaat evenwel. De Britten vonden dat de nieuwe machthebbers in San'ā' niet voldoende controle uitoefenden over het land zodat ze op 15 februari 1963 officieel weigerden republikeins Jemen te erkennen.

Het kabinet in San'ā' benoemde daarop een minister voor Zuidjemenitische aangelegenheden waardoor de kwestie geïnstitutionaliseerd werd. De grensconflicten namen ook toe. Als gevolg van die evolutie werd eind juni 1963 'Het Front voor de Bevrijding van Zuid-Jemen' opgericht door deserteurs en stammen uit het Zuiden. In juli van hetzelfde jaar ontstond in het Radfāngebergte een opstandige beweging die na een grootscheepse wraakactie van de Britten in het Noorden een veilig heenkomen zocht.

De Britse kolonisatie

De Britse kolonisatie van Zuid-Arabië en meer bepaald van Aden was begonnen in 1839 met de inname van die haven. Oorspronkelijk deed Aden alleen maar dienst als kolenstation. Na 1930 veranderde de Britse kolonisatiepolitiek. De Britten breidden hun relaties met het hinterland uit, zeker nadat de *imām* dreigender werd, en kwamen openlijk tussen in tribale geschillen. De kolonisatoren waren evenwel niet geneigd zich te mengen in het hinterland uit vrees voor de reactie van de *imām* die iedere vorm van organisatie interpreteerde als een aanval op zijn herenigingspolitiek.

Na de Tweede Wereldoorlog begon de lokale bevolking onder invloed van het Arabisch nationalisme en de notie van democratie steeds meer deelname in het politieke leven te eisen. In deze sfeer kregen de Britten de idee om een federatie te vormen onder de lokale hoofden. In de beginjaren kende dit plan geen succes.

Op het einde van de vijftiger jaren stuurden de meeste sultāns evenwel aan op een federatie in ruil voor economische hulp en verdediging. De *imām* had immers zijn aanvallen tegen het Zuiden opgedreven en door het groeiende nasserisme en de vorming van de Verenigde Arabische Staten voelden de plaatselijke hoofden hun conservatieve belangen bedreigd. In 1966 was heel Zuid-Arabië met uitzondering van twee provincies en Aden tot de federatie toegetreden. Vanaf 26 september 1962 maakte ook Aden deel uit van de federatie, een dag voor het uitbreken van de revolutie in Noord-Jemen.

De onafhankelijkheidsstrijd

Op 23 februari 1963 werd het NLF (Nationaal Front voor de Bevrijding van bezet Zuid-Jemen) in Ta'izz, Noord-Jemen opgericht. Dit NLF benadrukte de Jemenitische eenheid maar ondernam geen concrete stappen om Noord en Zuid te herenigen. Het front legde eerder de klemtoon op de lokale eenheid tussen stammen en sultanaten. De officiële bevrijdingscampagne begon op 13 oktober 1963 in het Radfān gebergte. Uiteindelijk lukte het NLF in zijn strategie om de Britten op lange termijn uit te putten en tot vertrek te dwingen. Het NLF nam de macht, op 27 november 1967, in handen op het moment dat in Noord-Jemen de burgeroorlog nog aan de gang was. Beide Jemens hadden de wens tot hereniging geuit, toch zou die wens nog niet gerealiseerd worden.

De herenigingspoging van 1972

Nadat de Egyptenaren zich uit Noord-Jemen hadden teruggetrokken, zou de burgeroorlog nog een paar jaren aanslepen. Pas in 1970 werd de nationale verzoening een feit door de opname van monarchisten op kabinetsposten. De radikalen van zowel links als rechts speelden vanaf dat ogenblik geen rol meer in de Noordjemenitische politiek. De nieuwe republiek zocht ook vrij snel toenadering tot het Westen. De relaties met de meeste andere Arabische landen waren normaal. In Zuid-Jemen was de situatie op het einde van de jaren zestig niet minder verward. Kort na de machtsovername trad er een breuk op binnen het NLF die zou uitlopen op een radikalisering en een zuivering. De partij koos voortaan voor een radikaal marxistische lijn. Ook in haar relaties met het buitenland koos Aden duidelijk en radikaal. Het onderhield goede relaties met de progressieve Arabische staten als Syrië, Algerije en Iraq. Bahrayn, Qatar, de Verenigde Arabische Emiraten en Oman weigerde Zuid-Jemen te erkennen wegens hun nauwe banden met Groot-Brittannië. De relaties met Saoedi-Arabië (de bondgenoot van Noord-Jemen) waren vijandig en leidden zelfs tot grensincidenten. In het Westers kamp zocht Aden toenadering tot het socialistisch blok. De radikalisering van het NLF betekende versteviging van de relaties met de USSR.

Op het einde van de jaren zestig consolideerden de regimes in Noord en Zuid-Jemen zich stilaan en het werd duidelijk dat de twee landen een totaal verschillende koers zouden varen die hereniging bemoeilijkte, zelfs onmogelijk maakte. Toch bleven de beide regeringen concrete plannen uitwerken om één staat te vormen.

De relaties tussen de twee Zuidarabische republieken in de periode 1968-1975 waren getekend door een opeenvolging van periodes van spanning en ontspanning die bepaald werden door de interne evolutie in beide landen. In de herfst van 1968 verscherpten de grensconflicten die in 1969 tot een open oorlog uitgroeiden. In Noord-Jemen werd de nationale verzoening, die evolueerde naar een 'tribale democratie', afgerond met verkiezingen in 1971 waardoor sjaykhs of aanhangers van de monarchie 70% van de zetels kregen. Het NLF beschuldigde de Noordjemenitische republikeinen er van de revolutie te hebben verraden. In hetzelfde jaar dat in Noord-Jemen de 'tribale democratie' werd ingesteld kwam in Zuid-Jemen Sālim Rubayy Alī aan de macht met een marxistische regering.

Niettegenstaande die evolutie en het groeiend aantal politieke vluchtelingen kwam het stilaan tot een toenadering tussen beide Jemens. In de zomer van 1970 kwam premier Alī Haytham naar Ta'izz om eventueel een eenheidsakkoord te sluiten. Van de federatieplannen die daar gevormd werden, kwam evenwel niets in huis.

Naar aanleiding van de nationale feestdag in Libië, hetzelfde jaar, hadden al-Iryānī, de president van Noord-Jemen, en Sālim Rubayy, zijn ambtsgenoot uit Zuid-Jemen, een onderhoud in Tripoli. Vanaf toen kwamen vertegenwoordigers van beide landen geregeld samen. Maar de naamsverandering in Zuid-Jemen van Volksrepubliek naar Democratische Volksrepubliek, in 1970, maakten dat San'ā' de gesprekken plots afbrak. Noord-Jemen begreep hieruit dat Zuid-Jemen zich als de enige wettelijke regering van een Verenigd Jemen zag. In de twee grondwetten bleef de wil tot vereniging nochtans geformuleerd.

Het bleek ook duidelijk dat de twee Jemens vanaf 1970 in totaal tegengestelde richting evolueerden. In het Noorden werden de sociale en economische problemen aangepakt volgens het islamitisch concept van sociale rechtvaardigheid. In het Zuiden werden ze aangepakt op basis van het wetenschappelijk socialisme. (Zoals we reeds toelichtten evolueerden de twee landen ook in hun buitenlandse politiek in tegengestelde richting.)

Tussen 1970 en 1972 voerden legers die door ballingen in Saoedi-Arabië gevormd werden aanvallen uit tegen de Zuidjemenitische grenzen. Tegelijk vermeerderde het aantal grensinicidenten tussen Noord en Zuid-Jemen. Op aanvraag van beide partijen richtte de Arabische Liga half oktober een commissie op om in de zaak te bemiddelen. Die besprekingen liepen uit op het spectaculair akkoord van Kaïro dat Nāsir Muhammad tekende voor Zuid-Jemen en Muhsin al-Aynī voor Noord-Jemen.

Er werden een aantal maatregelen getroffen die voor onmiddellijke ontspanning moesten zorgen. Verder voorzag het akkoord in de totale fusie van de twee Jemenitische staten in één natie met één leger, één hoofdstad, één vlag, één president en één regering die zou aangesteld worden via algemene rechtstreekse verkiezingen. Er werden ook zeven technische commissies opgericht met vertegenwoordigers uit beide landen om op gebied van buitenlandse zaken, economie, onderwijs, rechtspraak, administratie, gezondheidszorg en defensie de vereniging van de verschillende instellingen mogelijk te maken.

Het aanvullend communiqué van Tripoli dat op 29 november 1972 ondertekend werd door al-Iryānī en Rubayy Alī bevatte enkele clausules die duidelijk 'Kaddafiaans' geïnspireerd waren. De islam werd immers aanvaard als enige kracht die de ideologische verschillen oversteeg om de eenheid te bereiken. Maar in het akkoord slopen ook wazige elementen die te grote toegevingen van beide partijen zou verlangen.

Muhsin al-Aynī, de Noordjemenitische premier die het akkoord tekende werd afgezet en opgevolgd door al-Hadjrī die bekend stond voor zijn compromisloze houding tegenover Aden en zijn vriendschapsrelaties met Saoedi-Arabië. De technische commissies vergaderden sinds het akkoord geregeld en lukten erin enkele praktische problemen op te lossen.

De hereniging werd ook bemoeilijkt door de internationale belangstelling voor de regio. Saoedi-Arabië, dat nog steeds de oprichting van een verenigd progressief Jemen vreesde, probeerde vanuit het noorden de eenheid tegen te werken door de opposanten tegen Aden te steunen. De USSR, dat Aden niet graag concessies zag doen, deed

ondanks het feit dat het met zowel San'ā' als Aden relaties had, niets
om de hereniging te bespoedigen. Vanaf 1973 herbegonnen de grensincidenten en de wederzijdse beschuldigingen van contractbreuk. De éénheid was mislukt maar bete-
kende een overwinning voor Aden. De vijandelijkheden aan de
grenzen die de marxistische regering aan het wankelen hadden gebracht, werden tijdelijk stopgezet en Aden zocht meer toenadering tot
de gematigde Arabische landen. Toch bleef het Zuiden uitpakken met
herenigingsinitiatieven, die waarschijnlijk pasten in haar politieke
strategie om de revolutie te verspreiden. Voor de volgende poging zal
men moeten wachten tot 1979, al werden intussen verschillende kleinere akkoorden gesloten.

De jongste ontwikkelingen

Op 13 juni 1974 leidde kolonel Ibrahīm al-Hamdī een staatsgreep
waardoor het bijna zeven jaar oude bewind van Abd ar-Rahmān
al-Iryānī omvergeworpen werd. De onmiddellijke positieve reactie van
Saoedi-Arabië voedde de veronderstelling dat het hof van Riyād niet
geheel vreemd was aan de gebeurtenissen. De kolonel poogde zijn als
conservatief ervaren regime geleidelijk aan los te maken van de sterke
Saoedische invloed en een politiek van evenwicht te volgen tussen
Zuid-Jemen en Saoedi-Arabië. Maar op 11 oktober 1977 werd
al-Hamdī vermoord. De behoudsgezinde krachten konden het
al-Hamdī, tot dan toe vrij succesrijk in het verzoenen van de verschillende tegenstellingen in het land, niet vergeven dat hij de dialoog
met het marxistische Zuiden niet had verbroken.
Het bewind van Ahmad al-Ghasjmī, die al-Hamdī opvolgde, werd
gekenmerkt door een verslechtering van de relaties met Aden, hoewel
de dialoog niet volledig werd afgebroken. Anderzijds onderhield de
president zeer vriendschappelijke betrekkingen met Riyād. De nieuwe
president werd evenwel het slachtoffer van een aanslag. Opnieuw
hield die verband met een initiatief betreffende de Jemenitische
eenheid. Op 18 juli 1978 ontplofte in zijn kantoor een bom die klaar-
blijkelijk was binnengebracht door een gezant van de Zuidjemenitische
president Sālim Rubayy Alī. San'ā' beschuldigde Aden van moord en
verbrak de diplomatieke banden.
De moord veroorzaakte een ernstige crisis in Zuid-Jemen. Daar was
de zogeheten radikale vleugel van het NLF aan de macht. Al spoedig
bleek evenwel dat de president andere opvattingen had dan zijn collega's Abd al-Fatah Isma'īl en Alī Nāsir Muhammad. Rubayy Alī was
pro-Chinees terwijl Isma'īl, de partij-ideoloog, een fervent
pleitberzorger van de orthodoxe, Russische lijn was. De moord op de
Noordjemenitische president al-Ghasjmī was het moment om definitief
met Rubayy Alī af te rekenen. Hij werd gearresteerd en na een snelle

berechtiging geëxecuteerd. De gematigde Arabische landen verbraken op 2 juli 1978 hun relaties met Aden.

In de periode oktober 1977 - juni 1978 verloren beide Jemens een staatshoofd dat oprecht streefde naar de eenmaking van het Noorden en het Zuiden. Maar uit de inspanningen die San'ā' en Aden in de periode 1974-1977 leverden om de eenmaking dichterbij te brengen, kan men besluiten dat men niet in de eerste plaats naar een politieke eenmaking streefde, inderdaad een vrij utopische gedachte. Men wilde eenheid bereiken via toenemende economische samenwerking.

Intussen was in San'ā' Alī Abdullah Sālih aan de macht gekomen. Zijn eerste zorg was het versterken van zijn gezag. De repressie tegen de oppositie nam toe en velen vluchtten naar Zuid-Jemen waardoor de rangen van het NDF (Nationaal Democratisch Front) aanzwollen. Het was dit NDF dat het voortouw nam van de gewapende opstand in Noord-Jemen, die in de zomer van 1978 begon. Het meest aktief was de guerrilla in de grensstreek tussen Noord en Zuid-Jemen. Daar kwam het geregeld tot schermutselingen tussen troepen van San'ā' en Aden. In februari 1979 mondden die uit in een grensoorlog tussen Noord en Zuid. Na Syrische en Iraqse bemiddelingen werd op 23 maart een definitief staakt-het-vuren bereikt. Een week later spraken beide staatshoofden in Kuwait af om opnieuw een Jemenitische eenheidsstaat op te richten.

De gevolgen van de oorlog voor Noord-Jemen waren tastbaar: Sālih ging een meer linkse koers varen. Die nieuwe koers werd niet door ideologische beschouwingen ingegeven, maar door een pragmatische benadering van de realiteit. Sālih knoopte onderhandelingen aan met het NDF met het oog op een eventuele regeringsdeelname. De gesprekken, nochtans succesrijk ogend, mislukten in extremis. Vanaf 1982 zou het NDF overigens uitgeschakeld zijn waardoor de regering van Aden een drukkingsmiddel op Sālih verloor om hem tot spoed aan te manen wat de eenmaking betrof. Het was duidelijk dat het NDF een pion was in het plan van het marxistische Zuiden om een langzaam verglijden naar het socialisme in Noord-Jemen te bewerken.

Tenslotte was er het eenheidsakkoord van 1979, dat voorzag in de volledige eenmaking van beide Jemens binnen een tijdsbestek van vier maanden. Deze beslissing was gebaseerd op het akkoord van Kaïro en het communiqué van Tripoli van 1972. De zeven reeds bestaande commissies voor eenheid werden aangevuld door een werkgroep die een grondwet voor een eengemaakt Jemen moest opstellen. In 1980 werden de inspanningen opgevoerd, wat tot samenwerking leidde in de culturele en toeristische sector en in de uitbouw van de infrastructuur. Ook de prospectie naar delfstoffen werd gecoördineerd.

Samenvattend kan men stellen dat de resultaten van de eenheidsonderhandelingen zichtbaar werden op economisch gebied. In januari 1982 was de commissie klaar met haar ontwerp van grondwet. De eengemaakte Jemenitische staat zou een parlementaire democratie worden met San'ā' als hoofdstad. De islam zou de staatsgodsdienst zijn en de *sjarī'a* de basis van de rechspraak. De wetgevende macht zou bij een verkozen parlement liggen, de uitvoerende macht bij de ministerraad. Deze grondwet moest in laatste instantie ter goedkeuring aan de bevolking van beide Jemens worden voorgelegd. In februari 1985 was dit nog steeds niet gebeurd, evenmin werd de tekst ervan vrijgegeven. Toch blijven de leidinggevende figuren in de twee delen van Jemen hoopvol gestemd over de eenheid, maar alle tijdschema's zijn nu afgezworen.

De Jemenitische eenheid lijkt op korte en zelfs middellange termijn niet tot de mogelijkheden te behoren. Het zou evenwel fout zijn uit het voorgaande te besluiten dat er geen toenadering mogelijk is tussen San'ā' en Aden. Vooral sinds 1982, toen Sālih in december als eerste Noordjemenitische president een officieel bezoek bracht aan Aden, leven de twee landen vreedzaam naast elkaar. Daarnaast houdt de eenheid en het eenheidsstreven menig Jemeniet bezig en putten beide regeringen er een groot deel van hun legitimiteit uit.

De bloedige machtswisseling in Aden in 1986, waarbij al-Attas ten nadele van Nāsir Muhammad aan de macht kwam en waarbij Isma'īl om het leven kwam, heeft dus geen merkbare invloed gehad op de eenheidspolitiek. Op 22 maart 1987 verscheen in een Egyptische krant het bericht dat de Zuidjemenitische president, al-Attas, vertrouwde op de bemiddelingspoging van Kuwait om de relaties tussen Noord en Zuid te verbeteren, een bericht dat overigens nu en dan herhaald wordt.

Literatuur

Bollinger, E., *Revolution zur Einheit,* Hamburg, 1984.
Dergham, R., *Blueprint for a United Yemen.* In: The Middle East, maart 1983.
Halliday, F., *The Yemens: Conflict and Coexistence.* In: World Today, aug.-sept. 1984, pp. 355-362.
Koszinowski, T., *Zwischen Koöperation und Konfrontation. Die Beziehungen zwischen San'ā' und Aden und die Frage der Einheid des Jemens.* In: Orient, 21(2), Opladen, juni 1980, pp. 143-168.

Schematisch overzicht van de eenmaking

Noord-Jemen	Zuid-Jemen
1636: Ottomaanse bezetting	1839: Britse kolonisatie

1904: De Ottomanen en de Britten
sluiten een grensverdrag

Noord-Jemen   Zuid-Jemen

1918: Jemen wordt een onafhankelijk imamaat onder Yahyā b.
Hamīd ad-Dīn

       1934: Verdrag van wederzijdse erkenning
       tussen de Britten en Yahyā

1948: Ahmad b. Hamīd ad-Dīn
volgt zijn vader op als imām

       1950: Rondetafelconferentie
       over het grensvraagstuk

1962: Revolutie en burgeroorlog
Jemen wordt een republiek met
president as-Sallal aan het hoofd

       1963: Het NLF wordt in
       Noord-Jemen opgericht.

              1968: Zuid-Jemen wordt
              onafhankelijk.
              Qahtān asj-Sja'bī
              is de eerste president

1971: Nationale verzoening   1971: Sālim Rubayy Alī wordt
Al-Iryānī wordt president   president; Alī Haytham premier.

       1972: oorlog tussen Noord en Zuid
       Eenheidsakkoorden van Kaïro

1972: Al-Hadjrī wordt premier

1974: Al-Hamdī wordt president

1977: Ahmad al-Ghasjmī wordt
president

1978: Alī Abdullah Sālih wordt
president

              1979: Abd al-Fatah Isma'īl wordt
              president

       1979: grensoorlog en eenheidsakkoorden

1980: Alī Nāsir Muhammad wordt president

1986: paleisrevolutie: al-Attas wordt president

OMAN: MEER DAN EEN LAND VAN DUIZEND FORTEN

Tot voor enkele jaren was Oman een van de meest onderontwikkelde en wellicht ook een van de minst bekende gebieden ter wereld. Sultān Qābūs ibn Sa'īd, ook 'Super-Q' genoemd, bracht daar echter verandering in en bracht Oman in een nieuw tijdperk.

Inleiding

In 1970 waren er drie kleine schooltjes, één hospitaal en één 'weg' van amper 10 kilometer lang. Vandaag: meer dan 500 scholen, tientallen staatshospitalen en opvangcentra in afgelegen gebieden en duizenden km geasfalteerde autoweg. In september 1986 opende sultān Qābūs een universitair complex in de woestijn, met een oppervlakte van 10 km2. De sultān bouwde nieuwe havens en luchthavens, stimuleerde de industrie, moderniseerde het leger en herstelde de relaties van Oman met de rest van de wereld.

Oman heeft vrij laat, maar dan wel in een vierde versnelling, zijn geïsoleerde positie doorbroken. Het is nu lid van de Verenigde Naties en de Arabische Liga en het speelde een zeer actieve rol in het tot stand komen van de 'Gulf Cooperation Council' die, met het oog op een defensief en economisch pact, op 10 maart 1981 werd gesticht te Musqat. Daartoe behoren ook Saoedi-Arabië, de Verenigde Arabische Emiraten, Qatar, Kuwait en Bahrayn.

In november 1983 werd een eerste vracht zuiver koper van vijfhonderd ton door de Oman Mining Company verscheept naar Zwitserland. Er is een jaarlijkse produktie gepland van 16.000 ton. Natuurlijk heeft de olie de plaats ingenomen van de wierook, het hars dat zijn gewicht in goud waard was en in het begin van onze tijdrekening voorspoed bracht in Zuid-Arabië. Met zijn olievoorraden en mede door het uitbreken van de Golfoorlog heeft Oman talrijke oliebonzen kunnen verleiden om eerder aan te meren in Oman dan hun tankers te loodsen door de gevaarlijke Perzische Golf. De vraag naar olie is nu zodanig toegenomen dat de Omaanse raffinaderijen geen gelijke tred meer kunnen houden met de bestellingen. Oman is geen lid van de OPEC, al houdt de overheid rekening met de politiek die gevoerd wordt door de Organisatie van Olieproducerende Landen. Hoewel de olieproduktie aanzienlijk daalde in 1987, werd in datzelfde jaar nog 81% van de staatsinkomsten uit de olie-industrie geput. De Omaanse overheid ziet zich verplicht om op lange termijn diversifiëring in zijn economie te plannen en het is o.a. om die reden dat de grenzen opengegooid werden voor het toerisme. In 1984, met de ineenstorting van de olieprijs, begon Oman ook met de ontginning van zijn gasvoorraden. In 1988 werd die produktie opgedreven om de tekorten in de staatsfinancieën bij te passen. Sultān Qābūs moest enerzijds schulden aan buitenlandse financiële instellingen aflossen. Anderzijds spelen de schommelingen van de waarde van de dollar een rol in de economische problemen waar Oman vandaag mee kampt.

Situering

Het onafhankelijke sultanaat Oman is bijna zo groot als de Duitse Bondsrepubliek. Het is gelegen in het zuidoosten van het Arabische schiereiland en wordt begrensd door de Democratische Volksrepubliek Jemen, Saoedi-Arabië (meer bepaald door de Rub al-Khalī, een woestijnachtig gebied, bijna zo groot als Frankrijk), de Verenigde Arabische Emiraten, de Golf van Oman en de Perzische Golf. Ook de enclave van Musandam behoort tot Oman. Musandam is door een natuurlijke barrière van de rest van Oman afgescheiden, maar is strategisch van een groot belang omdat het de Straat van Hormuz beheerst.

Oman wordt beheerst door woestijn (5/6) en door het centrale Oman-gebergte (al-Hadjar) dat zich uitstrekt van de straat van Hormuz (in het noorden) tot Ra's al-Hadd (in het zuiden). Tussen dit soms wel 3.000 m hoog gebergte en de zee loopt van het noorden tot Musqat een ongeveer 30 km brede strook, al-Bātina genaamd. Aangezien hier de meeste neerslag valt (+ 150 mm) en de temperaturen vrij draaglijk zijn, werden er de belangrijkste steden gebouwd: Musqat, Suhar en Matrah. Ook in het zuidelijk deel van Oman, nl. in Dhofar, dat begunstigd wordt door de moesson, is er een dergelijke vruchtbare zone, nl. de vlakte van Salāla.

De Portugezen in Musqat

Over de vroegste geschiedenis van Oman is weinig bekend. Pas vanaf de 15de eeuw zien we enige klaarheid. Kort nadat Vasco da Gama in 1498 de zeeweg naar India ontdekte, zonden de Portugezen hun schepen uit om in het nieuwe gebied hun handelssuprematie te vestigen. Al vlug moest Musqat, toen het tweede belangrijkste handelsgebied na Hormuz, voor de Portugese veroveraars zwichten: in 1517 bombardeerde admiraal Albuquerque de stad en behandelde de Omani's op een wrede wijze. Bijna anderhalve eeuw bleef Musqat in handen van de Portugezen.

In 1650 werd Musqat ingenomen door Sultān ibn Sayf die gezworen had de bezetters te vernietigen. De Portugese gouverneur had hem immers zwaar beledigd door --uit onwetendheid of grofheid-- een boodschap en een lap varkensvlees te sturen. Sultān kon de Portugezen terugdringen en na enkele maanden hadden de gouverneur en zijn manschappen een toevlucht gezocht in het grote fort op de rotsen rond Musqat. Uiteindelijk noopte de uitzichtloze situatie de gouverneur ertoe om zich van de rotsen te storten, en de Portugezen gaven zich over aan de Omani's.

De Omani's bouwden geleidelijk hun macht uit en, geboren zeevaarders als ze waren, maakten ze de kusten onveilig. Door hun piraterij en door de weinig nobele activiteiten van de talrijke Portugese kapers werd het handelsverkeer op zee zeer gevaarlijk. De toenmalige Sjāh van Perzië deed beroep op de Engelsen, die weinig succes hadden: bij het begin van de 18de eeuw was de Omaanse vloot de machtigste in de Indische Oceaan geworden.

Door de kwijnende macht van de Perzische Safavieden, die weerstand konden bieden aan de Afghaanse invallers (1722), zat *imām* Sultān nog steviger dan voorheen in het zadel. Zijn imperium strekte zich uit van Oman tot in Oost-Afrika; Mogadishu, Zanzibar en Mombasa incluis.

Toen Sultān te kampen kreeg met interne moeilijkheden, moest hij in 1737 beroep doen op Nādir Sjāh, de nieuwe sterke man in Perzië die ook de Afghanen had verdreven. Zoals het zich in de geschiedenis meer dan eens heeft voorgedaan, werd de bevrijder spoedig de overheerser. Door de Turkse dreiging werd de Perzische greep op Oman echter verminderd. In 1749 kon de gouverneur van Suhār, Ahmad ibn Sa'īd, de Omaanse macht bundelen en de Perzische invallers verdrijven. Deze nieuwe *imām* werd de stichter van de nu nog steeds heersende Omaanse dynastie: de āl Ibn Sa'īd.

Het bewind van Sayyid Sultān en Sayyid Sa'īd

Na zijn dood werd de sultān opgevolgd door zijn zoon Sa'īd ibn Ahmad ibn Sa'īd. Zijn *imāmschap* werd betwist door Sultān ibn Ahmad, die de echte heerser werd van Oman en Sayyid Sultān werd genoemd. Hij liet de Britten in Bandar Abbās (nu Bandar Khumayni) een handelspost openen en gaf hen ook het voorrecht om een vertegenwoordiger van de Oostindische Compagnie te laten zetelen in Musqat. Oman werd de eerste 'staat' van de Golf die diplomatieke betrekkingen aanknoopte met de Britten, door de overeenkomst van 1800 die als doel stelde: "... opdat de vriendschap van de twee staten tot het einde der tijden zou bewaard blijven, totdat de zon en de maan hebben opgehouden met draaien...". Sayyid Sultān werd opgevolgd door zijn zoon Sayyid Sa'īd.

In de eerste helft van de 19de eeuw strekte het Omaanse rijk zich uit van Beira (Mozambique) tot kaap Guardafui (meest oostelijke punt van Somalië), met het zwaartepunt in de buurt van Kaap Delgado (rond Dār as-Salām) en van Zanzibar tot Mombasa. Verder beheersten de Omani's ook nog delen van de VAE en Qatar, Bandar Abbās (Iran) en Gwadar (Pakistan).

Verscheidene factoren hebben bijgedragen tot het afbrokkelen van de Omaanse hegemonie: de Britse overmacht vanaf de tweede helft van de 19de eeuw; interne onenigheden en burgeroorlogen; de al te voortvarende economische projecten van Sayyid Sa'īd ibn Sultān (1804-1856), die zijn aandacht teveel toespitste op de Oostafrikaanse kust (goud en slaven) waardoor Musqat zijn bevoorrechte handelspositie verloor; het openstellen van het Suez-kanaal (1869) dat Musqat als tussenstation op de zeeweg naar India overbodig maakte; tenslotte de te grote concurrentie van de stoomboten die op alle gebied beter waren dan de Omaanse zeilschepen.

Uiteindelijk werd het Omaanse imperium opgesplitst in het sultanaat van Musqat en het sultanaat van Zanzibar.

Het verlies van de Oostafrikaanse kolonies leidde tot groot ongenoegen in Oman en tot een eerste opstand tegen de heersende familie (1868). Slechts door een interventie van de Britten kon deze opstand drie jaar later worden neergeslagen. Alhoewel Oman nooit een protectoraat of een kolonie is geweest, oefende Groot-Brittannië sindsdien een totaal gezag uit over Oman. Bovendien diende de sultān steeds meer beroep te doen op de Britten, vooral na de ondertekening door de sultān en de Britten van het verdrag dat de afschaffing van de (winstgevende) slavenhandel bepaalde.

De zwaarste rebellie was echter de opstand in 1915, o.l.v. al-Harthī die tot de nieuwe *imām* was uitgeroepen door zijn bondgenoten. Zij noopten de toenmalige sultān Sa'īd Taymūr om beroep te doen op de Britten. Deze keer konden zij echter geen beslissende overwinning afdwingen. De opstand had een scheiding tot gevolg tussen de provincie Musqat (in handen van Taymūr) en het hinterland (in handen van al-Harthī). Deze splitsing werd door de Britse vertegenwoordiger Wingate vastgelegd in het Verdrag van al-Sīb (1920). Sindsdien spreekt men van het sultanaat van Musqat én Oman.

Sultān Sa'īd b. Taymūr (1932-1970)

Hoewel de sultāns sinds de tweede helft van de 19de eeuw zoveel mogelijk onafhankelijkheid nastreefden, wierpen deze pogingen slechts hun vruchten af toen in 1932 de jonge sultān Sa'īd ibn Taymūr aan de macht kwam. In zijn bijna veertig jaar durende heerschapij trachtte hij de import zoveel mogelijk te beperken, en te besparen op privé- en staatsuitgaven. Bovendien had hij het geluk om de eerste inkomsten van het zwarte goud te kunnen innen.

Deze mercantilistische politiek gaf hem een ruime onafhankelijkheid maar er waren heel wat schaduwzijden aan zijn bewind. Hij gaf bv. geen cent uit aan onderwijs en volksgezondheid. Sa'īd ibn Taymūr

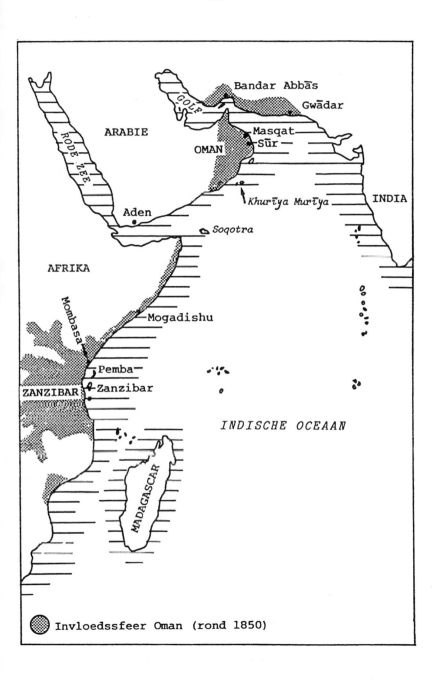

Invloedssfeer Oman (rond 1850)

verklaarde eens aan een hooggeplaatste Britse ambtenaar: "Wij hebben geen enkele behoefte aan hospitalen, daar dit arm land slechts een kleine bevolking aankan. Door de hoge kindersterfte blijft de bevolkingsaangroei beperkt. Wanneer we dan toch hospitalen zouden bouwen, dan zullen er veel overleven, maar waarom? ....Om te verhongeren?" En over het onderwijs: "Jullie verloren India, omdat jullie, domme Britten, de mensen daar hebben opgevoed. Trouwens, waar zouden in Oman onze leraars vandaan komen? Uit Egypte uiteraard en dan zouden ze de verderfelijke ideeën van het nasserisme kunnen propageren. Onze afgestudeerde jongeren zullen dan op hun beurt naar Egypte trekken en dan naar Moskou om tenslotte naar Oman terug te keren en er herrie en onrust te veroorzaken. Dus ...waarom toch?" De politiek en de despotische machtsconcentratie van ibn Taymūr troffen Oman heel hard: het stagneerde en raakte volkomen geïsoleerd. Tijdens zijn bewind had de sultān met nog twee andere, gewichtige problemen te kampen: de discussie betreffende de Buraymi-oase en de Dhofar-opstand.

Het eerste conflict had zijn oorsprong in een discussie tussen Saoedi-Arabië, Abu Dhabi en Oman, die elk op hun beurt de Buraymi-oase opeisten. Dit gebied was zeer belangrijk geworden sinds de ontdekking van de olievoorraden. Groot-Brittannië en Oman namen het dan ook niet toen een Saoedische emir in 1952 de oase bezette en de Saoedische soevereiniteit over het gebied opeiste. In oktober 1955 vielen Omaanse troepen, o.l.v. Britse officieren, de oase binnen en verdreven de Saoedi's.

Kort hierna bereikte de strijd tussen de sultān en *imām* Ghālib ibn Alī een hoogtepunt. Alī resideerde in Nazwā en -sinds het grensconflict van Buraymi- werd hij door slecht gezinde Saoedi's gesteund om te rebelleren tegen de sultān. Na de ontruiming van Buraymi trokken de troepen van de sultān en de Britten naar Nazwā om de opstand neer te slaan. Half december 1955 werd Ghālib ibn Alī's fort ingenomen, maar Saoedi-Arabië en nu ook Egypte bleven de opstandelingen steunen. Tālib ibn Alī, broer en opvolger van de opstandige *imām* organiseerde onophoudelijk raids vanuit de Hadjar-bergen. Slechts met de militaire steun van de RAF en de Life Guards slaagde sultān Taymūr erin om in de laatste week van januari 1959 de rebellen te verslaan.

In de jaren zestig kreeg de sultān af te rekenen met een opstand die heel wat gevaarlijker bleek dan die van de imamitische rebellen; de Dhofar-opstand. Deze revolutionaire beweging ontstond tijdens een congres (van 1 tot 9 juni 1965) van het 'Dhofar Bevrijdingsfront', een coalitie van verschillende groeperingen, met militaire hulp van Saoedi-Arabië. Aanvankelijk ging het slechts om een kleine groep van opstandelingen die af en toe aanvallen uitvoerden. Geleidelijk groeide de beweging, vooral onder invloed van het marxistisch-leninistisch geïnspireerde 'Nationaal Bevrijdingsfront' van Zuid-Jemen. De opstandelingen wilden niet alleen de heerschappij van ibn Taymūr breken en de particularismen van de Dhofar-provincie behouden, ze wilden ook de basis leggen van een maatschappij die gebaseerd zou zijn op de principes van het 'wetenschappelijk' socialisme. De opstand werd gesitueerd in de grote revolutie der Arabieren tegen imperialisme, kapitalisme, bourgeoisie enz.... Het 'Dhofar Bevrijdingsfront' werd herdoopt tot 'Volksfront voor de Bevrijding van Oman en de Arabische Golf', VBOAG, en stond onder controle van een marxistisch-leninistisch politburo.

Het VBOAG werd gesteund en in guerrilla-oorlogvoering begeleid door Russische en Chinese adviseurs. De belangrijkste basis van de rebellen bevond zich in het socialistische Zuid-Jemen. In 1970 had het front zo goed als heel Dhofar onder controle.

Sultān Qābūs b. Sa'īd

Toen Sayyid ibn Sa'īds zoon, sultān Qābūs ibn Sa'īd (in juli 1970), aan de macht kwam verklaarde hij dat hij onmiddellijke prioriteit zou geven aan het neerslaan van de rebellie. Hij kondigde algemene amnestie af voor de rebellen die zich bij de Omaanse troepen zouden voegen.

Vanaf 1971 ondernamen regeringstroepen, o.l.v. Britse en Pakistaanse officieren, een reeks offensieven die mislukten, zoals bv. 'Operation Jaguar' van oktober 1971, die ondernomen werd om de rebellen uit hun versterkte posities in de bergen rond Salāla te verjagen. Ook het groot aantal deserteurs kon de stellingen van de opstandelingen in het 'bevrijde gebied' niet verzwakken. Integendeel, de VBAOG verwierf een steeds grotere aanhang en begon zelfs onderhandelingen met Moskou en Cuba.

Ten einde raad zocht sultān Qābūs steun bij Jordanië, dat militaire instructeurs en officieren zond en bij Iran, dat een contingent soldaten leverde. Vooral dankzij de Iraanse participatie kon het door de sultān gecontroleerde gebied in januari 1973 worden 'gezuiverd'. Het eerste grote regeringsoffensief, met een contingent van 1.500 Iraanse soldaten, greep plaats op 20 december 1973 en slaagde erin om het strategisch belangrijke Salāla onder controle te krijgen.

Begin 1975 werd Rakhyūt bezet, sinds augustus 1969 in handen van de opstandelingen, aan de grens met Zuid-Jemen. Na een grootscheepse aanval in okt. 1975 op de Hawf-regio, eveneens aan de grens, werd in een officieel Omaans communiqué meegedeeld dat de opstand volledig neergeslagen was.

De politieke en economische evolutie na 1970

Hoewel het huidige staatshoofd van Oman, sultān Qābūs ibn Sa'īd, bij zijn machtsovername in juli 1970 verklaarde dat hij prioriteit zou

geven aan het neerslaan van de Dhofar-rebellie, waren zijn inspanningen niet daartoe beperkt.

Immers, vrijwel dadelijk gelastte hij zijn oom Tāriq ibn Taymūr met
het vormen van de eerste regering in de geschiedenis van Oman.
Voorheen werd de hoogste macht belichaamd in één persoon, nl. die
van de sultān, die bijgestaan werd door veertig administratieve
gouverneurs of *wālī's*. Qābūs benoemde zijn oom tot eerste-minister,
terwijl hijzelf alle zaken betreffende financieën, defensie, economie,
olieconcessies en binnenlandse veiligheid regelde.

Door de te grote machtsconcentratie in de persoon van Qābūs was
de politieke van meet af aan tot mislukken gedoemd. Van een echte
regeringspolitiek was helemaal geen sprake, temeer daar de verant-
woordelijkheden van Tāriq en de andere ministers niet juist afgebakend waren. Het prille Omaanse politieke leven werd overschaduwd
door het alom aanwezige wantrouwen, achterhouden van informatie,
gebrek aan samenwerking en de voldongen feiten waarvoor de eerste
minister, door de sultān, werd geplaatst.

Er werden vier nieuwe ministeries gecreëerd (economie, gezondheid,
opvoeding en tewerkstelling), terwijl binnenlandse zaken, reeds bestaande onder sultān Sa'īd maar dan zonder veel autoriteit, opgesplitst
werd in justitie en binnenlandse zaken. Daar Qābūs zich teveel zeggingschap had toegeëigend, stapelden de moeilijkheden zich op en zag
oom Tāriq zich begin 1972 genoodzaakt zijn ontslag te geven.

Qābūs werd nu zelf eerste minister, minister van financieën, buitenlandse zaken en defensie en ging over tot de oprichting van een aantal
gespecialiseerde instellingen om de verschillende ministeriële taken te
vergemakkelijken:

De Nationale Raad voor Defensie (maart 1973) onder voorzitterschap
van sultān Qābūs die tevens als enige persoon beslissingsrecht had, is
samengesteld uit leden van defensie, buitenlandse zaken, leger en politie. Het is in feite een consultatief orgaan dat veiligheid en defensie
moet coördineren. De tijdelijke planningsraad voor economie en
financieën (maart 1972), bestaande uit twaalf leden, werd later de
Opperste Raad voor Economische Planning en Ontwikkeling genoemd.
Deze wordt eveneens door de sultān voorgezeten en is belast met het
ontwerpen van een vijfjarenplan (hoofdz. landbouw en visserij) en de
studie van investeringsmogelijkheden.

Deze Opperste Raad richtte eind 1972 het centrum voor Economische Planning en Ontwikkeling op dat vooral de het transport van
mineralen en de huisvesting diende te organiseren, maar dat jammer
genoeg sterk te lijden had onder corruptie. Het liep zelfs zo een vaart
dat alle niet-Omaanse personeelsleden werden ontslagen en het centrum werden omgedoopt tot Organisatie voor Algemene Ontwikkeling,
het latere ministerie van ontwikkeling. Kort daarna werd ook nog een
Ontwikkelingsraad en een Financiële Raad gecreëerd. Met de tech-

nische en financiële bijstand van de Wereldbank ontwierp de Ontwikkelingsraad trouwens het eerste vijfjarenplan 1976-1980.

Naast deze raden die in feite onmiddellijk afhingen van de sectoren waar de premier, sultān Qābūs dus, alles te zeggen had, werden twee nieuwe ministeries opgericht (communicatie en arbeid). Justitie en binnenlandse zaken werden ééngemaakt.

Niet alleen op institutioneel vlak, maar ook op diplomatiek vlak richtte Oman zijn blikken op de buitenwereld: op 29 september 1971 werd Oman toegelaten tot de Arabische Liga en acht dagen later tot de Verenigde Naties.

Oman en zijn olievondsten

De geïsoleerde positie van Oman werd volledig doorbroken na de expansie van de olie-industrie: de inkomsten stegen, geleidelijk verdween de werkloosheid en de moderne technologie deed haar intrede in de Omaanse industrie.

In tegenstelling tot de andere golfstaten was Oman een laatkomertje in de oliewereld: pas midden 1967 werd de eerste ruwe olie door de Petroleum Development Oman Ltd. (PDO) uitgevoerd. De olie-exploitatie kende in Oman een vrij trage start omwille van de ontoegankelijkheid en het verzengende klimaat. Oman is en blijft een kleine olieproducent. Men vermoedt dat tegen de jaren negentig de voorraden uitgeput zullen zijn. De olie is evenwel nu verantwoordelijk voor zowat 80% van de overheidsinkomsten.

Twintig lange jaren van onderzoek waren voorafgegaan aan 1962, de datum waarop door de PDO in Yibal de eerste grote hoeveelheden olie ontdekt werden, later ook in Natih en Fahūd. B.P., Near East Development en de Compagnie Française des Pétroles (CFP) hadden zich na tal van vergeefse boringen (1956-1960) reeds teruggetrokken uit de PDO, zodat enkel nog Royal Dutch Shell (82,6%) en Partex (17,4%) overbleven. Ongeveer vijf jaar later, het begin van de eigenlijke productie, speelde de CFP het spel weer mee.

Intussen werden steeds meer nieuwe oliebronnen ontdekt, zodat de Omaanse regering het in maart 1977 verstandig oordeelde om met PDO te onderhandelen over een eventuele participatie. Zestien maanden later was het dan zover: na een betaling van 106 miljoen dollar compensatie aan de buitenlandse maatschappijen, werd een akkoord gesloten: Oman kreeg 60%, Shell 34%, CFP 4% en Partex 2% van de aandelen toebedeeld. Om de olie-exploratie in de Dhofar-provincie te bevorderen, sloot de Omaanse regering in mei 1977 een financiële overeenkomst met PDO. Hierdoor kreeg de PDO heel wat interessante voorwaarden aangeboden zoals royalties op elk vat olie, een vastgestelde terugbetaling op investeringen enz. In de periode 1977-1979 werden in Dhofar heel wat nieuwe olievelden ontdekt. De Dhofar-opstand kon de olie-exploratie niet langer meer afremmen.

De bondgenoten

Enkele maanden na het officiële Omaanse communiqué, van 10 december 1975, waarin gemeld werd dat de Dhofar-opstand totaal was neergeslagen, ging het Volksfront voor de Bevrijding van Oman, VBO, over tot een politieke en militaire heroriëntering en dreef de guerrilla-oorlog in Oost-Dhofar op. In 1974 splitste het VBOAG zich op in verschillende eenheden, het VBO was daar één van.

Ondanks talrijke ondergrondse activiteiten, de steun van vnl. Zuid-Jemen, Cuba en de Sovjetunie, de oproep tot het stichten van een Verenigd Nationaal Front (álle oppositiepartijen tegen de sultān) verdween de ziel uit de beweging. Sultān Qābūs trachtte trouwens het VBO onder controle te houden door de versterking van zijn leger. Het militair budget slorpte in 1976-1977 bijna de helft van de regeringsuitgaven op. Ook voerde de sultān een harde politieke repressie en zette hij projecten op voor de verbetering van de levensomstandigheden van de Zuidomaanse bevolking, die aldus minder geneigd zou zijn om zich aan te sluiten bij de opstandelingen.

In juni 1977 trok Iran een deel van zijn troepen uit Dhofar terug. Niettemin zouden volgens 'Arab Press' in oktober 1977 nog 4.000 Iraanse manschappen in Oman gestationeerd zijn. Uiteraard had de Sjāh van Iran niet uitsluitend de bedoeling om sultān Qābūs te steunen in het smoren van de Dhofar-opstand; geleidelijk vervulde zijn legermacht de rol van stabilisator in de Golfregio, meer bepaald van bewaker van de Straat van Hormuz.

Na de Iraanse revolutie van februari 1979 trok Iran zijn troepen terug, waardoor de Golfregio onmiddellijk in gevaar kwam. Dadelijk startte Washington besprekingen met Oman dat -niet te vergeten - het enige Arabische land is geweest dat openlijk het 'vredesverdrag' (op 26 maart 1979 tot stand gekomen met participatie van de VS) tussen Egypte en Israël steunde. Na een bezoek aan Oman van een Amerikaans team bestaande uit 12 militaire experten (sept.-okt.1979), werd eind november van dat jaar een wapenovereenkomst van 100 miljoen dollar tussen Washington en Musqat gesloten. In ruil voor deze militaire hulp en onder indruk van de Russische invasie in Afghanistan (eind december 1979) stemde Oman erin toe om zijn militaire basis op het eiland Masīra (ongeveer 350 mijl ten Z.W. van Musandam) toegankelijk te stellen voor de Amerikaanse zee- en luchtmacht. Niettegenstaande deze toegeving, beklemtoonde het Omaanse ministerie van buitenlandse zaken dat de VS geen troepen zou mogen stationeren, noch militaire bases oprichten.

Na een diplomatiek bezoek van de speciale gezant Philip Habib aan Musqat in mei 1980 werd een nieuwe overeenkomst gesloten, met de bedoeling tot een nauwere militaire en economische coöperatie te komen (luchtfaciliteiten voor de VS, militaire projecten, modernizering

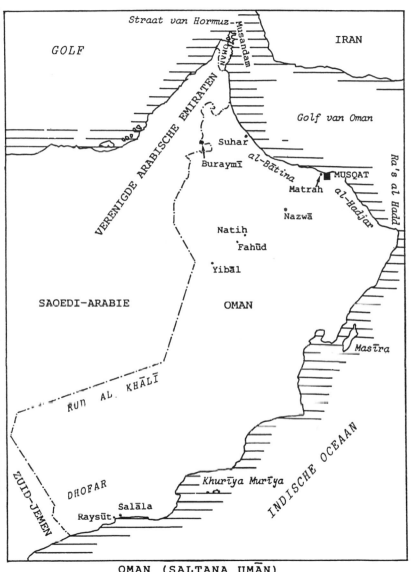

OMAN (SALTANA UMĀN)

van de luchtmachtbases enz.). Bovendien mocht de VS nu ook militair personeel naar Oman sturen.

In februari 1981 nam een Amerikaans bataljon zelfs voor de eerste maal deel aan Omaanse maneuvers die werden gehouden n.a.v. de oorlog tussen Iraq en Iran. Voorlopig ziet het er niet naar uit dat Oman zal breken met de VS. Op 11 april 1983 werd sultān Qābūs door president Reagan ontvangen ter gelegenheid van een reeds 150 jaar bestaande vriendschapsband tussen Amerika en Oman... Ook met Groot-Brittannië staat Oman op goede voet, een samenwerking die teruggaat tot de 18de eeuw. Ook nu speelt Groot-Brittannië de rol van grootste wapenleverancier aan Oman, waar eind 1981 nog Britse officieren in dienst waren.

Reeds in 1798 ondertekende Groot-Brittannië een eerste vriendschapsverdrag met de *sayyid* van Musqat om aldus de doortocht naar Indië te vrijwaren. Daar Oman zich op voortreffelijke wijze van zijn plicht kweet, voerde Groot-Brittannië dan ook verschillende militaire interventies uit om de macht van de sultān te herstellen. Deze tussenkomsten resulteerden tegelijk in een ijzeren greep op Oman. In feite kon Groot-Brittannië de sultān op elk ogenblik chanteren door de militaire steun aan Oman stop te zetten.

Vanaf 1956 verbeterde de relatie tussen de twee landen aanzienlijk. De Britse luchtmacht kreeg de toestemming om zich vrij te bewegen in het Omaanse luchtruim en verwierf ook een huurkoop op het eiland Masīra. Het was ook Groot-Brittannië dat de Dhofar-rebellie hielp onderdrukken en de paleiscoup van Qabūs op 23 juli 1970 tenvolle steunde, omdat het een meer stabiele relatie met de Golf wilde opbouwen.

In 1971 bracht de nieuwe Omaanse machthebber een aantal bezoeken aan Londen dat ondanks gedane beloften tot terugtrekking, zijn troepen nog steeds behield in Oman en tevens volop meehielp aan de modernisering van het leger van Qābūs en de militaire instructie van de soldaten. Rond 1974 had Oman één van de grootste vloten van de Golf en waren er 450 Britse officieren tewerkgesteld in het Omaanse leger.

Nadat de Dhofar-opstand eind 1975 de kop was ingedrukt, werd tussen Londen en Musqat een akkoord getekend tot evacuatie van de Masīra en de Salāla-bases voor de RAF. In 1980 stond Oman aan de VS militaire faciliteiten toe op de Masīra-basis. De VS heeft echter steeds benadrukt dat het niet de bedoeling had om de plaats van Groot-Brittannië als voornaamste wapenleverancier in te nemen. Tussen 1975 en 1981 verkreeg Oman wapenleveringen van Saladin-pantservoertuigen, patrouilleboten, Jaguarvliegtuigen, tanks, hoovercrafts en radar- en communicatiesystemen voor defensie. Groot-Brittannië is ook de belangrijkste goederenbevoorrader van Oman (15%-20%), gevolgd door Japan (15%) en de VS (9%).

Een derde belangrijke (niet-westerse) bondgenoot van Oman is Egypte. Hoewel president Nasser een interventionistische politiek voerde en de Dhofar-rebellen volop met wapens bevoorraadde, beperkte hij zich na de oorlog tegen Israël in 1967 tot het regelen van de Egyptische zaken. De relaties met Oman werden genormaliseerd en na de dood van Nasser kan men zelfs spreken van goede relaties.

De Egyptische president Sadat speelde de rol van moderator tussen de verschillende Arabische landen, die het niet allen eens waren over de Iraanse interventie in Oman tijdens en na de Dhofar-opstand. President Sadat beperkte zijn rol echter niet tot bemiddelaar: rond 1976 zond hij militaire experten voor de training van het Omaanse leger en kort na de Iraanse revolutie van 1979 namen de Egyptische troepen geleidelijk de plaats in van de troepen van de Sjāh. Sommige bronnen -zowel door Oman als Egypte ontkend- spraken zelfs van 7.000 manschappen.

Men mag gerust stellen dat vanaf 1979, met het verdrijven van de Sjāh, Amerika's belangrijkste bondgenoot in het Midden-Oosten, de VS aan Egypte de rol toebedeelden van hoofdacteur in het stabiliseringsproces van de Golf en het ganse Midden-Oosten. Husni Mubārak (toen nog vice-president) en Butrus-Ghali, minister van buitenlandse zaken, gingen in 1979-1980 verscheidene malen naar Musqat. Oman behoorde overigens samen met Soedan en Somalië, tot de weinige islamitische landen die Egypte's toenadering tot Israël steunde.

Zelfs na de ondertekening van de Camp David akkoorden benadrukte Oman op 25 september 1978 dat het de akkoorden helemaal niet als negatief beschouwde. Verder verzette Oman zich ook als enig land tijdens de Arabische top te Baghdad (nov.1978) tegen het opleggen van sancties aan Egypte. Het wekt dan ook geen verwondering dat Husni Mubārak, na zijn machtsovername, als eerste Arabisch land Oman bezocht, in februari 1981.

In 1985 werden diplomatieke relaties aangeknoopt met de USSR en sindsdien zijn de twee landen diplomatiek bij elkaar vertegenwoordigd. Ook met Zuid-Jemen werden diplomatieke zendingen uitgewisseld. Oman zoekt stilaan contact met de socialistische wereld.

Oman zit met drie niet te onderschatten bondgenoten in het zadel en het ziet er niet naar uit dat deze situatie zal veranderen in de volgende jaren. Oman weet dat het als Cerberus van de Golf slechts kan stand houden dankzij zijn bondgenoten. Vooral door de oorlog tussen Iran en Iraq wordt Oman opnieuw bedreigd.

Naast het innemen van deze sleutelpositie, waakt sultān Qābūs er echter ook over dat Oman blijft vooruitgaan in het moderniseringsproces. Daar is het in een korte periode vrij goed in geslaagd, al heeft het de laatste jaren met een economische crisis te maken.

Literatuur

A.I.C. (1957-1960): Arab Information Center, New York.

Birks, J.S. en Mackay, G.A., *Economic Development and Migrant Labour-Movements from the Sultante of Oman.* In: Orient, vol. XX, 2, pp. 101-105.

Landen, R.G., *Oman since 1856. Disruptive Modernization in a Traditional Society,* Princeton.

Mallakh, R. el-, *Economic Requirements for Development, Oman.* In: The Middle East Journal, XXVI, 4, pp. 415-427.

Peterson, J.E., *Oman in the 20th Century. Political Foundations of an Emerging State,* London, 1978.

Philips, W., *Oman, a History,* Beirut, 1971.

Lawton, *An Omani Celebration.* In: ARAMCO World Magazine, 37, IV, 1986, pp. 42-49.

DE POLITIEKE ELITE IN DE VAE

Op 2 december 1987 vierden de Verenigde Arabische Emiraten het zestienjarig bestaan van hun federatie. Op 6 december 1971, vier dagen na zijn ontstaan, werd de nieuwe staat lid van de Arabische Liga en drie dagen later van de Verenigde Naties. In oktober 1972 sloot de VAE zich aan bij de Wereldbank en het IMF. Het land is ook lid van de OPEC en de OAPEC (Organisatie voor Arabische Olie-uitvoerende landen).

In het Westen heeft men doorgaans niet meer dan een karikaturaal beeld van deze mini-staten aan de Perzische Golf. Slechts omwille van de onmetelijke rijkdommen die ze momenteel verzamelen als eigenaar van 's werelds grootste olievoorraden komen zij af en toe in het nieuws. Al even onvolledig is de Westerse opinie wanneer het gaat over de 'oliesjaykhs', de politieke elite van de VAE. Vooral het feit dat zij in hun dagelijkse beslissingen het lot kunnen bepalen van de wereld wordt dikwijls onderlijnd.

De macht van de sjaykhs en hun familieleden is inderdaad niet on-aanzienlijk, zowel op binnenlands als op internationaal vlak. Deze macht is echter slechts het gevolg van een historisch ontwikkelings-proces, waarin het Westen zelf de hoofdrol heeft gespeeld. Voor een goed begrip van de situatie moet men in de geschiedenis teruggaan naar de tijd vóór de olie, toen piraterij en parelvisserij het lot van de sjaykhs bepaalden....

De groeiende macht van de sjaykhs

Het gebied van de huidige VAE werd van oudsher bewoond door Arabische stammen die een hoofdzakelijk nomadisch bestaan kenden. De leiding van de stam was traditioneel in handen van de sjaykh. Deze bezat echter geen absolute macht over de stam. In werkelijkheid trad de sjaykh -eigenlijk niets meer dan een eretitel voor een oud of wijs man- slechts op als vertegenwoordiger van de familie die heerste over een bepaalde stam. Alleen de macht van de familie was een vaste waarde, niet die van de sjaykh; deze zag zijn positie immers voort-durend door twee factoren bedreigd.

Een rivaal kon de macht van hem overnemen: niet zelden waren er 'paleisrevoluties', waarbij de sjaykh door iemand uit zijn eigen fami-liekring -maar met een groter prestige- van de troon werd gestoten. Ook liep hij het risico dat zijn 'onderdanen' het territorium eenvoudigweg verlieten, wanneer ze niet tevreden waren met zijn beleid. Zulke handelswijze was niet ongewoon voor het nomadische deel van de bevolking, maar ook de zogenaamd sedentairen -hoofdzakelijk vissers- waren niet aan een vaste verblijfplaats gebonden en toonden zich haast even mobiel als de bedoeïenen. De sjaykh moest zich voortdurend rekenschap geven van deze gevaren en zijn positie was dan ook slechts die van primus inter pares, de eerste onder de gelijken.

Centralisatie van de macht (19de eeuw)

In de loop van de 19de eeuw veranderde deze toestand geleidelijk. Een eerste belangrijk feit was de opkomst van een aantal stammen die gezag gingen uitoefenen over de andere. Dit gebeurde toen enkele goed samenhangende stammen zich in het begin van de 19de eeuw aan de kusten gingen vestigen en van veeteelt en dadelkweek overschakelden op vis- en parelvangst. Omwille van de meer sedentaire levenswijze die zij hierdoor ontwikkelden, gingen deze stammen zich stilaan identificeren met een min of meer vaste verblijfplaats en een bepaald geografisch gebied.

De sjaykh, op zijn beurt, bleef niet louter een stamhoofd, maar werd de verdediger en de beschermer van het territorium. Sommigen probeerden zelfs de bestaande, losse stammenfederaties om te vormen tot hechte, permanente confederaties, onder hun leiding; vooral de sjaykhs van Abu Dhabi waren hierin zeer bedreven. De geleidelijke sedentarisatie van enkele belangrijke stammen in nieuwe nederzettingen aan de kust bracht meteen de feitelijke centralisatie van de politieke macht op gang.

Een tweede oorzaak van de groeiende macht van de sjaykhs was van externe aard en was verbonden met de activiteiten van de Engelsen in de regio. Tot in de 19de eeuw stond wat nu de VAE zijn, bekend als de 'piratenkust'. In de 17de en de 18de eeuw floreerde er de piraterij, vooral tegen de Portugese handelsvloot, maar ook tussen de Arabieren onderling. In het begin van de 19de eeuw ondervonden op hun beurt de Engelsen hiervan veel hinder op hun vaarroute van en naar Indië.

Na enkele vruchteloze pogingen om de piraterij met harde middelen te bestrijden (in 1818 bijvoorbeeld werd een zware aanval tegen de kustvestigingen van Ra's al-Khayma uitgevoerd), gingen de Engelsen de diplomatieke toer op en poogden ze via wederzijdse afspraken met een aantal sjaykhs de piraterij aan banden te leggen. Zo sloten ze in 1820 het 'Algemeen Vredesverdrag' af met de Arabische stammen van de 'Piratenkust'.

De piraterij nam evenwel pas af naarmate ze minder rendabel werd: niet alleen de harde Britse represailles maar ook de opkomst van snelle en sterke stoomschepen brachten de Arabieren ertoe zich op een meer vreedzame broodwinning toe te leggen. De parelvisserij en de daarmee ontluikende handelsmogelijkheden werden steeds belangrijker.

In 1835 sloten de Engelsen een nieuw verdrag met de sjaykhs. De overeenkomst was geldig voor een periode van 6 maanden (van mei tot november, het seizoen van de parelvisserij) en werd van jaar tot jaar vernieuwd. Hieruit kwam in 1853 het 'Verdrag van de Permanente Maritieme Vrede' voort en de 'Piratenkust' heette voortaan 'Trucial Coast' (Verdragkust).

De Engelsen hadden nu een netwerk van overeenkomsten gesloten met de zogenaamde 'Trucial Shaykhs', in de overtuiging dat deze laatsten het absolute politieke gezag uitoefenden over alle inwoners van de kustnederzettingen. Ze beschouwden de sjaykhs als de werkelijke leiders en vertegenwoordigers van de stammen en schreven hen meer macht toe dan zij volgens de traditie in feite bezaten. Maar in de ogen van de plaatselijke bevolking was de sjaykh nog steeds afhankelijk van de kracht die hij uitstraalde en de behendigheid waarmee hij zich van de steun van de stam wist te verzekeren.

Tegen het einde van de 19de eeuw had het sjaykhdom als zodanig een quasi wettelijk statuut gekregen, mede onder impuls van de Engelsen. Op het moment dat ook Frankrijk, Duitsland en Rusland belangstelling begonnen te koesteren voor de regio, vestigden de Engelsen er een feitelijk protectoraat. In een aantal verdragen met de sjaykhs in 1892 wierpen zij zich op als de beschermheren van het gebied, in ruil voor de exclusief zeggingschap over de onderlinge betrekkingen.

De sjaykhs beloofden op buitenlands vlak slechts met de Engelsen en met geen enkele andere mogendheid te onderhandelen. In de plaats daarvoor konden ze rekenen op territoriale soevereiniteit, zodat de legitimiteit van de macht van de 'Trucial Shaykhs' en hun familie over de stammengemeenschap nog vergrootte. Geleidelijk evolueerde de positie van de sjaykh van een primus inter pares naar die van een autocratisch heerser.

Op weg naar alleenheerschappij (20ste eeuw)

De definitieve stoot voor de ontwikkeling van de sjaykhdommen tot volledig uitgebouwde staten werd gegeven door de olievondsten in het gebied en door de noodzaak om het territorium af te bakenen. Vanaf 1930 werden de eerste petroleum-concessies afgesloten in Bahrayn en Qatar en enige tijd later ook in de sjaykhdommen van de huidige VAE. Contacten kwamen tot stand tussen de verschillende oliemaatschappijen aan de ene kant en de 'Trucial Shaykhs' aan de andere, onder de hoede van de Britse regering.

Naarmate de olie-ontginning vorderde, diende men ook in de voorheen onafgebakende gebieden de grenzen vast te leggen. Dit verliep niet zonder slag of stoot en zo zijn er rond 1935 ernstige grensgeschillen geweest tussen Saoedi-Arabië, Qatar en Abu Dhabi. Desondanks gingen de oliemaatschappijen verder met boringen en brachten uiteindelijk in de meeste sjaykhdommen olie aan de oppervlakte.

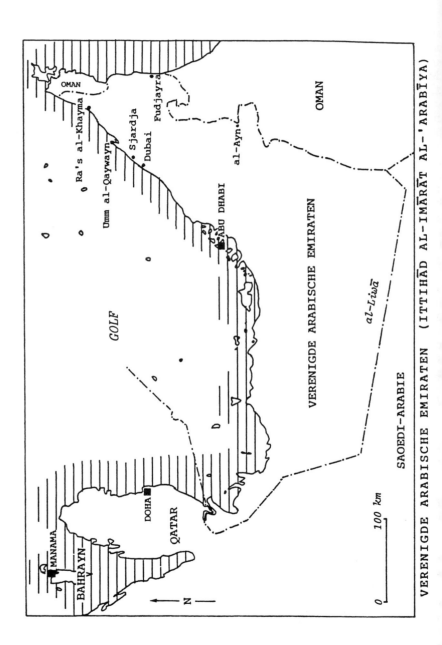

VERENIGDE ARABISCHE EMIRATEN (ITTIḤĀD AL-IMĀRĀT AL-'ARABĪYA)

De eerder bescheiden concessie-rechten die de sjaykhs aanvankelijk ontvingen, verzekerden hen voor het eerst van een vast inkomen, waardoor zij in hun beleid minder afhankelijk werden van de goedkeuring van de bevolking. Dit gebeurde bovendien op het moment dat de opbrengsten van de parelvisserij daalden en dus ook de invloed van de handelaars achteruit ging. De nieuwe rijkdom verschafte de sjaykhs van de olierijke gebieden bredere middelen om hun interne positie te consolideren en hun prestige te vergroten tegenover de sjaykhs die heersten over gebieden waar geen olie gevonden werd.

Van zodra zij daarenboven betalingen ontvingen op de uitvoer van olie konden de sjaykhs van start gaan met ambitieuze socio-economische ontwikkelingsprogramma's. Voor het eerst bleken zij in staat diensten te verlenen waarmee hun prestige en aanhang onder de bevolking stegen: aanleg van een wegennet, woningbouw, onderwijs, ziekenzorg, ... De leiding van de 'staat' haalde nieuwe functies naar zich toe. Er werden bestuursdepartementen opgericht en de dienstverlening werd uitgebreid. Er werden zelfs buitenlanders aangetrokken om het plaatselijk personeel voor de nieuwe functies op te leiden.

Omdat zij op die manier hun kansen hebben benut voor verandering en ontwikkeling, verwierven de sjaykhdommen in 1971 de onafhankelijkheid zonder veel moeilijkheden. Ten onrechte hadden sommigen gevreesd voor destabilisatie en desintegratie van het gebied na de aankondiging van de Britse terugtrekking in 1968. In werkelijkheid ruilden de sjaykhdommen de beperking van hun volstrekte soevereiniteit door het Brits toezicht voor een collectieve beperking door de federatie van de Verenigde Arabische Emiraten, sinds 1971.

Het afnemend belang van de stam

Vóór de opkomst van de olie-industrie en het ontstaan van de moderne staten werd het leven van de plaatselijke bevolking bepaald door gebruiken en voorschriften van de stamtraditie. Vooral de wisseling der seizoenen speelde voor de nomadische stammen in het gebied een grote rol. Winteractiviteiten, als veeteelt en dadelkweek, werden in de zomermaanden vervangen, wanneer de stamleden naar de kust trokken om er te werken als vissers of parelvissers.

Bij de eerste olie-ontginningen in de jaren dertig hadden de maatschappijen nood aan tijdelijke werkkrachten zoals handlangers, vrachtwagenchauffeurs en bewakers. Arbeiders werden gerecruteerd uit de plaatselijke bevolking, die deze jobs aanvankelijk alleen maar aannamen om extra-inkomsten te vergaren, waarmee kon geïnvesteerd worden in een voedselvoorraad of in palmbomen. Zelden verbleven de stamleden langer dan 6 zomermaanden in de steden.

Naarmate de olie-ontginning belangrijker werd, kwamen er meer mogelijkheden voor permanente tewerkstelling in de steden. Aangetrokken door de nieuwe voordelen die hen hier geboden werden (onderwijs, gezondheidszorg en andere diensten) aarzelden vele stamleden niet langer om een vaste betrekking in de stad te aanvaarden. Het gevolg was een exodus van het platteland naar de steden en een verschuiving in het traditionele leefpatroon: niet de stam maar de familie werd de voornaamste sociale eenheid. De centrale overheid nam steeds meer functies over die vroeger door de stam vervuld werden en de groeiende dienstverlening zorgde voor verdere uitholling van het stammensysteem.

Rechtbanken werden opgericht en nieuwe wetboeken uitgevaardigd. Het belang van de stamwet *(urf)* verminderde ten voordele van een op westerse leest geschoeide rechtspraak, waarin de accenten anders lagen. Niet langer het collectieve, maar het individuele verantwoordelijkheidsgevoel kreeg de nadruk.

Geleidelijk nam ook de invloed toe van de stamhoofden die niet in het diplomatieke spel met de Engelsen betrokken waren geweest. Zij hadden zich nog een tijdlang kunnen handhaven als bemiddelaars tussen de 'Trucial Shaykhs' en de bevolking, maar hun rol werd stilaan overschaduwd door instellingen waardoor de centrale overheid in direct contact kwam met de bevolking, zoals rechtbanken, gemeentebesturen, hospitalen en scholen.

De middelen waarover sjaykhs en hun familie beschikken om hun politieke macht te consolideren en te delegeren, zijn ondertussen sterk toegenomen. In de moderne staat, die zich in de 20ste eeuw ontwikkeld heeft, is de positie van de heersende clan vrijwel absoluut. De familie levert de staatsleider en zijn opvolger. Andere familieleden bekleden de hoogste ambten, deels om de macht binnen de eigen clan te houden, deels ook om tegemoet te komen aan de ambities van verwanten die anders zouden kunnen pogen een staatsgreep uit te voeren.

Om dezelfde reden worden ook regeringsambten toegekend aan leden van andere belangrijke clans waarmee rekening moet gehouden worden. Vele ambassadeurs van de VAE behoren tot deze categorie. Niettegenstaande de snelle veranderingen is de stamtraditie blijven voortleven. Het feit dat een bepaalde clan de touwtjes in handen heeft is daarvan slechts één voorbeeld. Ook andere aspecten van de hedendaagse bestuursvorm zijn rechtstreeks uit traditionele stamgebruiken ontwikkeld. Zo functioneert in de VAE nog steeds de instelling van de *madjlis,* een publieke zitting waarbij een onderdaan persoonlijk ontvangen wordt door de sjaykh en hem zijn klachten of problemen mag meedelen.

Voor sommigen echter is de stamtraditie te ver naar het achterplan van de moderne maatschappij verdreven. Behoudsgezinde elementen hebben reeds acties ondernomen tegen de moderniseringspolitiek van de overheid die zij ervaren als een te bruuske afbouw van het traditionele leefpatroon. Vanuit dezelfde hoek groeide ook het verzet tegen de alleenheerschappij van de sjaykhs en hun clans. In hoeverre de po-

gingen om enige politieke medezeggenschap af te dwingen succes zullen
kennen is, zeker in de huidige context, moeilijk te voorspellen.

Waar enkele jaren geleden nog een belangrijke rol werd toebedeeld
aan 'moderne' organisaties als beroepsverenigingen en vakbonden,
moet thans steeds meer rekening gehouden worden met de nieuwe
krachten die zich ontwikkelen in het licht van de muslim
fundamentalistische gedachte. Zeker is dat de macht van de sjaykhs
en de clans nog wel enige tijd van overwegend belang zal blijven, aangezien zij de fundamentele schakel vormen in de overgang van een
stammensamenleving naar een moderne staatsvorm.

De organisatie van de federatie

Het hoogste politieke gezag wordt in de Verenigde Arabische
Emiraten gedragen door de Hoge Raad. Het presidentschap wordt
toevertrouwd aan de emir van Abu Dhabi: sjaykh Zayid b. Sultān Āl
Nahyān. Deze raad regelt de zaken betreffende landsverdediging, buitenlandse zaken, opvoeding, financiën en ontwikkeling. Elk afzonderlijk emiraat wordt bestuurd door een plaatselijke emir die
verantwoordelijk is voor binnenlandse, politieke en lokale aangelegenheden. De beslissingen van de Hoge Raad worden pas bindend
wanneer ze de goedkeuring dragen van vijf leden, waaronder die van
de president en de vice-president, die allebei veto-recht hebben.

De uitvoerende macht ligt in handen van de federale regering die
verantwoording verschuldigd is aan de Hoge Raad. De portefeuilles
worden onder de zeven emiraten verdeeld. De gebieden waar de federale regering macht in uitoefent bleven tot 1975 erg vaag. Dit had in
de eerste plaats te maken met de afwezigheid, in de grondwet, van een
duidelijk beslissingsterrein voor de regering en met de oppositie van
de emirs tegen een hechte federatie.

De doorslaggevende rol van Abu Dhabi op politiek en economische
vlak in de federatie was niet geheel vreemd aan die oppositie. Men zou
kunnen stellen dat Abu Dhabi steeds meer de politiek van de VAE
ging bepalen. Dit emiraat heeft de grootste bevolking en de rijkste
olievoorraden. Vele emirs hadden dus baat bij een losse federatie die
hen meer autoriteit gaf.

In november 1976 werd een einde gesteld aan deze onduidelijke situatie. Het leger werd verenigd, een Hoger Financieel Comité verantwoordelijk voor het budget werd opgericht en er werden een aantal
maatregelen afgekondigd in het kader van de vereniging. Zodoende
kwam er een einde aan de politieke crisis waar de VAE in verzeild geraakt was. Het staatshoofd, met name sjaykh Zayid had gedreigd
ontslag te nemen indien hij niet voldoende macht kreeg om de federatie
te besturen en de economische activiteit in goede banen te leiden.

De Nationale Vergadering werd voor het eerst samengeroepen in februari 1972. Ze bestaat uit 40 leden die aangeduid worden door de emirs. Toch was de touwtrekkerij tussen de federatie en de afzonderlijke emiraten niet van de baan. In 1979 brak een nieuwe politieke crisis uit. In de Hoge Raad was andermaal een conflict ontstaan in verband met de versterking van de federale regering. De emir van Abu Dhabi gesteund door die van Sjardja, Fudjayra, Adjman en Umm al-Qaywayn pleitte vóór de federatie terwijl de emirs van Dubai en Ra's al-Khayma hun autonomie wilden bewaren. De spanning werd nog opgedreven toen sjaykh Zayid pogingen ondernam om de federatie te verstevigen, door zijn zoon als legeraanvoerder aan te stellen. De emir van Dubai beschouwde dit in strijd met de grondwet en legde, samen met de emir van Ra's Khayma, een aantal beslissingen van de federale regering naast zich neer.

Deze politieke crisis ging gepaard met oproer onder de bevolking. Voor het eerst in zijn geschiedenis kreeg de VAE te maken met demonstraties. Toen de toestand uit de hand dreigde te lopen ondernam de Kuwaitse minister van buitenlandse zaken een bemiddelingspoging waarna de gemoederen bedaarden. De regering nam op 30 april 1979 ontslag en met veel moeite werd een nieuwe regering gevormd. In een poging om de federatie te verstevigen werd sjaykh Rasjīd van Dubai benoemd tot premier. Deze maatregel verbloemde echter alleen maar de diepe onenigheid tussen de president en de eerste minister.

Op 7 november 1981 werd sjaykh Zayid herkozen tot president van de VAE. Sjaykh Rasjīd bleef vice-president en premier. In 1986 werd deze procedure herhaald.

De buitenlandse politiek

Vanaf 1971 onderhielden de VAE uitstekende de relaties met Groot-Brittannië. Deze werden zelfs nauwer aangehaald na de val van de Sjāh in Iran, de Russische inval in Afghanistan en het uitbreken van de oorlog tussen Iran en Iraq. De twee landen wisselen sindsdien geregeld officiële bezoeken uit om die vriendschapsbanden te bevestigen en te verstevigen.

In 1984 werden diplomatieke relaties aangevat met de Chinese Volksrepubliek, waarmee de VAE overigens in 1985 een economisch samenwerkingsverdrag sloot, hetzelfde jaar waarin relaties werden aangeknoopt met de USSR.

Eind 1987 werden de relaties met Egypte hersteld (afgebroken na de Camp David akkoorden) en beloofde Mubārak militaire steun. De dreiging van Iran en de Golfoorlog dringen de VAE immers in een zeer oncomfortabele positie, mede omdat in de VAE een belangrijke sji'itische minderheid woont. Vooral in het kader van die dreiging kregen de VS havenfaciliteiten en leveren de Britten volop wapens.

De economische crisis

Vanaf 1981 kampen de VAE met een economische crisis die de welvaartsstaat in gevaar brengt. Als gevolg van de dalende olieprijs daalden de inkomsten van het land met 40%. 90% van de staatsinkomsten kwamen immers uit de olie-industrie. Daarbij komt nog dat de VAE de laatste jaren gigantische bedragen spenderen aan defensie. De overheid ziet zich dus gedwongen om een besparingspolitiek te voeren. Sinds kort worden belastingen geheven op onderwijs, woning en gezondheidszorg voor migranten. Als gevolg daarvan verlieten zij massaal het land, wat de economische crisis nog verscherpte en de regering er toe bracht een aantal migrantvriendelijke maatregelen te nemen.

Verder poogt de staat, in het kader van de diversifiëring van de economie, de landbouw en de industrie te stimuleren. Stilaan worden ook meer vrouwen in het arbeidsproces opgenomen, om de leemten na het vertrek van de gastarbeiders op te vullen. Toch sloten de VAE zich aan bij de OPEC politiek en verminderden hun olie-produktie.

De federatie van de golfemiraten zit alles behalve stevig in het zadel. De politieke spanningen tussen de voorstanders van de federatie en die van de lokale overheden blijven bestaan. De economische crisis en de Golfoorlog, met alle gevolgen vandien, maken het de centrale overheid daarbij ook niet makkelijk.

Literatuur

Peterson, J.E., *Tribes and Politics in Eastern Arabia*. In: The Middle East Journal, 31, 1977, pp. 297-312.
Lienhardt, P., *The Authority of Shayks in the Gulf. An Essay in Nineteenth-century History*, In: Arabian Studies, 2, 1975, pp. 61-75.
Anthony, J.D., *The Union of Arab Emirates*. In: The Middle East Journal, 26, 1972, pp. 271-287.
Said Zahlan, R., *The Origins of the United Arab Emirates. A Political and Social History of the Trucial States,* London, 1978.
Aktueller Informationsdienst Moderner Orient, Hamburg, 1986-1988.

DE HEERSENDE DYNASTIE NAHYAN VAN ABU DHABI

Sjaykh Zayid ibn Sultān Nahyān, president van de VAE sinds 1971 en emir van het grootste en rijkste emiraat, Abu Dhabi, is een afstammeling van één van de zogenaamde 'Trucial Shaykhs'. Deze man heeft nog steeds een grote invloed op het hedendaagse politieke gebeuren in de VAE.

Zayid b. Sultān al-Nahyān

Hij werd in 1918 geboren als kleinzoon van emir Zayid ibn Khalīfa 'de Grote', die het grondgebied van de huidige deelstaat Abu Dhabi, rond de eeuwwisseling, definitief onder controle had gebracht van de familie Nahyān. Deze is afkomstig van de Liwā-oase in het zuiden van het emiraat.

Rond 1770 vestigden een aantal leden van de familie zich op het eiland Abu Dhabi, terwijl een ander deel omstreeks 1800 uitweek naar al-Ayn, een nederzetting in het oostelijk deel van het emiraat. Met elk van deze drie gebieden voelt de familie Nahyān zich nog steeds nauw verbonden. Zoals elke heersende familie is ook de familie Nahyān altijd vastberaden geweest om aan de macht te blijven en daarom werd er zorg voor gedragen dat het merendeel van de belangrijkste ambten en sleutelposities telkens werden toegewezen aan de belangrijkste sjaykhs van de familie.

Afgezien van president Zayid zelf, zijn twee nog levende broers en zijn eigen mannelijke nakomelingen, Khalīfa en Sultān, zijn de meest invloedrijke van deze sjaykhs de afstammelingen van sjaykh Khalīfa ibn Zayid Nahyān, een oom van sjaykh Khalīfa. De relatieve machtspositie van deze zijtak van de familie Nahyān kan het best verklaard worden aan de hand van de genealogische tabel hieronder.

In 1928 werd de familie met een opvolgingsdilemma geconfronteerd, dat een belangrijk keerpunt in haar geschiedenis inluidde. Na het overlijden van Zayid ibn Khalīfa 'de Grote' in 1909, ging een bloedige opvolgingstwist van start onder vier van zijn zeven zonen. Van zodra ze elk op hun beurt aan de macht waren gekomen, stierven ze een geweldadige dood.

Sjaykh Sultān bijvoorbeeld, de vader van de huidige president, kwam in 1922 aan de macht, nadat hij zijn broer had doodgeschoten. Dit gebeurde toen hij deze op een etentje bij hem thuis had uitgenodigd. Sultān zelf werd in 1926 vermoord door een aanhanger van zijn vermoorde broer en opgevolgd door een andere broer, Saqr, die op zijn beurt in 1928 om het leven werd gebracht. Toen de familieraad in 1928 op zoek ging naar een opvolger voor Saqr, kwamen meerdere kandidaten in aanmerking. Vooral zijn oudste broer, Khalīfa, maakte veel kans, maar zeer tot zijn ergernis besliste de raad uiteindelijk dat de opvolging zou gebeuren in de lijn van een neef van Saqr en niet in die van een broer.

Deze beslissing werd genomen mede onder druk van de Engelsen, die paal en perk wilden stellen aan de broedertwisten. Sjakbūt (1922-1926) werd verkozen. Hij is de oudste van de vier zonen van de vermoorde sjaykh Sultān en broer van de huidige president Zayid. Zo kwam het opvolgingsrecht voortaan in handen van de familietak van de Banū Sultān en sindsdien is de toestand zo gebleven.

Dit neemt niet weg dat de afstammelingen van sjaykh Khalīfa via zijn zoon Muhammad, nog steeds aanspraak maken op het leiderschap. Elk van de zes zonen van Muhammad kan rekenen op de steun van een behoorlijk aantal aanhangers en voert op lokaal vlak zelfs een min of meer zelfstandige politiek. De zes broers bekleden immers geen onbelangrijke ambten in Abu Dhabi's administratie. In de periode 1971-1972 bijvoorbeeld waren de volgende departementen in hun handen: Openbare werken, Gezondheidszorg, Onderwijs, Electriciteit, en Hydraulische Energie, Openbare Veiligheid, Landbouw en Gemeentebeleid. Bovendien was één van hen vice-eerste minister en bezaten ze ook het burgemeesterschap van de twee belangrijkste centra van het emiraat, Abu Dhabi-stad en Al-Ayn.

Momenteel is het zo dat, op het hoger vlak van de federale regering, sjaykh Hamdān vice-premier is en zijn jongere broer Mubārak minister van Binnenlandse zaken. Het eigen mannelijk nageslacht van president Zayid en daarmee ook het aandeel van zijn familietak in het staatsapparaat is zelfs in de minderheid ten opzichte van dat van de Banū Khalīfa. Sjaykh Zayid is er zich ten zeerste van bewust dat een lid van de Banū Khalīfa op een dag zijn rechten op het leiderschap zou kunnen opeisen en heeft dan ook al het mogelijke gedaan om deze dreiging minimaal te houden. Sommige van zijn fundamentele beleidslijnen werden in belangrijke mate hierdoor bepaald.

Zo is van sjaykh Zayid algemeen bekend hoezeer hij is opgekomen en zich nog steeds inzet voor de eenheid van de federatie van de VAE, waarvan hij als de hoofdarchitect wordt aanzien. Toen de Britten in 1968 besloten zich uit het gebied terug te trekken, heeft Zayid drie jaar lang gewerkt aan de oprichting van de VAE. Om de eenheid ervan te bestendigen stelde hij verscheidene maatregelen voor, zoals de afschaffing van de grenzen tussen de emiraten en de eenmaking van hun respectievelijke troepenmachten. Dit initiatief vond hij zo belangrijk dat hij zijn herverkiezing als president in 1976 er   afhankelijk van stelde. Daarop kwam er meer schot in de zaak maar toch heeft hij in februari 1978 eenzijdig de beslissing moeten nemen om de legers te verenigen en ze onder het bevel te plaatsen van zijn zoon Sultān.

De uitzonderlijke ijver die sjaykh Zayid ook nog op andere manieren aan de dag legt om zich op het vlak van de federatie op te werken tot een eenheidsbrengend staatsman, komt zeker niet alleen tegemoet aan persoonlijke aspiraties en ambities. Het is tevens een middel om het prestige en het gezag van zijn eigen familietak te verstevigen en om de opvolgingskwestie boven het plaatselijk en familiaal vlak op te tillen naar het federaal niveau, waar ook de leidende families van de andere emiraten een beslissende rol spelen en inspraak hebben. Dat deze politiek haar vruchten afwerpt, bewijst het feit dat Zayid in november 1981 moeiteloos en reeds voor de derde maal werd herkozen tot president van de VAE.

Sinds de onafhankelijkheid van de VAE heeft hij zich ingespannen om de steun van de Banū Khalīfa te verkrijgen en in hun gunst te komen. Ze kregen, zoals ze gevraagd hadden, een groter persoonlijk deel van de olie-inkomsten van het emiraat, en ook aan hun eis voor meer politiek en sociaal prestige werd, via benoemingen, grotendeels voldaan. Hoewel het, na de ontbinding van de ministerraad van het emiraat in december 1973 onmogelijk bleek om ieder van de zes broers een gelijkaardige functie te geven in de Raad van Ministers van de VAE, bleven ze allen een ruime bezoldiging ontvangen van sjaykh Zayid.

Deze voorbeelden i.v.m. het delicate evenwicht tussen de belangrijkste sjaykhs van de Nahyān-familie en de manier waarop hoge bestuursfuncties worden verdeeld onder de familieleden, illustreren het grote belang, van de genealogische factor in de plaatselijke politiek. In Abu Dhabi is dit aspect van de oude traditie nog steeds een actueel gegeven. Familiale afstamming en nakomelingschap zijn bepalend voor 'wie wat krijgt en waarom' in het politieke systeem.

Literatuur

Anthony, J.D., *Arab States of the Lower Gulf: People, Politics, Petroleum*, Washington, 1975.
Morris, Cl., *The Desert Falcon. The Story of H.H. Sheikh Zayed bin Sultan al Nahyan, President of the UAE*, London, 1976.
Said Zahlan, R., *The Origins of the United Arab Emirates. A Political and Social History of the Trucial States*, London, 1978.

DE KHALIFA-DYNASTIE

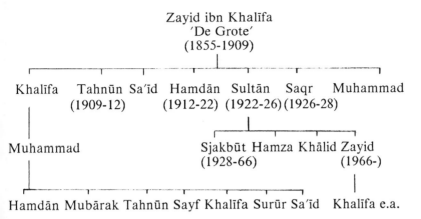

Banū Khalīfa tak   Banū Sultān tak

QATAR: POLITIEK EN ECONOMIE

Qatar heeft steeds in de schaduw gestaan van het welvarende Bahrayn, dat reeds door de Sumeriërs een paradijselijk oord werd genoemd. Het schiereiland Qatar daarentegen is zowat het armste en meest desolate gebied ter wereld. Indien het ook verstoken was geweest van aardolie en aardgas, dan was het wellicht niet nodig Qatar voor te stellen.

Fysisch milieu

In zijn 'Die Arabische Halbinsel' noemt Wohlfart het schiereiland 'ein Stiefkind der Natur'. Qatar is een vlak woestijnachtig schiereiland dat ongeveer 170 km in de Arabische Golf uitsteekt en een gemiddelde hoogte heeft van 40 à 50 m. De talloze kilometerbrede *sabkha's* (zoutvlakten), koraalriffen en wadden maken dat de kust vanuit zee aartsmoeilijk te bereiken is. Zelfs de hoofdstad Doha heeft voortdurend te kampen met baggerproblemen i.v.m. tankerligplaatsen en olieverscheping.

Het ontbreken van goede aanlegplaatsen heeft de groei van nieuwe steden dan ook voortdurend belemmerd. Voeg daarbij ook nog de waterschaarste en de zeer mobiele zandduinen in het zuidoosten (tot 40 m hoog). De geschiedenis is aan Qatar als het ware voorbijgegaan. Het klimaat van Qatar is net zoals dat in de andere Golfstaten: in de winter warm en in de zomer heet en droog met een nachtelijke 'afkoeling' tot 30 gr C. Natuurlijke oasen of bronnen zijn er niet en de (winterse) neerslag is gering (50 à 80 mm) of onbestaande. Meer dan 95% van Qatar is dan ook onvruchtbaar.

Historisch-politieke schets

Vóór het midden van de 18de eeuw biedt de geschiedenis van Qatar weinig interessante gegevens. Wat we wel weten is dat rond 1760 de Āl Khalīfa, een familie van de Utub-stam, vanuit de streek van het huidige Kuwait afzakte naar Zubāra, een haventje in het N.W. van Qatar, dat vlug uitgroeide tot een centrum van commercieel en strategisch belang.

In diezelfde periode ontstonden ook een aantal nederzettingen op de oostkust, nl. al-Bida (het latere Doha) en Wakra. Tussen de Āl Khalīfa en deze nederzettingen kwam het veelvuldig tot gewapende conflicten, maar de Khalīfa's hadden toch meestal het overwicht. In 1783 slaagden zij er zelfs in om Bahrayn te veroveren. Qatar betaalde sindsdien een jaarlijkse belasting aan de sjaykh van Bahrayn, een lid van de Āl Khalīfa. Maar de pareleconomie en de visserij bezorgde Qatar rijkelijke inkomsten en de oostelijke dorpen wilden zich maar al te graag ontdoen van het juk der bemoeizieke Āl Khalīfa.

De komst van de Britten

In de onafhankelijkheidsstrijd die daarop volgde trad een zekere Muhammad ibn Thānī naar voren, de sjaykh van al-Bida, die het de Bahrayni's zo moeilijk maakte dat de Engelsen dienden tussen te komen. Deze Muhammad aanvaardde uiteindelijk om met kolonel Pelly, de Britse resident in de Golf, een vredesakkoord te tekenen (september 1868), waarin hij beloofde om voortaan goede relaties te onderhouden met Alī ibn Khalīfa, de sjaykh van Bahrayn, om --in geval van onenigheid-- raad te vragen aan de Britten en tenslotte om een jaarlijkse belasting te betalen aan Bahrayn.

De zoon en opvolger van Muhammad, Djāsim ibn Muhammad ath-Thānī hield zich niet aan de overeenkomst en onderwierp zich aan de Turkse soevereiniteit (vertegenwoordigd door een klein garnizoen) met de bedoeling zijn machtspositie uit te breiden. De situatie bleef onveranderd tot het einde van de Eerste Wereldoorlog en de nederlaag van de Turken. Djāsim was intussen een rijk heerser geworden die kon rekenen op de steun van een groot aantal stammen. Zijn dood in 1923 bracht vele familieleden in grote verwarring: de broer en legitieme opvolger van Djāsim, Ahmad, was in 1905 vermoord en sindsdien voelde niemand van de eventuele opvolgers zich nog geroepen voor de troon.

Uiteindelijk werd Abdallah, zoon van Djāsim aangeduid als opvolger, alhoewel hij zich veel liever geheel op de parelhandel had toegelegd. Het daaropvolgende jaar werd gekenmerkt door complotten en intriges, beraamd door de oudere broer van Abdallah, Khalīfa, die zich uitgesloten voelde en een bondgenootschap had aangegaan met de afstammelingen van de vermoorde sjaykh Ahmad. Op 3 november 1916 sloot sjaykh Abdallah een verdrag met de Engelsen waarbij Qatar Brits mandaatgebied werd en beloofde om geen wapen- en slavenhandel meer toe te staan.

De vetes omtrent de troonopvolging verscherpten met het toekennen van de eerste olieconcessies -Abdallah weigerde het geld te verdelen onder de leden van de familie- en pas na tussenkomst van de Engelsen werd een financieel akkoord bereikt. Sjaykh Abdallah werd gedwongen om af te treden ten voordele van zijn zoon Alī (1949).

Hoewel was overeengekomen dat deze bij zijn dood zou opgevolgd worden door Khalīfa, de zoon van de door sjaykh Abdallah aangeduide kroonprins Hamad, die in 1946 gestorven was, liet Alī in 1960 de macht over aan zijn eigen zoon Ahmad. Sindsdien wordt de macht

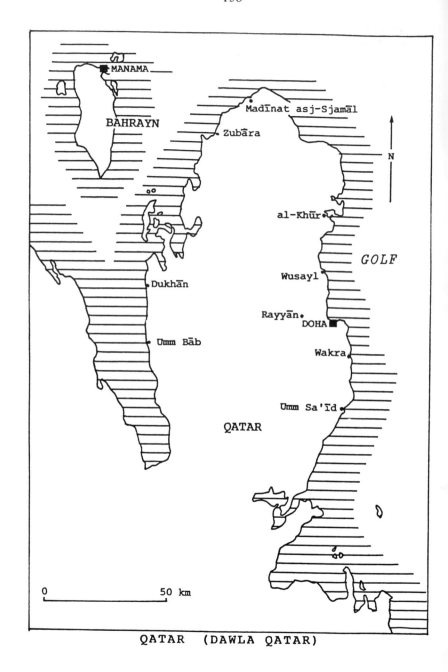

QATAR (DAWLA QATAR)

in Qatar verdeeld tussen Ahmad, emir van Qatar, en Khalīfa, kroon-prins en eerste minister.

De emir was echter een losbandig man (meer dan de helft van de olie-inkomsten was bestemd voor zijn persoonlijke geneugten) en onder druk van de Engelsen en de Thānī's zelf vertrouwde hij in april 1970 alle macht toe aan Khalīfa. Hoewel Ahmad in september 1971 nog de onafhankelijkheid van Qatar uitriep, was hij duidelijk uitgeteld. Qatar was al sinds 1961 lid van de OPEC en sinds 1970 van de OAPEC.

Amper een half jaar later werd Ahmad, net op jacht in Iran, afgezet door zijn neef Khalīfa met de steun van het leger. Als veiligheids-maatregel werd de zoon van Ahmad onder huisarrrest geplaatst en later verbannen naar Saoedi-Arabië.

Onafhankelijk Qatar

De nieuwe emir, Khalīfa, maakte aan de bevolking van Qatar be-kend dat hij vroeger begane fouten zou goedmaken en kondigde een aantal maatregelen af om zijn aanhang te versterken: weddeverhoging voor ambtenaren en legerpersoneel, verhoging van de pensioenen, overdracht van de inkomsten van de vorige emir aan de schatkist en afschaffing van de 'vier-delen-wet' die bepaalde dat de staatsin-komsten gelijk verdeeld werden onder de emir, de prinsen van de Thānī-familie, het 'reservefonds' (in handen van de heersende familie) en een deel bestemd voor de ontwikkeling van Qatar.

Emir Khalīfa ibn Hamad ath-Thānī startte ook met de arabisering van het leger en zette twee Britse kolonels af. Zij werden vervangen door Hamad, zoon van Khalīfa (bevelhebber van het leger) en Hamad ibn Qāsim (hoofd van de politie). Op 23 februari 1972 werd de tweede regering van Qatar gevormd: van de elf benoemde ministers behoorden er zeven tot de Thānī-familie. De belangrijkste portefeuilles waren in handen van premier Khalīfa (financiën en olie) en zijn broer Suhaym (buitenlandse zaken).

Vijf jaar later werd het Ministerie van Defensie opgericht en toever-trouwd aan Hamad, de oudste zoon van Khalīfa die ook tot kroon-prins werd benoemd. Vooral deze laatste beslissing betekende een zware ontgoocheling voor de broer van Khalīfa, Suhaym en voor Khalīfa's zoon Abd al-Azīz die intussen wel de portefeuilles van olie en financiën had gekregen.

De staatsorganisatie

De leden van de regering zijn elk jaar verplicht om tijdens de *id al-adhā* (het offerfeest) hun loyauteit te betuigen aan de emir. De mi-nisters worden benoemd voor het leven, zodat bij de dood van één onder hen de ministerpost vaak lange tijd vacant blijft. Toen de mi-nister van onderwijs in juni 1976 stierf, werd hij pas eind 1978 vervangen. De keuze van de ministers, benoemd door de emir, wordt bepaald door hun afstamming (Thānī), hun vroegere loyauteit tegenover de heersende familie en ook door hun commerciële activiteiten. De beslissingen van de ministerraad worden genomen met meerderheid van stemmen, maar de stem van de emir is beslissend indien er geen meerderheid is. De regering werkt samen met de *madjlis asj-sjūrā,* een raad die bestaat uit de woordvoerders van de belangrijkste stammen of clans. Deze is belast met het goedkeuren van wetsontwerpen en het formuleren van aanbevelingen aangaande administratie en wetgeving. Hoewel de leden van deze raad in tien kiesdistricten worden verkozen, benoemt de emir hen in praktijk. Naast deze raad bestaan ook nog de *baladiyat* of stadsraden die rechtstreeks in contact staan met het ministerie van stedelijke aangelegenheden en zich bezig houden met de planning van de verschillende regio's.

Op buitenlands vlak voert Qatar, in het kielzog van Saoedi-Arabië en de overige Golfstaten, een pro-Westerse politiek. In 1987 herstelde Qatar de banden met Egypte die acht jaar eerder verbroken werden omwille van de Camp David akkoorden.

Bevolking en onderwijs

Met de teloorgang van de parelvisserij, tengevolge van de Japanse cultuurparelexport vanaf de jaren dertig, was de economische situatie voor het grootste deel van de Qatari's zeer moeilijk geworden. Zij emigreerden massaal naar het nabijgelegen Saoedi-Arabië en naar Bahrayn waar de olie-ontginning reeds volop gestart was. Hoewel in Dukhān, aan de westkust van Qatar, reeds in 1939 olie was gevonden, begon men met de eigenlijke ontginning pas tien jaar later. Dit was het gevolg van de Tweede Wereldoorlog, die de mogelijkheden tot grote investeringen aanzienlijk had beperkt.

Pas in het begin van de jaren vijftig voelden de uitgeweken Qatari's en tal van bedoeïenen zich geroepen om naar Qatar terug te keren. Ook de gastarbeiderstroom was niet meer te stuiten.

Tussen 1950 en 1980 verdertienvoudigde de bevolking van 20.000 tot 269.000. Hiertoe behoorden 204.000 buitenlanders. Rekening houdend met het vertrek van een groot aantal buitenlanders (ca. 20.000) in 1982 en 1983 wordt het huidige totale bevolkingsaantal op ongeveer 270.000 geschat waarvan 84.000 Qatari's. De aanwezigheid van zo een groot aantal 'expatriates' heeft natuurlijk zijn weerslag op de tewerkstelling.

Volgens gegevens van de 'Central Statistic Organization-Doha' waren er in 1983, 30.337 'expatriates' en slechts 13.138 Qatari's werkzaam in staatsdienst (hiertoe behoren ook de gezondheidssector en de Qatar General Petroleum Company). In de privé sector is het onevenwicht nog groter: 65.946 tegen 1.812 Qatari's. Zelfs indien aangenomen wordt dat Qatar in het jaar 2.000 350.000 inwoners zal tellen, dan nog zal het beroep moeten doen op talrijke gastarbeiders om de economie draaiende te houden, temeer daar de vrouwelijke helft van de bevolking bijna niet deelneemt aan het beroepsleven.

Meer dan welk land ook, is Qatar er zich van bewust hoe belangrijk het onderwijs is. De regering spaart geen enkele moeite om meisjes en jongens een degelijke opleiding te bezorgen. De school bestaat uit drie afdelingen: het lager (6 tot 12 jaar), het voorbereidend (12 tot 15 jaar, bij de meisjes ligt de nadruk op islamstudie) en het middelbaar onderwijs (15 tot 18 jaar).

De eerste school werd geopend in 1952 en telde 250 jongens. In 1974-1975 was het aantal jongens en meisjes reeds gestegen tot resp. 10.528 en 9.624 in het lager; 2.529 en 2.241 in het voorbereidende en 1.399 en 819 in het middelbaar. Nadien kan de Qatari zich nog vervolmaken aan de Universiteit, aan het Instituut voor Management (toegankelijk voor hen die reeds werkzaam zijn als ambtenaar en een diploma middelbaar hebben) en aan het Instituut voor Ontwikkeling en Training dat de Qatari's opleidt tot technici (ter vervanging van de 'expatriates').

Qatar: stadstaat

De agglomeratie Doha *(ad-Dūha = bocht)* herbergt tegenwoordig naar schatting 250.000 inwoners, d.i. méér dan 80% van de totale bevolking. Doha is dus de enige echt belangrijke stad van Qatar. De stad is ontstaan uit een samensmelting van een aantal nederzettingen zoals *al-Bida* (bedoeïenen), *Rumayla* (arme nomaden), *Djisra* (kooplieden) en *Salata* (vissers en slaven).

Door de vestiging van een Turks garnizoen in 1872 te al-Bida was de sjaykh gedwongen om een *wālī* (gouverneur) in te schakelen: Doha was dus voorbestemd om het centrum van Qatar te worden. De eerste olie-investeringen gebeurden trouwens ook uitsluitend in Doha. De hoofdstad heeft de enige zeehaven en internationale luchthaven zodat alle handelscontacten hier dienen plaats te vinden. Zelfs het douanekantoor is in Doha gevestigd. Tot vóór de nationalisering van de aardolie- en aardgassektoren beschikte Doha over geen hotels of banken en alles diende onrechtstreeks afgehandeld te worden. Intussen is de stad totaal gemoderniseerd en herbergt ongeveer 6.000 handels- en dienstverlenende instellingen.

Doha is naar voorbeeld van Kuwait ontworpen en bestaat uit een aantal wijken die worden ingesloten door half-cirkelvormige straten (ring-roads genoemd), die door andere straten worden gekruist. Zoals in alle andere grote Arabische steden is men ook in Doha, naar voorbeeld van de Franse Rivièra, begonnen met de aanleg van een Corniche. De heersende familie, de ministers, officieren en hoge ambtenaren verblijven niet in Doha, maar in het nabijgelegen Rayyān.

Andere steden in de buurt van Doha zijn al-Khūr (10.000 inw.), Wakra en de industriezone Umm Sa'īd (15.000). In het noorden van Qatar is men bezig met de bouw van een nieuwe stad, Madīnat asj-Sjamāl (Noordstad) die hoofdzakelijk gepland was om Doha te ontlasten. Wegens het aanbod van huizen, water en openbare diensten zijn echter vooral vissers en halfnomaden uit het noorden hier komen samentroepen. Noordstad heeft ook een kleine haven en is een verbinding met Bahrayn.

Vermeldenswaard tenslotte zijn ook nog Dukhān en Umm Bāb, twee steden ontstaan uit voormalige 'companytowns' van de Qatar Petroleum Company. Dukhān is het centrum van de oliehandel op het vasteland; in Umm Bāb huizen de arbeiders van de cementfabriek.

De industrie

Qatar is zeer rijk   aan energiebronnen. In de jaren zestig werden in zee grote olievelden ontdekt en werd het enorme gasveld van Dom (geschat op 1/8 van de wereldvoorraad) gevonden. Toch spitst Qatar zich sinds vijftien jaar toe op een grote economische diversifiëring.

Er zijn twee belangrijke zones waar de zware industrie (vooral afhankelijk van de petroleumindustrie) gevestigd is, nl. in Umm Sa'īd, 50 km ten zuiden van Doha, en Umm Bāb in het Z.W. Het eerste herbergt verscheidene complexen: de National Oil Distribution Company (NODC) is een raffinaderij die ongeveer 300 mensen te werk stelt en het monopolie in Qatar heeft voor de levering van alle olieprodukten. Sinds 1982 wordt ook geëxporteerd. NGL is een complex voor vloeibaar gas dat propaan, butaan, ethaan- en methaangas produceert. De Qatar Fertilizer Company (QAFCO) is een kunstmestfabriek die hoofdzakelijk ammoniak en ureum produceert en uitvoert naar China, India, Pakistan en Maleisië. De Qatar Petrochemical Company (QAPCO) produceert ethyleen, polyethyleen, propyleen en als nevenprodukt zwavel.

Verder zijn er in Umm Sa'īd nog een aantal fabrieken die enkel voor hun energie van olie en/of gas afhankelijk zijn. De Qatar Flour Mills Company (QFMC) levert jaarlijks 36.000 ton meel, wat echter slechts één derde van de behoefte dekt. De Qatar Steel Company (QASCO) werd opgericht door Japanse firma's (o.a. Kobe Steel) en produceert staven en bouwstaal. Met zijn 1.100 werknemers is dit complex het grootste bedrijf van Qatar.   De export gaat vooral naar Saoedi-Arabië en de Emiraten.   De Qatar National Navigation and Transport Company (QNNTC) fabriceert kranen, boortorens en andere metaalconstructies. In Umm Sa'īd zijn in totaal ongeveer 3.500 mensen tewerkgesteld.

In de tweede belangrijke industriezone, Umm Bāb, is de Qatar National Cement Company (QNCC) gevestigd. Tot in 1980 importeerde Qatar nog meer dan 100.000 ton cement per jaar, terwijl nu

--mede tengevolge van de regressie in de bouwsector-- het bedrijf niet eens meer op volle toeren hoeft te draaien. Sedert 1979 fabriceert de QNCC ook gebrande kalk die grotendeels door de staalfabriek QASCO wordt afgenomen. Er werken ongeveer 465 mensen, hoofdzakelijk Pakistani's.

De kleine en middelgrote industrie tenslotte is hoofdzakelijk in en rond Doha gevestigd. Vermeldenswaard zijn het slachthuis en de kompostfabriek in Nu'ayya, die ongeveer 77.500 ton mest per jaar produceert. Ter bevordering van de industrie, maar ook tengevolge van het plaatsgebrek in het stadskwartier van Doha heeft het Technisch Centrum voor Industriële Ontwikkeling van Qatar een zone voor lichte industrie gepland op 15 km van het centrum. Deze zone zal plaats bieden aan 1.500 kleine en grote bedrijven.

Ondanks verwoede investeringspogingen van de regering (subsidies, aanleg van infrastuctuur en belastingsverlagingen) zou het overdreven zijn om de industrialiseringspolitiek van Qatar reeds als afdoende te beschouwen. De import van verbruiksgoederen stijgt nog steeds, er is een gebrek aan inheemse vaklieden en geschoolde bedienden en de boekhouding en het dagelijkse management worden nog steeds aan buitenlanders overgelaten.

Tot slot moet nog wel iets gezegd worden over het waterbeheer van Qatar. Met zijn woestijnklimaat en geringe neerslag heeft de regering dagelijks te kampen met drinkwater- en bevloeiingsproblemen. Daarom werden reeds vanaf 1954 kleine ontziltingsinstallaties opgetrokken om Doha van water te voorzien. De eerste grote installatie werd pas in 1968 ten oosten van Doha geopend. In 1981 werd hier een jaarlijkse capaciteit van 10,9 miljoen kubieke meter per jaar bereikt.

Een tweede installatie (in Ra's Abū Fantas) werd in 1977 in gebruik genomen en haalde in 1980 een capaciteit van 33,67 miljoen kubieke meter. Abū Fantas zal de volgende jaren Qatar en omgeving kunnen bevoorraden. Bovendien wordt in Wusayl, ten noorden van Doha, hard gewerkt aan een stroomkabine van 1.500 MW die dagelijks 450 miljoen liter water zal kunnen ontzouten (162 miljoen kubieke meter per jaar). Een eerste blok van 600 MW is bijna voltooid.

De krachtige installaties van Abū Fantas en Wusayl zullen niet enkel de industrie en het huishouden kunnen bevoorraden, maar ook de landbouwoppervlakte vergroten. Vooraleer dit laatste in de toekomst verwezenlijkt kan worden, zal toch eerst de kostprijs voor zoetwaterproduktie gedrukt moeten worden. De prijs voor één kubieke meter water van Wusayl wordt op 4 tot 5 dollar geschat. Wanneer men weet dat voor 1 ha tarwe 9.000 kubieke meter nodig is, kan de som vlug worden gemaakt.

De eerste verontreiniging van het zeewater in 1983 door ruwe olie heeft de ontzilting nog meer in vraag gesteld. Aangezien de peperdure filterinstallatie onherstelbare schade kan oplopen, dient de produktie in geval van verontreiniging onmiddellijk stilgelegd te worden. De af-

hankelijkheid van brak en/of zout water houdt dus een groot risico in dat men tracht te vermijden door het aanleggen van watervoorraden, het bouwen van dammen tegen vervuiling en het opstarten van zuiveringsinstallaties voor afvalwater.
In Nu'ayya (ten Z. van Doha) bv. functioneren een aantal installaties die 10,9 miljoen kubieke meter vuil water kunnen distilleren. Doha alleen al heeft echter vijf keer meer water nodig en het verbruik stijgt jaarlijks met 1 procent. Technische verbeteringen aan de waterleidingen zouden de te recupereren hoeveelheid water aanzienlijk kunnen verbeteren.

Literatuur

Anthony, J.D., *Arab States of the Lower Gulf. People, Politics, Petroleum,* Washington, 1975.
Key, K.K., *The State of Qatar. An Economic and Commercial Survey,* Washington, 1976.
Wohlfart, E., *Die Arabische Halbinsel,* Berlin, 1980.
Zahlan, R.S., *The Creation of Qatar,* London, 1979.
Sadik, M.I. & Snavely, W.P., *Bahrayn, Qatar and the United Arab Emirates,* London, 1972.
Montigny-Kozlowska, A., *Histoire et Changements Sociaux en Qatar.* In: La Péninsule arabique d'aujourd'hui, Paris, 1982, pp. 475-517.

DE ATH-THANI DYNASTIE

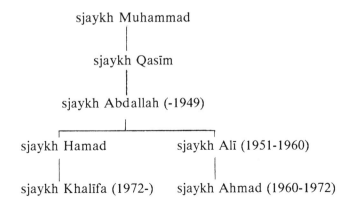

BAHRAYN: EEN JONGE NATIE
MET EEN OUD VERLEDEN

Bahrayn (in het Arabisch *al-bahrayn,* wat staat voor de 'twee zeeën') is de enige eilandenstaat in de Arabische wereld. Het is tevens het kleinste onafhankelijke Arabische land met een oppervlakte die amper één vijftigste bedraagt van België of ca. 670 vierkante kilometer. Toch is dit kleinood aan de Perzische Golf in de loop van de geschiedenis vaak kostbaar en begeerd gebleken.

Van oudsher was Bahrayn namelijk tegelijk bruggehoofd en contactplaats voor heel wat beschavingen uit Oost en West. De Sumeriërs, de Babyloniërs, de Perzen, de Grieken, de Sassanieden, de Arabische khalīfen, de Portugezen allen heersten zij over de eilanden.

Met uitzondering van de Arabische periode is Bahrayn het langst onder Perzische voogdij geweest (tot op het einde van de 18de eeuw). Een duidelijke illustratie hiervan zien we in de 19de eeuw, wanneer de Khalīfa's (de leidende familie op het eiland sinds 1782) steun gaan zoeken bij Groot-Brittannië, om de Perzische expansionistische dreiging af te wenden. Hierdoor haalt Bahrayn zich wel een semikoloniaal statuut op de hals.

Belangrijker is echter dat het kleine Bahrayn daarmee ontsnapt aan annexatie door een regionale mogendheid. In de eerste plaats door de Perzen, later door de Wahhābieten in Saoedi-Arabië en bovendien blijft Bahrayn gespaard van een Ottomaanse bezetting.

Het is pas na de Tweede Wereldoorlog, wanneer de regionale grootmachten uitgeblust lijken, dat Bahrayn zijn Britse beschermheren eer der als een kwaal dan als een deugd begint te ervaren. Parallel met de evolutie in andere gebieden aan de Golf steekt een nationalisme de kop op, wat tenslotte zal uitmonden in het vertrek van de Britten.

Een tijd lang heeft Groot-Brittannië nog gepoogd deze nationalistische stroming in de verschillende emiraten aan de Golf te bundelen, met de bedoeling een federatie van Arabische Golfstaten te vormen. Uiteindelijk bleek de individualistische tendens in een aantal sjaykhdommen te sterk en eerst Kuwait (1961), later ook Bahrayn en Qatar (1971) verkozen de eigen onafhankelijkheid. De overige zeven vorstendommetjes gingen samen in de Verenigde Arabische Emiraten.

De akkoorden met Groot-Brittannië

Na zijn dood in 1796 werd sjaykh Ahmad opgevolgd door zijn twee zonen Salman en Abdallah, die samen het bestuur waarnamen. Veel rust werd de nieuwe heersers niet gegund. In 1802 werd Bahrayn aangevallen door de gouverneur van Musqat. De sjaykhs reageerden hierop door Abd al-Azīz ibn Sa'ūd, de gouverneur van de Nadjd, om hulp te vragen. Die was maar al te blij om tussen te komen in het kader van zijn expansionistische politiek. Hij stuurde een leger dat de belegeraars verdreef, maar hij dwong de Khalīfa's Bahrayn te verlaten en zich in Dar'īya, het Wahhābitische centrum, te vestigen.

De Wahhābitische hegemonie over het eiland was echter een kort leven beschoren want de twee broers heroverden hun troon. In 1829 erkende de gouverneur van Musqat, Bahrayn. Intussen hadden de sjaykhs contact gezocht met de Britten. In 1820 tekenden ze een eerste akkoord om een einde te stellen aan de piraterij in de Golf.

Sjaykh Salman stierf in 1825 en zijn zoon Khalīfa volgde hem als staatshoofd op naast Abdallah. Khalīfa stierf in 1834 en daarna regeerde Abdallah alleen. Dit was geen sinecuur want Oman, Perzië en Egypte hadden belangstelling voor Bahrayn. De Egyptenaren zochten zelfs toenadering tot Oman om hun politiek kracht bij te zetten, dit tot ongenoegen van de Britten die geen inmenging in Bahrayn zouden dulden.

In 1848 werd sjaykh Abdallah afgezet en opgevolgd door sjaykh Muhammad, de zoon van Salman. Zijn regeerperiode was eerder woelig. Sjaykh Muhammad, de zoon van Abdallah maakte aanspraak op de troon en met de hulp van de Wahhābieten voerde hij verschillende aanvallen uit tegen Bahrayn. De Perzen en ook de Ottomanen eisten de soevereiniteit over het emiraat. Alsof dat niet volstond, kwam de bevolking in opstand tegen de repressieve politiek van de emir.

Deze omstandigheden dreven de emir ertoe een tweede akkoord met de Britten te tekenen in 1861. Bahrayn beloofde een einde te maken aan de piraterij en de slavenhandel in ruil voor erkenning van de Bahraynse onafhankelijkheid en Britse beveiliging bij eventuele aanvallen door derden. Bahrayn werd een protectoraat.

Sjaykh Muhammad voelde zich, met de steun van de Britten veilig genoeg om in 1867 Qatar aan te vallen. De Britten gingen niet akkoord en vervingen een jaar later Muhammad door zijn broer Alī. Er brak een periode van politieke chaos uit toen andere familieleden aanspraak maakten op de troon. In 1869 volgde sjaykh Issa zijn vader op.

Issa kreeg te maken met de Ottomanen die Hasa hadden ingenomen en hun soevereiniteit over Bahrayn wilden uitbreiden. Issa weigerde hun gezag over zijn land te erkennen en sloot een verdrag met de Britten, waarin hij beloofde geen relaties met andere landen aan te

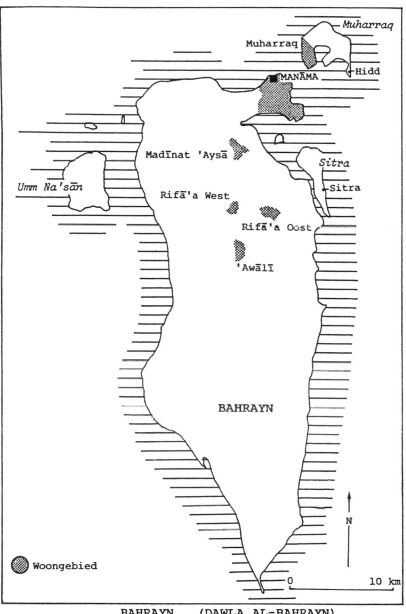

BAHRAYN   (DAWLA AL-BAHRAYN)

gaan zonder Britse goedkeuring. De regeerperiode van sjaykh Issa zou de langste worden in de Bahraynse geschiedenis. In 1923 deed hij troonsafstand in het voordeel van zijn zoon Hamad, maar hij bleef de staatszaken beredderen tot zijn dood in 1932. Sjaykh Hamad probeerde het emiraat te moderniseren. Hij sloot een overeenkomst met de Bahrayn Petroleum Company in 1930 en drie jaar later verliet het eerste schip Bahrayn. Met de olie-inkomsten financierde hij sociale projecten. Hamad stierf in 1946 en werd opgevolgd door zijn zoon Salman die in zijn 19 jaar durende bewind dezelfde politiek voerde als zijn vader. Hij liet een haven bouwen en richtte een administratieve raad op.

Het huidige Bahraynse staatshoofd, sjaykh Issa, volgde zijn vader op in 1961. Tijdens zijn bewind werd het land op 14 augustus 1971 onafhankelijk. In 1973 werd het eerste parlement verkozen en een grondwet uitgevaardigd. Een jaar later echter werd de grondwet opgeheven en het parlement ontbonden. Sjaykh Issa benoemde zijn oudste zoon Hamad tot kroonprins.

Arabische accenten

Op het eerste gezicht zou men de staat Bahrayn weinig directe Arabische sympatieën toemeten. Door de sji'itische meerderheid van zijn bevolking staat het in schril contrast met de andere landen van het Arabische schiereiland. De Bahraynse sji'ieten, die overigens politiek en economisch gediscrimineerd worden, bezorgen de emir heelwat kopbrekens. Velen sloten zich aan bij de oppositiebewegingen en organiseren, met de steun van Iran, manifestaties, aanslagen, rellen en pogingen tot staatsgreep. Emir Issa voert een harde repressie tegen deze groepen.

Met Qatar is er een dispuut over het bezit van enkele eilanden. Dit jaar nog (1988) willen de regeringen van de twee landen het eilandenprobleem voorleggen aan het Internationaal Gerechtshof in Den Haag. Saoedi-Arabië werd door alle andere Golfstaten nogal wantrouwig bekeken omwille van de hegemonistische reflex van het Wahhābisme in dat land. Toch richtte Bahrayn zich tot Saoedi-Arabië toen Iran, na de Bahraynse onafhankelijkheid, het eiland als hun eigendom opeiste. Sindsdien gaan Saoedische en Bahraynse ambtenaren en regeringsleiders geregeld bij elkaar op bezoek en worden vooral op economisch vlak de relaties verder uitgebouwd.

De claim van Iran op Bahrayn gaat terug tot 1622 toen de Iraniërs het eiland annexeerden. Ze bleven er tot 1783 toen Bahrayn veroverd werd door Ahmad al-Khalīfa van de Utub-stam. Sindsdien wordt het eiland te pas en te onpas door de Iraanse overheid opgeëist. Na de onafhankelijkheid werden de relaties tussen de twee staten hartelijker en werden er onder meer culturele samenwerkingsakkoorden gesloten.

Ook met de VS zijn de relaties sinds de onafhankelijkheid eerder goed. In december 1971 kregen de VS het recht gebruik te maken van de militaire basis van de Britten in Djufayr, wat op oppositie stuitte binnen en buiten het emiraat. Op 20 oktober 1973, na het uitbreken van de oorlog met Israël, werden de havenfaciliteiten van de Amerikaanse marine opgeheven. Toch bleef er een Amerikaanse militaire aanwezigheid in Bahrayn. In 1975 vernieuwde de Bahraynse overheid haar akkoord met de VS, dit ondanks de oppostie. De Amerikanen moesten voortaan wel meer huur betalen voor het gebruik van de basis, maar het aantal soldaten steeg. In 1977 werd opnieuw officieel een einde gemaakt aan het akkoord. De VS gingen dan ook in andere Golfstaten op zoek naar militaire faciliteiten, maar bleven tegelijk aanwezig in Bahrayn. In 1983 voerden beide landen besprekingen om het Bahraynse leger te moderniseren en vier jaar later leverden de VS aan Manāma F16-gevechtsvliegtuigen. Hiermee is Bahrayn de enige Golfstaat met F16-vliegtuigen.

Aan het sultanaat Oman bewaarde Bahrayn eerder slechte herinneringen omwille van de verwoestende invallen in de 18de eeuw. De overige emiraten zijn natuurlijke concurrenten op het economische vlak.

Van alle Arabische buurlanden ging er dus een dreiging uit die het bestaansrecht van Bahrayn kon aantasten. Het staatshoofd, Issa b. Salman al-Khalīfa, de tiende emir van de Khalīfa dynastie, zag evenwel maar al te goed de beperkte manoeuvreerruimte van zijn land in. Enerzijds was het te klein om een echt onafhankelijke koers te kunnen varen. Zelfbehoud maakte dus een samenwerking met althans sommige buurlanden noodzakelijk. Anderzijds was de keuze van beschermende partner(s) beperkt tot de twee zijden van de Golf: een Arabische zijde (m.a.w. Saoedi-Arabië) en een overzijde (m.a.w. Iran). Gezien de niet aflatende aanspraken van de Sjāh op Bahrayn als Iraans gebiedsdeel, was de keuze voor Issa b. Salman eigenlijk onbestaande: alleen samenwerking met de Arabische 'broederstaten' bleef over.

Niet enkel uit politieke, ook uit economische overwegingen was dit een realistische optie. Al was Bahrayn dan de eerste petroleumexporteur van de Golf geweest (1934), aan de vooravond van de pertroleumprijsstijging (1973) was het tot een onbelangrijk producent gedegradeerd in vergelijking met zijn Arabische buren. Samenwerken met die rijke buren (gekenmerkt door een chronisch betalingsbalansoverschot) zou zeker voordelig uitvallen voor het minder begiftigde Bahrayn. Tenslotte was het streven naar samenwerking met de Arabische buurlanden ook in cultureel opzicht de voor de hand liggende keuze: dezelfde taal, nagenoeg dezelfde historische achtergrond, eenzelfde samenlevingspatroon.

Industriële samenwerking in de Golf

In vergelijking met de andere Arabische olie-exporteurs aan de Golf is Bahrayn een dwerg. De dagproduktie bedroeg in 1972 slechts 70.000 vaten (vergelijk met de 6.500.000 van Saoedi-Arabië). Ze is sindsdien wel wat gestegen door de ontginning, samen met Saoedi-Arabië, van het Abū Saafa-veld. Vermoed wordt dat Bahrayn rond de eeuwwisseling geen petroleum meer zal produceren, hoewel men met kostbare herwinningstechnieken poogt die situatie nog wat uit te stellen.

Een en ander brengt mee dat Bahrayn, zolang het nog petroleum heeft, het maximum aan toegevoerde waarde daaruit probeert te halen, ondermeer door zelf al zijn ruwe olie te raffineren. De hiervoor gebouwde raffinaderij heeft een capaciteit die ver uitstijgt boven de lokale produktie, maar die niettemin volledig benut wordt dankzij een Saoedische inbreng. Saoedi-Arabië zorgt voor de bijkomende toevoer van ruwe petroleum (250.000 vaten per dag), Bahrayn reëxporteert het afgewerkte produkt naar het Arabische vasteland: een samenwerking die beide partijen tot voordeel strekt.

Bahrayn is er zich ook van bewust dat het post-petroleumtijdvak niet blijvend kan uitgesteld worden. Om zijn welvaart te behouden moet het daarom snel een minder eenzijdige industriële uitbouw realiseren. Het land ziet zich bij de keuze van projecten geconfronteerd met een tweevoudig probleem.

Om te kunnen uitvoeren en op de wereldmarkt te kunnen concurreren, moeten de industrieën een capaciteit hebben die de noden van het eigen land overstijgt. Tegelijk vergen deze grootschalige projecten de investering van enorme financiële middelen, die de mogelijkheden van het land overschrijden.

Een ideale oplossing voor dit dubbel probleem ligt in transnationale samenwerking waarbij één of meerdere partijen de middelen aanbrengen, die nodig zijn voor de produktie, in ruil voor het eindprodukt. Geen wonder dat Bahrayn een uitgesproken voorstander was van gemeenschappelijke economische initiatieven. OAPEC (de Organisatie van Arabische Petroleum-Exporterende Landen) kreeg zijn zetel in Bahrayns hoofdstad Manāma, en één van de eerste grote projecten van deze organisatie betrof de bouw van twee gigantische droogdokken voor het herstellen van olietankers. Bahrayn werd als vestigingsplaats uitgekozen en in 1978 liep de eerste tanker binnen.

Niet enkel via het stimuleren van multilaterale initiatieven, ook door het afsluiten van bilaterale samenwerkingsakkoorden zette Bahrayn zijn industriële groei verder. In 1972 werd met een 20% Saoedische participatie ALBA (Aluminium Bahrayn) geopend. Op basis van eigen, goedkope energie (gas) wordt ingevoerde bauxiet aluminium verwerkt en weer uitgevoerd. Op dit ogenblik is ALBA uitgegroeid tot Bahrayns grootste niet-petroleumindustrie en verschaft het een direct en indirect inkomen aan zowat 7% van de bevolking.

Meteen zijn de twee wegen aangegeven, die Bahrayn volgt in de groei naar een minder eenzijdige economische structuur, weg van de petroleum- (en gas) ontginning. Enerzijds betreft het initiatieven binnen de petroleum- en gassector, anderzijds gaat het om nieuwe industriële projecten die stoelen op een competitief voordeel op het energievlak. In beide gevallen streeft Bahrayn naar het aangaan van joint-ventures met de buurlanden om de hierboven vermelde redenen.

Zo ressorteren onder de eerste categorie de oprichting van de Gulf Petrochemicals Industry Company (waarbij Kuwait, Saoedi-Arabië en Bahrayn samen een methanol-ammoniak fabriek gaan bouwen in Bahrayn), de Heavy Fuel Oil Processing Company (een gezamenlijke onderneming van alweer dezelfde drie landen), alsook de Arab Petroleum Investment Corporation (een deelorganisatie van OAPEC) met zijn plan om een LNG-fabriek te bouwen in Bahrayn.

Tot de tweede reeks van gemeenschappelijke industriële activiteiten behoort de bouw van een staalfabriek door de Arab Iron and Steel Company (gefinancierd door Qatar, Iraq en Saoedi-Arabië, maar gevestigd in Bahrayn) en de verdere uitbouw van een aluminiumindustrie met de oprichting van de Gulf Aluminium Rolling Mill Company (een initiatief van de Gulf Organisation for Industrial Consulting).

Deze laatste reeks van energie-intensieve projecten ontlenen hun rendabiliteit aan de lage kostprijs van Bahrayns beschikbare gasreserves, die niet voor export in aanmerking komen omdat het produktieniveau te laag ligt. Het gas wordt daarom gebruikt voor secundaire petroleumwinning, voor electriciteitsproduktie en als brandstof voor de raffinaderij en de aluminiumfabriek.

Alles bij elkaar heeft Bahrayn zijn eigen fossiele brandstoffen dus nog broodnodig, hetzij voor verwerking, hetzij als input voor andere activiteiten. Dankzij een succesvolle samenwerking met de buurlanden maakt het land wel een betere kans om op middellange termijn te slagen in de uitbouw van een industriële infrastructuur die moet toelaten een lagere afhankelijkheid van petroleum en gas te koppelen aan een groeiende welvaart.

Het succes van de samenwerking ligt hierin dat Bahrayn als aantrekkingspool kan en wil fungeren voor activiteiten die elders in de regio ongewenst zijn, maar die toch tegemoet komen aan de behoeften van diezelfde regio. Zo schrikken vele landen in de Golf terug voor een industriële uitbouw die onder meer de vraag naar buitenlandse arbeiders verder zal doen toenemen.

Coöperatie op tertiair vlak

De evolutie op het vlak van de tertiaire uitbouw van Bahrayns economie verloopt analoog aan de ontwikkelingen in de industriële sector. Misschien meer nog dan op de industriële infrastructuur legt het land zich toe op de ontwikkeling van een dienstenapparaat dat een inkomen kan garanderen voor een groot deel van zijn bevolking.

Weer eens moet men hierbij de eigen, te kleine landsgrenzen overschrijden en mikken op de regionale markt en zelfs de wereldmarkt. Opnieuw resulteert het proces deels uit initiatieven die uitgaan van reeds bestaande multilaterale regionale organisaties, deels uit bilaterale acties. Meer dan in de secundaire sector is er hier evenwel plaats voor nationale ondernemingen, omdat de financiële input voor dergelijke tertiaire activiteiten niet al te hoog oploopt.

Voorbeelden van multilaterale initiatieven die zich in Bahrayn komen vestigen zijn GIB (Gulf International Bank), ABC (Arab Banking Corporation) en ARIG (Arab Reinsurance and Insurance Group). GIB heeft als aandeelhouders alle Golfstaten (Irak inclusief) en toch verkoos deze instelling Bahrayn als standplaats. ARIG staat helemaal los van Bahrayn (het is een gezamenlijk initiatief van Libië, Kuwait en de VAE) maar koos Manāma, Bahrayns hoofdstad, als zetel. Doel van deze maatschappij is de quasi-monopoliepositie aan te tasten van de verzekeringsmaatschappij Lloyds, die naar aanleiding van de oorlog tussen Iraq en Iran de verzekeringspremies voor tankers van en naar de Golf aanzienlijk verhoogde.

ABC heeft dezelfde eigenaars als ARIG (Libië, Kuwait en de VAE) en stelt zich tot doel de monopoliepositie van de Westerse banken in de recyclage van de oliedollars af te breken.

Omdat in dit land twee belangrijke randvoorwaarden vervuld zijn die de vestiging van dienstverlenende activiteiten erg aantrekkelijk maken, verkiezen al deze maatschappijen te opereren vanuit Bahrayn.

In de eerste plaats is er de geografische ligging, zowat halfweg tussen Europa en het Verre Oosten. In de tweede plaats -en daarmee onderscheidt Bahrayn zich duidelijk van de andere Golfstaten- geniet het eiland van een goede fysische en sociale infrastructuur. Op het vlak van gezondheid, onderwijs en internationale verbindingen is de balans zelfs uiterst positief.

Het is dit voordeel, met betrekking tot infrastructurele voorzieningen, dat Bahrayn ten allen prijze wil bewaren en consolideren; onder meer door middel van bilaterale (of multilaterale) economische projecten.

Een overduidelijk voorbeeld hier is Gulf Air (de gemeenschappelijke luchtvaartmaatschappij van Bahrayn, de VAE, Qatar en Oman) dat vanuit zijn hoofdzetel -opnieuw Manāma- de Golfregio en dus zeker Bahrayn tot een actieve schakel maakt in het verkeer tussen Europa en het Verre Oosten. Een ander voorbeeld in dit kader is de in gebruikname, in november 1986, van een vaste wegverbinding tussen Bahrayn en Saoedi-Arabië, waardoor het eiland verbonden werd met het Arabische vasteland (aan een kost van ca. 1 miljard dollar, volledig betaald door Saoedi-Arabië).

De twee bovenvermelde troeven van Bahrayn, inspireerden niet enkel de transnationale Arabische ondernemingen, maar werden ook handig uitgespeeld in de aantrekking van internationale dienstverlenende activiteiten. Het meest opmerkelijke initiatief is de geslaagde uitbouw van een internationaal financieel centrum in Bahrayn. Sinds einde 1975 hebben zich 63 belangrijke buitenlandse banken gevestigd in Manāma (als schakel tussen Londen en Singapore) onder het statuut van Offshore Banking Unit (OBU). Verder zijn er 28 andere banken met een vertegenwoordigingskantoor en 19 echt commerciële banken.

Deze groei werd bijna uitsluitend gestimuleerd door de Amerikaanse en Westeuropese banken, die in Bahrayn een ideaal eurodeviezencentrum zagen. Hier kunnen de oliedollars vrijwel aan de bron opgehaald en gerecycleerd worden. Verrassend genoeg heeft deze functie van Bahrayn als financieel centrum zich nooit ten volle doorgezet.

In de eerste plaats is er een groeiende belangstelling gekomen van de Arabische banken en begon Bahrayn de rol op zich te nemen van regionaal financieel mekka. Verrichtingen in dirham (VAE), dinar (Kuwait) en riyal (Saoedi-Arabië) gingen tot de normale geplogenheden behoren, tot Kuwait en de VAE een rem plaatsten op de export van hun nationale munten, die dreigden een internationaal beleggingsmiddel te worden.

Niettemin bleef en blijft het aandeel van de regionale munten (vooral de Saoedische Riyals) stijgen in het totaal van de transacties. Ondanks de hinderpalen gaat Bahrayn verder om zich te ontwikkelen tot het New York of het Londen van de Golf. Weliswaar is de tegenstand hier veel groter dan op het industriële vlak waar de andere Golfstaten bijna geen fundamentele bezwaren hebben tegen de regionale spilfunctie van Bahrayn.

Op het tertiaire vlak namelijk, en dan vooral op het financiële, zijn alle Golfstaten erop gebrand hun structuren aan te passen aan de gewijzigde toestand van na 1973, die deze landen tot gigantische kapitaalsurplussers heeft omgevormd. Deze omschakeling is veel eenvoudiger door te voeren dan de uitbouw van een gediversifieerd industrieel apparaat, terwijl de verwachte inkomensstromen dezelfde orde van grootte kunnen hebben.

Een blik vooruit

Zonder ons aan voorspellingen te wagen betreffende Bahrayns economische toekomst, kunnen een aantal elementen naar voren geschoven worden die wellicht een beslissende invloed zullen uitoefenen op de evolutie van de economische structuur in dat land. Daartoe behoren aspecten die eerder positief kunnen inwerken op Bahrayns toekomstig economisch patroon en andere die eerder in negatieve zin zullen doorwegen.

Het belangrijkste positieve element is ongetwijfeld de vastbeslotenheid om de economische herstructurering in de richting van een meer gediversifieerd produktie-apparaat op een meer gecoördineerde, planmatige manier te laten verlopen. Dit komt tot uiting in de uitwerking van een eerste vierjarenplan voor Bahrayn en in de oprichting van de Gulf Organisation for Industrial Consulting (1976) en de Gulf Cooperation Council (1981).

Het belangrijkste verschil tussen deze beide laatste organisaties is dat Iraq wel lid is van de eerste instelling en de VAE niet, terwijl het omgekeerde geldt voor de tweede instelling. De overeenkomst ligt hierin, dat beide organismen streven naar een geplande gemeenschappelijke uitbouw van een aantal industrieën, die de schaal van elk land afzonderlijk overschrijden, maar die passen in de industriële ontwikkeling van de Golfregio als geheel. De GOIC doet zulks op meer algemeen vlak, de GCC concentreert zich op 5 bedrijfstakken (staal, cement, aluminium, petrochemie en meststoffen).

Hoewel de GCC zijn standplaats in Riyād heeft terwijl de GOIC vanuit Doha (Qatar) opereert, geniet Bahrayn belangrijke voordelen door de initiatieven van deze beide instellingen. Zo heeft de GOIC besloten het sein op groen te zetten voor een uitbouw van ALBA (Aluminium Bahrayn), eerder dan het Dubal-project (Dubaialuminium) te stimuleren. Dit is tevens een reden geweest voor de VAE om niet tot de GOIC toe te treden.

Meteen zitten we op het terrein van de negatieve punten die kunnen van belang zijn bij de verdere ontwikkeling van Bahrayns economische structuur. In het algemeen gaat het hier om het economisch beleid van Bahrayns Arabische buurlanden, met name de VAE, Saoedi-Arabië, Qatar en Kuwait. Kuwait en Saoedi-Arabië kunnen bestempeld worden als landen die zich, min of meer, vriendelijk opstellen in hun economische politiek tegenover Bahrayn. Op industrieel vlak werken zij er trouwens nauw mee samen, zowel binnen het kader van de regionale organisaties als bilateraal. Weliswaar is Saoedi-Arabië vast besloten een eigen belangrijk industrieel apparaat uit de grond te stampen, maar de bedreiging die hiervan kan uitgaan voor Bahrayn is eerder theoretisch.

Anders ligt het op het vlak van de tertiaire sector. Bahrayns positie als internationaal financieel centrum in de Golf is nu wel een gevestigd gegeven, maar een verder noodzakelijke groei ervan zou ernstig kunnen verstoord worden mocht Kuwait ertoe besluiten, zijn financiële managementtalenten meer actief op het internationale plan te gaan aanwenden, en/of zijn grenzen open te stellen voor het internationale bankwezen.

Waar Kuwait een potentiële bedreiging vormt voor Bahrayns internationale positie als financier, geldt hetzelfde voor Saoedi-Arabië en Bahrayns positie als regionaal financieel centrum. Nu reeds is de groei daarvan aanzienlijk teruggelopen door de beslissingen van Kuwait en de VAE om de export van hun nationale munten te beperken. Indien Soedi-Arabië tot eenzelfde maatregel zou besluiten, dan zou ook dit gedeelte van Bahrayns lucratieve financiële dienstverlening in elkaar storten en, gekoppeld aan het voorgaande, meteen alle bestaansgrond wegnemen voor een verder verblijf van zovele internationale banken op het eiland. Hoewel de kans, dat dit scenario zich in de nabije toekomst zal voordoen, niet al te groot mag geschat worden, loont het toch de moeite het te signaleren, al was het maar om Bahrayns enge manoeuvreerruimte te onderstrepen.

Literatuur

Adaiyat, F., *Bahrain Island: A Legal and Diplomatic Study of the British-Iranian Controversy*, 1955.

Al-Bayati, *Der Arabische-Persische Golf. Eine Studie zur Historischen, Politischen und Oekonomischen Entwicklung der Golf Region*, 1978.

Cottrel, A., ed., *The Persian Gulf States. A General Survey*, 1981.

Nakleh, E., *Bahrain. Political Development in a Modernizing Society*, 1976.

Anoniem, *The Rulers are afraid of their own People*. In: MERIP, 132, 1985, pp. 22-24.

DE AL-KHALIFA DYNASTIE

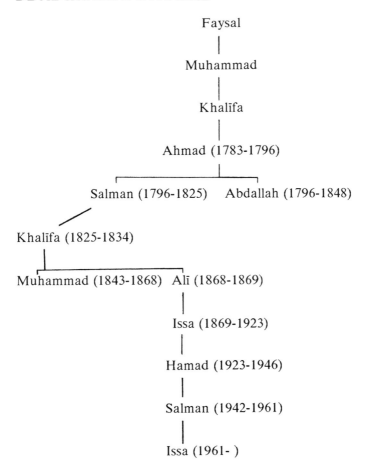

Faysal
|
Muhammad
|
Khalīfa
|
Ahmad (1783-1796)

Salman (1796-1825)   Abdallah (1796-1848)

Khalīfa (1825-1834)

Muhammad (1843-1868) Alī (1868-1869)

Issa (1869-1923)

Hamad (1923-1946)

Salman (1942-1961)

Issa (1961-)

KUWAIT: PARELS EN ZWART GOUD

Koning Faysal zei ooit: "Er zijn drie supermachten: Rusland, Amerika en Kuwait".

Van de oudheid tot 1770

Het gebied dat heden Kuwait heet, werd vóór de 18de eeuw niet permanent bewoond. Wel bekleedde Kuwait als haven vanaf het derde millennium vóór Christus een belangrijke economische positie en onderhield het relaties met oude rijken als Dilmun in Bahrayn en Sumer. Het land vormt overigens het scharnier tussen de Arabische wereld en Iran enerzijds en het Verre Oosten anderzijds.

Op het einde van de 17de eeuw verlieten drie families van de Utubstam, een fractie van de Anāsa-confederatie, de Nadjd omwille van de grote droogte die daar heerste. Ze trokken naar het oosten en vestigden zich in Qatar, aan de zee. De Sabah, de Khalīfa en de Djalahīma verlieten evenwel Qatar in 1716, na een onenigheid met de Qatari's, en vestigden zich dit keer in Kuwait.

Kuwait, verkleinwoord van *kūt* (burcht), was toen in handen van de Banū Khalid, die heel het gebied tussen Qatar en Iraq beheersten. Het was in de eerste plaats een opslagplaats van voedsel en wapens voor de razzia's tegen Zuid-Iraq. De Utub-families werden er in minder dan 50 jaar welvarende zakenlui, vergaarden macht, genoten aanzien en verbonden zich met andere stammen. Ze slaagden erin de Banū Khalid te overheersen, die sterk verzwakt waren door intertribale geschillen en de groeiende macht van de Wahhābieten in de Nadjd (in Saoedi-Arabië).

De Utub werden in hun positie bevestigd toen in 1756 Sabah ibn Djābir tot hoofd van de families verkozen werd. De portefeuilles werden onder de drie verdeeld: de Sabah controleerden voortaan de administratie, de Djalahīma de maritieme zaken en de Khalīfa de handelsactiviteiten. Niet voor lang evenwel, want in 1766 verlieten de Khalīfa Kuwait om zich opnieuw in Qatar te vestigen en korte tijd later volgde hen een deel van de Djalahīma.

1770-1850

Op het einde van de 18de eeuw begon Kuwait een rol te spelen in de internationale politiek. Immers, de Perzen bezetten in 1775-1779

Basra, dat een belangrijke halteplaats was op de handelsroute van de Oost-Indische Compagnie. De route werd verlegd en Kuwait werd een strategisch en commercieel centrum. Velen migreerden naar de havenstad, want de handel uit Indië, Baghdad, Aleppo en Istanbul passeerde nu in Kuwait. Tussen de sjaykh en de Britten werden de eerste contacten gelegd en stilaan zou Kuwait voor de Britten belangrijk worden.

In 1793, na een geschil met de Turkse Ottomanen, trokken de Britten ook hun administratief centrum uit Basra weg en verplaatsten het naar Kuwait. Ze bleven er tot 1795 en na een korte afwezigheid keerden ze in 1821 terug.

Algemeen kan men stellen dat Kuwait op het einde van de 18de eeuw een onafhankelijke staat was met een eigen vloot. Toch zou deze staat moeten vechten om te overleven. Meer bepaald tegen de Wahhābieten die hun gebied uitbreidden op zoek naar zoet water en een uitweg naar zee. Pas in 1819 werd de rust in het Golfgebied hersteld. Dar'īya was vernield en de Egyptische troepen, die in opdracht van de 'Sublieme Porte' (de Ottomaanse regering in Istanbul) de Wahhābitische expansiedrang een halt moesten toe roepen, rondden hun succesvolle expeditie in de Nadjd af met de deportatie van de Wahhābitische emir. In de tweede helft van de 19de eeuw werd de rust andermaal verstoord, nu door de Ottomanen.

1850-1896

Midhad Pāsja, werd door de Ottomaanse sultān, Abdulazīz, tot gouverneur van Baghdad benoemd (1869-1872). Deze Midhad wilde het verlies van de Balkanstaten compenseren door het Ottomaanse rijk uit te breiden in Azië. Met de hulp van de sjaykh van Kuwait organiseerde hij een aanval op Ahsā, in de Nadjd. De sjaykh kreeg in ruil hiervoor land en belastinginkomsten. De Turk was een groot diplomaat en wilde de belangen van de sjaykh met die van de Ottomanen verbinden. Sjaykh Abd Allāh ibn Sabah, de vijfde heerser in de Sabah dynastie, erkende als eerste het Ottomaanse gezag over zijn land. Dat gezag bleef evenwel nominaal zodat beide partijen gelukkig waren.

Abd Allāh werd bij zijn dood opgevolgd door zijn oudere broer Muhammad. Zwak en incompetent als hij was, werd hij geholpen door zijn broer Djarra en zij lieten zich beiden adviseren door hun neef Yusuf al-Ibrahīm. Deze was van Iraaqse nationaliteit en voelde zich meer met de Ottomanen dan met de Kuwaiti's verbonden. Mubārak, een halfbroer, werd tot legeraanvoerder benoemd om de stammen te controleren en te beschermen. Die stammen begonnen immers tegen de verzwakte centrale macht te rebelleren. De anarchie was compleet.

Mubārak verloor daarbij nog aanzien en macht ten voordele van Yusuf al-Ibrahīm. Zijn te grote uitgaven om de stammenoorlogen te bekostigen en een aan-zijn-positie-waardig-leven te leiden, werden door zijn broers niet geapprecieerd. Zo werd Yusuf het feitelijke staatshoofd van Kuwait maar ook aartsvijand van Mubārak. De spanningen tussen de broers bereikten een hoogtepunt, toen Muhammad en Djarra in 1896 door Mubārak vermoord werden. De eerste en de laatste Kuwaitse paleisrevolutie had zodoende geschiedenis gemaakt.

Mubārak ibn as-Sabah

Yusuf trok zich terug in Basra. De vooraanstaande families kozen Mubārak als sjaykh. Yusuf, die overigens veel aanzien genoot in de naburige landen, legde zich niet bij zijn lot neer. Tot zijn dood in 1905 zou hij pogingen blijven ondernemen om Mubārak omver te werpen. Zo sloot hij een verbond met de sjaykh van Qatar en de emir van de Hā'il, Ibn Rasjīd, om Mubārak de oorlog te verklaren. Muhammad ibn Rasjīd, die 2/3 van Arabië bezat maar geen kust had, wilde maar al te graag de haven van Kuwait innemen. Zijn opvolger, Azīz b. Rasjīd, vatte in 1897, trouw aan de politiek van zijn vader, het plan op om de havenstad te belegeren.

Mubārak zag de ernst van de situatie in en richtte zich tot de *wālī* (gouverneur) van Baghdad om zijn zaak bij de 'Sublieme Porte' te bepleiten. Deze diplomatie wierp vruchten af. Einde 1897 benoemde de Ottomaanse regering Mubārak tot sjaykh van Kuwait. Mubārak accepteerde deze titel in de hoop met de steun van de Ottomanen in Iraq de vijandelijkheden tegen zijn gebied te stoppen. Zijn positie tegenover Yusuf al-Ibrahīm werd op die manier gelegaliseerd. Toch meende Mubārak dat zijn veiligheid en die van zijn land nog niet voldoende gegarandeerd waren en hij zocht toenadering tot de Britten, die toen de sterkste macht in de Golf waren.

In 1897 en 1898 vroeg hij Britse bescherming. De Britten waren evenwel niet erg happig op deze toenadering uit vrees voor een diplomatiek conflict met de Ottomanen en de Russen. Londen had voordien de Ottomaanse soevereiniteit over Kuwait erkend en de Russen waren door hun diplomatieke activiteiten in Iran, op zoek naar een uitweg naar zee, de grootste rivalen voor de Britten in de Golf geworden.

Twee gebeurtenissen maakten echter dat de Britten een akkoord met Mubārak as-Sabah sloten: de poging van Kapnist, een Rus, om een concessie te krijgen voor de aanleg van een spoorweg van de Middellandse Zee tot Kuwait, en de benoeming van Lord Curzon tot vice-koning van Indië. Op 23 januari 1899 tekenden Mubārak as-Sabah en kolonel Meade een verdrag. Dit verdrag stipuleerde ondermeer dat de sjaykh in naam van zichzelf en die van zijn erfgenamen en opvolgers geen agenten noch vertegenwoordigers van andere mogendheden of regeringen in Kuwait of om het even waar op zijn

territorium zou ontvangen zonder akkoord van Hare Majesteit, en dat
de Britten Kuwait zouden beschermen tegen iedere aanval van
buitenuit.

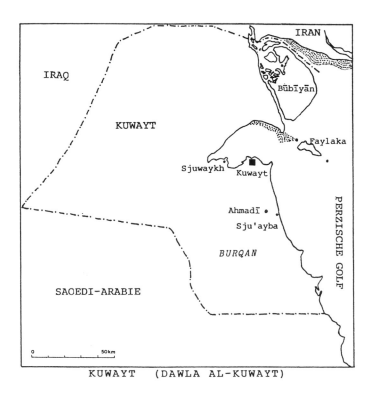

KUWAYT   (DAWLA AL-KUWAYT)

    In het begin was dit verdrag vooral gericht tegen de Russen, later
speelde het een grote rol in de Brits-Duitse relaties. Het Russische gevaar verdween toen de Britten in 1907 een verdrag met hen sloten
waarbij de Russische invloedssfeer werd beperkt tot Noord-Perzië en
de Britse tot Zuid-Perzië. De dreiging van het Duitse rijk was echter
niet denkbeeldig. Sinds 1880 onderhielden Bismarck en Wilhelm II
goede relaties met het Ottomaanse Rijk op het vlak van militaire bijstand en economische samenwerking. In 1898 verkregen ze een concessie voor de bouw van de Baghdad spoorweg, een lijn die van
Berlijn, via Baghdad tot Kuwait zou moeten lopen. Dit akkoord was
de aanloop voor de eerste Britse interventie in Kuwait.

    Overeenkomstig het beschermingsverdrag weigerde Mubārak de
Duitse experts die de terminus van de lijn moesten bepalen, toegang
tot zijn gebied.   Daarop vroegen de Duitsers de 'Sublieme Porte'

Kuwait te annexeren en Mubārak uit te schakelen, waarop de Britten stelden niet onverschillig te zullen blijven in dit conflict. In een eerste gewapend treffen met de Ottomanen verloor Mubārak de strijd. De 'Porte' stelde hem voor zich in Istanbul te vestigen en lid te worden van de regering, of Kuwait te verlaten en zich te vestigen in een ander deel van het Ottomaanse rijk, zo niet zou hij verjaagd worden.

Mubārak, voor wie deze compromissen onaanvaardbaar waren, riep de hulp van de Britten in. Die stuurden hun oorlogsschepen, verjoegen de Turkse belegeraars en stationeerden troepen en kanonnen op Kuwaits grondgebied. Verder maakten ze de 'Sublieme Porte' duidelijk dat ze niet van plan waren Kuwait te bezetten noch een protectoraat te vormen, op voorwaarde dat de Turken een status quo zouden accepteren. In 1904 benoemde Lord Curzon een Brits agent in Kuwait om de relaties tussen Kuwait en Groot-Brittannië te versterken.

Tien jaar later brak de Eerste Wereldoorlog uit. Mubārak koos de Britse zijde en op 3 november 1914 erkenden de Britten Kuwait als onafhankelijke staat, onder Britse bescherming.

Mubārak stierf in 1915. Als een van de grootste Arabische staatshoofden, was hij erin geslaagd om de machtsverhoudingen op het Arabische schiereiland en tussen de toenmalige grootmachten tegen elkaar uit te spelen zodat de 'onafhankelijkheid' van Kuwait gevrijwaard bleef. Het land groeide, kende een welvarende handel en had een belangrijke handelsvloot.

1915-1934

Mubārak werd opgevolgd door zijn zoon Djābir die minder dan 1 jaar regeerde. Hij verminderde de belastingen en verbeterde de relaties met de buurlanden waardoor de handel zich verder ontwikkelde. Hij werd opgevolgd door zijn broer Salīm b. Mubārak, een zeer gelovig man die de alliantie met Groot-Brittannië tegen het islamitische Turkije geen warm hart toedroeg.

De spanningen met de Britten bereikten een hoogtepunt toen die in 1918 de haven sloten omdat ze vermoedden dat de Ottomanen via Kuwait bevoorraad werden. Voor Salīm b. Mubārak dook echter een veel christiger gevaar op, meer bepaald vanuit het binnenland waar Abd al-Azīz b. Sa'ūd zijn gebied met succes uitbreidde. Om de aanvallen van de *ikhwān*, de strijders van Ibn Sa'ūd, af te weren bouwden de Kuwaiti's in 1921 een muur rond hun stad en riep Salīm de hulp van de Britten in. Die probeerden Kuwait van iedere aanval te vrijwaren en stuurden Ahmad b. Djābir, de neef van de sjaykh, naar Ibn Sa'ūd om besprekingen te voeren over de grenzen tussen de Nadjd en Kuwait. Intussen stierf Salīm en Ahmad ibn Djābir werd sjaykh. Hij regeerde van 1921 tot 1950.

In 1922 wilden de Britten, die nu als enige grootmacht in de Golf de lakens uitdeelden, de grensproblemen definitief regelen. Ze organiseerden een rondetafelconferentie voor alle belanghebbende partijen in Uqayr. Ibn Sa'ūd was er voor de Nadjd, Sabih Beg voor Iraq en de Brit J.C. More voor Kuwait. Op de zesde dag legde sir Percey Cox de grenzen vast omdat de drie staatshoofden geen akkoord bereikten. Cox gaf een stuk van de Nadjd aan Iraq, compenseerde Ibn Sa'ūd door hem 2/3 van Kuwait te schenken en legde een neutrale zone vast tussen de Nadjd en Iraq, en Kuwait en de Nadjd. Sjaykh Ahmad van Kuwait voelde zich terecht bekocht.

De Kuwaitse sjaykh had ook af te rekenen met een economische crisis. Ibn Sa'ūd had op Kuwaits grondgebied ambtenaren aangesteld om belastingen te heffen op goederen met als bestemming de Nadjd. Toen Ahmad dit weigerde te aanvaarden, stelde Ibn Sa'ūd een embargo in op alle goederen die uit Kuwait kwamen. Deze maatregel betekende een zware klap voor de Kuwaitse zeevaarders. De Kuwaitse economie draaide voor een groot deel op parelvisserij, naast scheepsbouw en scheepsvaart. De crisis verergerde met de Crash van 1929, en toen goedkope Japanse cultuurparels op de markt verschenen. Daarbij kwam nog dat Iraq zich in 1933, nog voor het onafhankelijk werd, opwierp als erfgenaam van het Ottomaanse rijk en Kuwait opeiste als deel van zijn territorium. Ook vandaag koestert de Iraaqse overheid nog steeds de ambitie Kuwait te annexeren. De grote olierijkdom en een uitweg naar zee zijn niet geheel vreemd aan dit verlangen. Kuwait bevond zich in een benarde situatie, toen op 23 december 1934 de eerste olieconcessie werd getekend.

De olie-industrie

Men zegt wel eens dat Kuwait een spons is, van olie doordrenkt. Inderdaad, de fabelachtige olierijkdommen van dit woestijnland ontsproten niet uit de fantasie van één of andere oriëntalist. Kuwait beschikt over 10% van de wereldoliereserves en neemt hiermee de derde plaats in na Saoedi-Arabië en de USSR. Volgens schattingen zouden de voorraden nog 103 jaren uitbating garanderen. Die olie is de basis van de Kuwaitse economie en levert 90% van de staatsinkomsten op.

De eerste bron werd gevonden in Burqān, waar 82% van de totale reserves van het land onder het zand zitten. Daarbij komt nog dat de ontginningskosten in Kuwait zeer laag liggen omwille van de buitengewone geologische omstandigheden. 95% van de putten zijn produktief, de overige 5% werden stopgezet omdat ze niet rendabel genoeg waren, waarmee wij niet beweren dat er daar geen olie te vinden is. De olie wordt opgeslagen op de heuvel bij Ahmadī vanwaar men haar makkelijk naar de havens kan laten vloeien. In Minā Ahmadī worden de olietankers volgeladen. Vanaf de jaren vijftig werden ook andere zones tot ontginning gebracht.

De olie-ontginning

De geschiedenis van de Kuwaitse olie-exploitatie valt uiteen in twee periodes. Tot de jaren zeventig verdeelden buitenlandse oliemaatschappijen de buit onder elkaar, maar vanaf 1973 voerde de Kuwaitse overheid een nationaliseringspolitiek. Vandaag speelt Kuwait een grote rol in de OPEC en de OAPEC.

Op 2 februari 1934 werd de KOC (Kuwait Oil Company), in handen van British Petroleum en Gulf, opgericht en enkele maanden later kreeg ze van de sjaykh een concessie voor 75 jaar over heel het Kuwaitse grondgebied met uitzondering van de neutrale zones. In 1950 werd de concessie met 17 jaar verlengd. Dit wil zeggen dat de KOC tot 2026 de Kuwaitse oliewinning zou controleren. De emir kreeg in ruil voor al deze concessies 50.000 pond sterling en een jaarlijkse toelage van 10.000 pond sterling. Deze belachelijke som stond borg voor de niet te stuiten ijver van de Kuwaiti's om de KOC te nationaliseren.

Pas na WO II, in 1946, werd op grote schaal begonnen met de olie-ontginning. De produktie groeide spectaculair vanaf 1951 toen Mossadegh de olie-industrie in Iran nationaliseerde. De KOC bouwde in die periode een eigen stad, Ahmadīya, om zijn personeel in te huisvesten.

Tijdens de jaren zestig werd het monopolie van de KOC ingedijkt en verkreeg de staat 50% van de concessie. De KNPC (Kuwait National Petroleum Company) werd opgericht. Die maatschappij kreeg het exclusieve recht petroleumprodukten op de lokale markt te verdelen. In 1968 kwam er nog een maatschappij bij: de KSPC (Kuwait Spanish Petroleum Company), in samenwerking met Spanje. De Kuwaitse overheid deed dus schuchtere stappen om te delen in de olie-industrie. 92% van de produktie was op het einde van de jaren zestig echter nog in handen van de KOC. De nationaliseringstendens zou zich de volgende jaren blijven doorzetten.

Met de groeiende inspraak van de Kuwaitse overheid werd ook een daling in de olieproduktie merkbaar. Tussen 1973 en 1977 daalde het aantal ton ruwe olie van 150 miljoen tot 93 miljoen. In 1980 tuimelde de produktie verder naar beneden tot 87 miljoen ton, dit ondanks de oorlog tussen Iran en Iraq en de nefaste gevolgen daarvan op de olieproduktie van die twee landen.

Kuwait voert een politiek van spaarzaam omspringen met de natuurlijke rijkdommen om strategische, politieke en economische redenen. Als objectief voor de jaren tachtig werd overigens gesteld dat de jaarlijkse produktie van 80 miljoen ton niet overschreden mag worden.

Dit land drijft als het ware op olie. Het mag dan ook niet verbazen dat discussies over het zwarte goud het Kuwaitse politieke leven beheersten en nog steeds beheersen. Het gevecht dat de overheid in de jaren zeventig voerde om de oliemaatschappijen onder controle te krijgen, getuigt hiervan. Op 29 januari 1974 verkreeg Kuwait een deelname van 60% in de KOC. Zowat twee jaar later, op 1 december 1975, werd de KOC voor 100% door Kuwait gecontroleerd. De nationaliseringen zetten zich voort en op 19 september 1977 was het de beurt aan Aminoil, een Amerikaanse maatschappij die bedrijvig was in de neutrale zone tussen Saoedi-Arabië en Kuwait. Een jaar voordien onderging PIC (Petro-chemicals Industry Company) hetzelfde lot, gevolgd door het tankerbedrijf Kuwait Oil Tanker Company. De reorganisatie van de petroleumindustrie werd afgerond in 1980 met de oprichting van de KPC (Kuwait Petroleum Corporation) die de voordien genationaliseerde bedrijven verenigt. Die KPC controleert sindsdien alle activiteiten die met petroleum te maken hebben. Er werden ook 3 raffinaderijen gebouwd waardoor Kuwait zijn eigen olie kan raffineren.

Vanaf de jaren tachtig deed de Kuwaitse overheid nog meer inspanningen om de economie te diversifiëren. Zo willen de Kuwaiti's steeds meer hun geldberg investeren in de financiële sector. In 1980 werden ongeveer 75% van de bezittingen op de Europese en Amerikaanse markten belegd. Ook hier wedden de Kuwaiti's op verschillende paarden. Ze kochten obligaties in Duitse banken en Japan. Op de Londense markt investeren ze in immobiliën en verzekeringen. Ook in Parijs draagt de immobiliënsector hun voorkeur weg. Kuwait bezit een belangrijk deel van de Daimler-Benz en de Hoechst-chemie aandelen, en de oliestaat participeert in British Petroleum, Ebro (Spaanse suikerproducent) en Union Explosivos Rio Tinto (Spaanse chemieproducent). De Kuwait Finance House, KFH, werd opgericht om de staatsleningen aan nieuwe industrieën te administreren en in 1984 werd de Industrial Investment Company gecreëerd. Hierin zetelden de grootste banken. Deze instelling kreeg de supervisie over de Kuwait Finance House. Kuwait kan dus bogen op ruime financiële overschotten.

Met de landbouw is het daarentegen eerder pover gesteld. De klimatologische omstandigheden zijn hier in de eerste plaats verantwoordelijk voor. Toch wordt in deze sector ruim geïnvesteerd. Vandaag worden moderne technieken gebruikt zowel in de vee- als in de groenteteelt. Deze experimentele landbouw is zeer interessant op wetenschappelijk vlak, de economische waarde ervan wordt echter in twijfel getrokken, de landbouw kost de staat immers gigantische sommen geld. Toch wil de overheid deze sector blijven stimuleren. Kuwait voert immers het leeuwenaandeel van zijn voedingsmiddelen in en wil wat dat betreft een meer onafhankelijke koers varen.

Een andere oude sector die sinds de olie-explosie grondig gemoderniseerd werd is de visserij en schaaldierenkweek. Vooral de garnaalvangst kent succes.

Kuwait heeft daarnaast ook twee industriële zones. In Sju'ayba is de zware industrie gevestigd: meststoffenfabrieken, cement, electriciteit enz. In Sjuwaykh, dichter bij de bebouwde kom van de stad gelegen, is de lichte industrie gesitueerd.

Gas

In periode van de nationalisering van de oliesector kreeg de Kuwaitse overheid ook oog voor de grote voorraden aan gas. Sinds de jaren zeventig worden die dan ook op grote schaal aangeboord. Van de landen in het Midden-Oosten is de hoeveelheid natuurlijk gas dat gebruikt wordt in verhouding tot de produktie, het hoogst in Kuwait. Het gas wordt gebruikt voor het aanmaken van electriciteit in de industrie en voor de ontziltingsfabrieken. Op 1 januari 1979 werden de reserves op 957 miljard kubieke meter geschat. Het emiraat heeft ook een fabriek voor produktie van vloeibaar gas dat naar Japan wordt uitgevoerd. Men mag gerust stellen dat Kuwait in zijn jonge geschiedenis steeds meer de produktie, transformatie en uitvoer van aardgas en petroleum onder controle heeft gekregen. Ondanks het feit dat de produktie van petroleum tussen 1970 en 1980 met 42% daalde, steeg het nationaal inkomen van 825 miljoen S tot 19 miljard S in dezelfde periode.

Rijkdom en welvaart

Die olierijkdommen katapulteerden Kuwait in de welvaart of zelfs in een waanzinnige rijkdom met ernstige politieke, sociale en economische gevolgen. Kuwait baadt in de rijkdom en heeft zich dan ook ontwikkeld als een welvaartstaat met een maximum aan voordelen en comfort voor de lokale bevolking. Men mag gerust stellen dat het er goed leven is voor wie de Kuwaitse nationaliteit heeft. Kuwait kan zich vandaag verheugen in het gebruik van een moderne infrastructuur: asfalt- en autosnelwegen doorkruisen de woestijn; steden, havens en luchthavens danken hun bestaan aan de olie-explosie. Er werden ontziltingsfabrieken en electriciteitsinstallaties gebouwd. Bovenal is de Kuwaiti vrijgesteld van het betalen van belastingen en taksen, ondermeer doeanetaksen. Zelfs telefoon is er gratis. De belangrijkste vooruitgang werd geboekt op het vlak van onderwijs, waarin enorme bedragen geïnvesteerd werden, en dat georganiseerd werd door Palestijnen. Vandaag slorpt deze post nog steeds 10 à 20% van het nationaal budget op. De schoolopleiding bestaat uit 3 cycli van 4 jaar, wat 12 jaar op de schoolbanken zitten betekent. Wie daarna wil verder studeren kan van de regering een beurs krijgen om aan de universiteit of in de technische scholen zijn opleiding te vervolmaken.
Om het analfabetisme onder volwassenen te bestrijden, richt de staat alfabetiseringskursussen in. Het onderwijs is bovendien gratis, voor

Kuwaiti's althans. Ook boeken, kleren, transport en maaltijden worden door de staat verzorgd. Kuwait heeft evenwel te kampen met een ernstig lerarentekort en in de programma's wordt nog steeds meer aandacht besteedt aan cultuur, geschiedenis en godsdienst dan aan wetenschappen en techniek. Enkele cijfers ter illustratie van de evolutie: in 1958-59 waren er 111 scholen met 4.665 leerlingen en 198 leraars, in het schooljaar 1978-79 waren deze cijfers opgelopen tot 437 scholen, 267.518 leerlingen en 20.264 leraars.

Voor de duizenden buitenlanders, Europeanen, Arabieren en Oosterlingen, zijn er in Kuwait dure privé-scholen. De gastarbeiders kunnen met andere woorden niet genieten van de komfortabele onderwijssituatie.

De olie-explosie en het onderwijs hebben ook trage maar verregaande veranderingen teweeggebracht in de situatie van de Kuwaitse vrouwen. De tijd dat de vrouwen gesluierd rondliepen en niet met de auto mochten rijden is in Kuwait voorbij. Om de leemten in de arbeidsmarkt op te vullen worden zij aangemoedigd buitenshuis te gaan werken. Vandaag vindt men vrouwen in de administratie, het onderwijs, radio, televisie en hospitalen. Ze hebben eigen kranten en vrouwenbewegingen. Toch blijft hun vertegenwoordiging op de arbeidsmarkt miniem. Anderzijds bestaat de populatie van de universiteit voor 57,8% uit vrouwen.

In 1940 waren er in Kuwait 4 dokters (1 per 20.000 inwoners) en het land werd geteisterd door een serie epidemieën en ziektes als malaria, tuberculose, pokken, anemie enz. Met de oliedollars werden ziekenhuizen gebouwd en projecten opgezet ter bevordering van de hygiëne en algemene gezondheidstoestand van de bevolking. In 1985 was er 1 arts voor 840 inwoners en op een paar jaar tijd verdubbelde het aantal apothekers, tandartsen en dokters. De medische zorg is eveneens gratis. Ook in deze sector werken vooral gastarbeiders.

Kuwait is vooruitziend en denkt aan de generaties van de toekomst. De staat heeft zodoende een 'Reservefonds voor de Generaties van de Toekomst' opgericht om het welvaartspeil voor de nakomelingen te garanderen. Bij de oprichting werd 3 miljoen $ in de kas van dit fonds gestort en per jaar komen er 10% van de olie-inkomsten bij.

Rijkdom is niet voor iedereen

Niet iedereen deelt evenwel in die luxe, zeker niet de duizenden migranten. Een van de belangrijkste gevolgen van de olie-exploitatie was het aantrekken van migranten. Kuwait, schatrijk aan olie en geld, is immers straatarm aan arbeidskrachten. Overigens voelen de Kuwaiti's er ook niet veel voor om als ongeschoolde of laaggeschoolde arbeidskracht te werken. De staat zag zich dus genoodzaakt buitenlandse arbeiders aan te trekken.

Op korte tijd groeide de bevolking dan ook spectaculair, ze verzesvoudigde in een periode van 12 jaar: in 1957 waren er 206.473, in 1980 1.355.827 inwoners. Niet alleen de migranten waren evenwel verantwoordelijk voor deze evolutie. De daling van het sterftecijfer en de stijging van het geboortecijfer droegen ook hun steentje bij. Bovendien kreeg men met de naturalisatie van de bedoeïenen een preciezer beeld van de totale bevolking. Voor de migranten blijft het uiterst moeilijk om de Kuwaitse nationaliteit te verkrijgen.

Op cultureel gebied waren er geen noemenswaardige problemen met de migranten aangezien het in eerste instantie om Arabieren en muslims gaat. De grootste groep (20% van het totaal) migranten bestaat uit Palestijnen. Die Palestijnen zijn te vinden op alle niveau's van het sociale en economische leven en maken zelfs een behoorlijk deel uit van het personeel in de administratie; dit is overigens de enige sektor waar sleutelposities in principe enkel door Kuwaiti's bezet worden.

Op sociaal en politiek vlak ligt dat wel even anders. De gastarbeiders worden zwaar gediscrimineerd. Zo kunnen ze niet genieten van de Kuwaitse sociale voorzieningen zoals gratis onderwijs en huisvesting. Verder hebben zij ook geen enkel politiek recht, ze mogen zich niet verenigen in vakbonden enz.

In feite worden deze mensen op geen enkele manier beschermd. Als men dan ook nog weet dat een behoorlijk aantal van hen sji'ieten zijn, die zich sinds het aantreden van Khumayni in Iran en het uitbreken van de Golfoorlog eerder militant opstellen, dan is de Kuwaitse schrik voor dit deel van de bevolking niet denkbeeldig. Sinds 1980 onderneemt de overheid ernstige pogingen om de migrantenstroom in te dijken.

De onafhankelijkheid

De olie-explosie, met alle sociale, economische en administratieve gevolgen vandien, sleurde het land in een politieke stroomversnelling. De eisen voor de vorming van een moderne onafhankelijke staat werden steeds duidelijker. De politieke debatten, die hiermee gepaard gingen, werden bekroond in 1961 wanneer Kuwait onafhankelijk werd.

Verschillende factoren hebben tot de onafhankelijkheid bijgedragen: de petroleum, de binnenlandse politieke evolutie van 1920 tot 1960, de tanende macht van de Britten in het Midden-Oosten, en het opkomend Arabische Nationalisme dat aangemoedigd werd door Nasser in Egypte.

Sjaykh Ahmad al-Djābir as-Sabah

Tijdens het bewind van deze Ahmad zette Kuwait zijn eerste stappen in de richting van de democratie, meer bepaald in 1921. De Kuwaitse notabelen en intellectuelen wilden Ahmad as-Sabah alleen als staatshoofd accepteren indien hij een consultatieve raad zou vormen die de staatszaken van nabij zou volgen.

De eerste raad werd gevormd. Hij bestond uit 12 leden, vooral handelaars en prominenten. Dit raadgevend orgaan was echter een kort leven beschoren. De meningsverschillen tussen de verschillende raadslieden brachten Ahmad ertoe de raad te ontbinden en het bestuur zelf waar te nemen.

De Kuwaitse functionarissen gaven evenwel niet op en in 1938 eisten ze dat er voor de tweede keer een 'parlement' gevormd werd. De Iraaqse propaganda tegen het bewind van Ahmad was de notabelen in het verkeerde keelgat geschoten. Ze konden niet dulden dat Iraq wees op de achterlijkheid van hun sociale en economische instellingen en ze wilden er door de vorming van een parlement zelf iets aan doen.

Op 2 juli 1938 werd dit parlement gevormd. De veertien leden werden verkozen uit de Kuwaitse elite en duidden op hun beurt Abd Allah as-Sabah aan tot president. Na zes maanden ontbond sjaykh Ahmad het parlement andermaal. Zijn argument was dat niet alle Kuwaiti's in het parlement vertegenwoordigd waren en dat het parlement zich steeds meer macht toeëigende ten koste van het gezag van de sjaykh en de Britten.

Ahmad as-Sabah stierf in 1950 en kon niet meer meemaken hoezeer Kuwait welvarend werd door het toedoen van de olie-explosie. Hij werd opgevolgd door Abd Allah as-Sabah.

Abd Allah as-Sabah (1950-1965)

Het nieuwe staatshoofd leidde Kuwait niet alleen naar de onafhankelijkheid, maar legde ook de basis van de huidige staat. In 1956 grepen de eerste anti-Britse akties plaats. Het jaar daarop gebeurden er een aantal verschuivingen in de politieke landkaart van de Arabische wereld en Abd Allah begon de onafhankelijkheid voor te bereiden.

De VAS (Verenigde Arabische Staten), een unie tussen Egypte, Syrië en Noord-Jemen werd gevormd. Groot-Brittannië wilde als tegengewicht tegen dit progressief blok een unie vormen tussen Jordanië en Iraq. De Iraaqse president, trouw aan de stelling dat Kuwait Iraaqs grondgebied is, eiste dat het olieland in de unie opgenomen zou worden. De Britten weigerden op dit voorstel in te gaan. Ze wilden niettemin aan Kuwait de onafhankelijkheid toekennen zodat het land zelf in de zaak zou kunnen beslissen. De staatsgreep van 14 juli 1958 in Iraq maakte een einde aan de Britse plannen.

Sjaykh Abd Allah as-Sabah bleef niet bij de pakken zitten en trad met Kuwait, nog voor het land onafhankelijk was, op de scène van de internationale politiek. In 1958 werd Kuwait 'niet-volwaardig' lid van de Arabische Liga, een jaar later trad het toe tot de Universele Post Unie, de Internationale Burgerluchtvaart, UNESCO en de Internationale Arbeidsorganisatie. In 1960 werd Kuwait stichtend lid van de

OPEC. Intussen takelde de Britse macht verder af en op 19 juni 1961 verklaarde Kuwait zich, met akkoord van de Britten, onafhankelijk. Generaal Qasim van Iraq beschouwde de onafhankelijkheid als onbestaande en eiste zes dagen later het land op. Hij stelde voor dat de emir van Kuwait zijn titel van soeverein zou omwisselen voor die van gouverneur. Saoedi-Arabië en Egypte steunden Kuwait. De Saoedische en Britse troepen stonden klaar om indien nodig Kuwait militair ter hulp te komen. Het Iraaqse gevaar verdween voorlopig toen in 1963 Qasims bewind omvergeworpen werd.

De instellingen

Na de onafhankelijkheid werd een parlement verkozen bestaande uit 20 leden, dat de opdracht kreeg om een grondwet uit te werken. Die grondwet werd op 11 november 1962 van kracht. Kuwait werd een erfelijk emiraat in een democratisch systeem, met ondermeer scheiding van de machten als basisprincipe. Emir Sabah as-Salim as-Sabah (1965-1977) koos als troonopvolger shaykh Djabir al-Ahmad as-Sabah.

De gerechtelijke macht staat onafhankelijk. Een hoger gerechtshof staat borg voor alle juridische handelingen. Een Raad van State geeft juridische raadgevingen en bereidt wetsvoorstellen voor. De wetgevende macht ligt bij een nationaal parlement waarin 50 politici zetelen (5 voor elk van de 10 administratieve eenheden). Ze werden verkozen door Kuwaitse mannen, meer dan 21 jaar oud, die konden lezen en schrijven. De verkozenen kregen een mandaat voor 4 jaar en mochten niet cumuleren met zetels in bestuursraden van verenigingen of maatschappijen. Ze mochten geen staatseigendommen kopen of huren noch hun eigendommen aan de staat verkopen, tenzij de staat er voordeel bij had.

Wanneer een wet de goedkeuring krijgt van 2/3 van de parlementsleden, is de emir verplicht die wet uit te vaardigen. Indien die meerderheid niet wordt bereikt, kan de emir de ratificering uitstellen tot de volgende parlementaire zitting. Bij afwezigheid van een parlement kan het staatshoofd regelingen treffen bij decreet, die evenwel pas volwaardig gelden nadat het parlement ze aanvaard heeft.

De uitvoerende macht ligt bij een ministerraad. De ministers (met uitzondering van de premier) zijn verantwoording verschuldigd aan de emir en het parlement. Ze worden verkozen onder de parlementsleden of komen van buiten uit. Bij een conflict tussen de regering en het parlement treedt de emir op als scheidsrechter. Van 1962 tot 1967 waren er twee ernstige crisissen. In 1964 maakte het land zijn eerste politieke crisis door. Als gevolg van de verkiezingen van 1963 moest een nieuwe regering gevormd worden. De meeste parlementsleden waren het niet eens met de samenstelling van die regering en tekenden protest aan door te weigeren de ministerploeg het vertrouwen te schenken. Sabah as-Salīm, de troonopvolger en premier, gaf daarop aan de emir, Abd Allah as-Sabah, zijn ontslag en een nieuwe ploeg werd gevormd. De gewraakte ministers verloren hun post. Politieke partijen zijn in Kuwait verboden. Toch kan men in de politieke sferen en in de overigens zeer vrije pers, verschillende strekkingen onderscheiden. In 1965 vormden 12 parlementsleden zelfs een groep, die zich de Arabische Nationalisten noemden. Ze hadden scherpe kritiek op het buitenlands beleid van de emir en op de economische politiek. Men mag gerust stellen dat hun politieke opvattingen een nasseristische inslag hadden. Na de verkiezingen van 1967 kwamen ze echter nog weinig aan bod.

Toch zou een soortgelijke kritiek, op de oliepolitiek en de relaties met de Arabische landen, in 1976, de tweede val van de regering betekenen. Na de verkiezingen van 1975 zat er in het parlement een oppositie die door vier formaties gevormd werd. De 'Afgevaardigden van het Volk' geleid door Ahmad Khatib, 'Het Nationaal Democratisch Blok' van Yassir Kutami, het 'Blok van het Volk' met Khalid Massud en ten slotte de groep rond Khalid Khalaf. Enkele van de hervormingen die ze eisten hadden te maken met de verkiezingswetten. Ze eisten ondermeer stemrecht voor vrouwen.

Emir Sabah as-Salim as-Sabah vaardigde een decreet uit waardoor hij de grondwet ophief, het parlement ontbond en de perscensuur afkondigde. De premier en troonopvolger, Djābir al-Ahmad as-Sabah, gaf het ontslag van zijn regering, waarop de emir hem de opdracht gaf een nieuwe regering samen te stellen. Zes tijdschriften kregen verbod op publicatie omdat ze te scherpe kritiek uitbrachten op de staat. Een aantal organisaties als de lerarenbond en de schrijversbond werden ontbonden.

Verschillende factoren hebben tot deze politieke chaos bijgedragen: het bestaan van een parlementaire oppositie; het probleem van het grote aantal Palestijnse migranten die belangrijke posten bekleedden in de administratie en de economie; het demografische probleem (60% van de inwoners zijn migranten); de oppositie wilde dat de overheid een strakkere olieprijspolitiek zou voeren; de grote, en voor Arabische normen zelfs buitengewone, persvrijheid.

Ook de crisis in Libanon had een hevig conflict teweeggebracht tussen de regering en het parlement over het toekennen van financiële hulp aan het Palestijnse verzet en het LNM (Lebanese National Movement).

In 1981 werd, na verkiezingen waarbij de nationalisten een nederlaag leden, het parlementaire systeem hersteld, en werden een aantal amendementen in de grondwet aangebracht. Een zestig leden tellend parlement zou een mandaat krijgen van 5 jaar. Vrouwen kregen voortaan stemrecht maar zijn niet verkiesbaar. Er werden verkiezingen gehouden en aan sjaykh Sa'd al Abdallah as-Sabah werd gevraagd een regering te vormen. Er werden ook een aantal maatregelen genomen om de politieke positie van het regime te verstevigen: grotere subsidies voor de landbouw en de industrie, en uitbreiding van de interne en externe veiligheid. De regering voerde ook veranderingen door in het kiessysteem, met als resultaat dat er een groter aantal bedoeïenen-vertegenwoordigers in het parlement zat, ten koste van de zetels voor de sji'ieten. Deze evolutie impliceerde evenwel niet dat de rust teruggekeerde. Vooral na de val van de Sjäh in Iran en het aantreden van Khumayni daar, vergrootte het aantal aanslagen en daden van politiek protest. Deze gaan vooral uit van de sji'itische minderheid en de migranten. Duizenden migranten werden uitgewezen en de binnenlandse veiligheid werd versterkt. De Kuwaitse overheid trad hardhandig op tegen de verantwoordelijken van politieke acties.

Vanaf 1982 vergroten de problemen. Er groeit een recessie in de economie, na de daling van de olieprijzen. De aanslepende oorlog tussen Iran en Iraq heeft nadelige gevolgen voor de transithandel naar Iran en Iraq en de tankerscheepvaart. Daarbij komt nog dat Kuwait zijn reputatie van 'voorzichtig investeerder' verloor met de crash van de beurs van Sūq al-Manakh. Voor de Kuwaitse financiële wereld was die crash een ramp. De regering bleef evenwel in gebreke door niet of ongepast te reageren. Zo wilde ze het tijdelijk budgetair deficiet gebruiken als alibi voor de afschaffing van een aantal kosteloze sociale voorzieningen. Dit stuitte terecht op protest van de vakbonden, die een reeks acties organiseerden. De maatregelen werden opgeheven in 1985. De nieuwe parlementsverkiezingen, die datzelfde jaar georganiseerd werden, zullen wel tot de toegevingen van de regering hebben bijgedragen.

In 1987 werd het parlement andermaal ontbonden. Emir Djābir al-Ahmad vond dat de afgevaardigden 'misbruik' maakten van de democratische principes van het parlement. De vermoedens zijn evenwel sterk dat Djābir al-Ahmad as-Sabah deze stap zette omdat het parlement duidelijk politieke inspraak eiste en een einde wilde maken aan de misbruiken van de Sabah-familie. Tegelijk met het ontbinden van het parlement werd door het staatshoofd een strengere perscensuur opgelegd. Men stelt zelfs dat Kuwait, Kuwait niet meer is zonder parlement en pers. Kuwait kende de grootse persvrijheid in het Midden-Oosten en was het enige land in de regio met een parlementair systeem. De Sabah hebben nu vrijspel.

De buitenlandse politiek

Tot 1963 was de Kuwaitse buitenlandse politiek afgestemd op het vrijwaren van de Kuwaitse onafhankelijkheid of op het afhouden van de Iraaqse aanspraken. De Kuwaitse overheid probeerde zoveel mogelijk de sympathie van de andere Arabische landen te winnen en steun te zoeken bij de Arabische Liga en de Verenigde Naties, om als onafhankelijke staat te kunnen blijven bestaan.

Op internationaal vlak voert Kuwait een politiek van ongebondenheid en onderhoudt relaties met het Westen en het Oostblok. Zo erkende het bijvoorbeeld China als enige vertegenwoordiger van het Chinese volk. Het emiraat en de Volksrepubliek onderhouden overigens goede relaties.

Kuwait zet zich actief in om een oplossing te vinden voor het Palestijns probleem, waar het groot aantal Palestijnse gastarbeiders en hun belangrijke positie in de Kuwaitse maatschappij niet vreemd aan is. Kuwaitse troepen vochten mee in de Egyptisch-Israëlische oorlog, en Kuwait riep in 1973 op tot het olie-embargo.

Kuwait veroordeelt scherp de regimes in Tel-Aviv en Zuid-Afrika. Deze solidariteitspolitiek is waarschijnlijk ingegeven door het feit dat het Kuwaitse grondgebied door Iraq wordt opgeëist. Hoewel het grensprobleem nog steeds niet opgelost is, en er geregeld grensincidenten zijn, voeren de twee Golfstaten nog steeds besprekingen en onderhouden zij zelfs goede economische en handelsrelaties.

Het grensconflict tussen Iraq en Kuwait is sinds de Golfoorlog een beetje op de achtergrond geraakt. Kuwait steunt in die oorlog zelfs min of meer Iraq, door olie voor Iraaqse rekening te verkopen en de gevechtsvliegtuigen door zijn luchtruim te laten vliegen. Iran beschouwt Kuwait dan ook als zijn vijand nummer twee en valt Kuwaitse tankers aan, legt mijnen en voert raketaanvallen uit op Kuwaits grondgebied. Toch probeert Kuwait ook met Iran vreedzame relaties te behouden. Zo blijft het met Teheran onderhandelen om een oplossing voor het conflict te vinden en ontkracht het systematisch iedere verbale aanval die van Teheran uitgaat.

Door de Golfoorlog dreigt Kuwait ook zijn politiek van neutraliteit of evenwicht, tussen Oost en West, te moeten opgeven. Om zich te beveiligen tegen Iraanse aanvallen heeft het land toenadering gezocht tot de USSR voor de levering van SAM-raketten en tot Frankrijk voor de aankoop van Mirage-vliegtuigen. Met de VS lopen de relaties moeilijker. De VS is nooit erg enthousiast geweest voor het leveren van wapens aan Kuwait en weigerde zelfs bescherming toen het land er in 1986 om vroeg. Sinds de Russen de Kuwaitse tankers door de Golf begeleiden, verschijnen ook de Amerikanen op het militaire toneel en beschermen zij op hun beurt Kuwaitse schepen.

Met de VS heeft Kuwait altijd op min of meer gespannen voet gestaan. De ene keer was dit te wijten aan de steun van de VS aan Israël in de Camp David akkoorden, de andere keer weigert de emir een Amerikaanse ambassadeur te aanvaarden omdat die in Israël zou gediend hebben; dan weer is Kuwait boos omdat de VS militaire hulp weigert enz.

In de Arabische wereld heeft Kuwait altijd een politiek gevoerd van evenwicht tussen de progressieve en conservatieve Arabische landen. Ze hebben een actieve diplomatie gevoerd om de twee Jemens nader tot elkaar te brengen en ze bemiddelden tussen Saoedi-Arabië en Egypte tijdens de burgeroorlog in Noord-Jemen. Kuwait heeft ook grote inspanningen gedaan om de relaties tussen de Golfstaten te verbeteren en was één van de drijvende krachten achter de oprichting van de Samenwerkingsraad van de Golfstaten.

In de minder gefortuneerde Golfstaten bouwde Kuwait huizen en moskeeën, en zette drinkwater- en voedselprojecten op. Op het vlak van het onderwijs bouwde Kuwait in verschillende emiraten scholen, leverde boeken, kleren en meubelen, en zorgde er voor één kosteloze maaltijd per dag. Op het vlak van de gezondheidszorg financierde Kuwait in enkele emiraten hospitalen, dispensaria en tandartsen.

KFAED

Niet alleen op politiek vlak manifesteert Kuwait zich op de wereldscène, maar ook op economisch vlak is het land actief, meer bepaald via de KFAED (Kuwait Fund for Arab Economic Development). Deze niet-gouvernementele organisatie verleent hulp volgens criteria, die niet noodzakelijk dezelfde zijn als die van de Kuwaitse regering.

De KFAED werd op 31 december 1961 opgericht en heeft als doel de Arabische landen te helpen bij de ontwikkeling van hun economie, door leningen toe te staan voor de realisering van hun ontwikkelingsprojecten. Sedert 1975 kunnen ook niet-Arabische landen leningen krijgen. Volgens rapporten van het Fonds werden tussen 1962 en 1985 288 leningen uitgekeerd aan 64 landen waarvan 16 Arabische, 28 Afrikaanse en 15 Aziatische.

De regimes van de landen die hulp vragen spelen geen rol bij het al dan niet toekennen van leningen: de economische waarde van een project is doorslaggevend. Zo kreeg Zuid-Jemen een lening, terwijl in Aden manifestaties tegen Kuwait werden gehouden. Het fonds beslist dus autonoom wie een lening krijgt en wie niet en houdt daarbij geen of weinig rekening met de politiek van de emir. Ook Jordanië kreeg een lening, ondanks het feit dat de Kuwaitse overheid haar hulp had stopgezet na rellen met de Palestijnen in Jordanië. Zowat alle Arabische landen, ook rijke staten als Bahrayn, krijgen hulp bij bepaalde projecten. Het Fonds staat leningen toe op lange termijn en aan lage intresten.

Door deze financieringspolitiek heeft Kuwait politieke invloed op de regimes in de Arabische wereld. Het land wil dan ook in de eerste plaats een politiek van stabiliteit voeren. Met de hulp aan Zuid-Jemen bijvoorbeeld wil Kuwait de Zuidjemenitische regering ervan overtuigen zich tot naburige staten te wenden voor bijstand, eerder dan tot de USSR. Het emiraat onderhoudt nochtans goede relaties met Moskou. Kuwait was overigens de eerste Arabische staat die relaties met Aden aanknoopte. Deze diplomatie oogstte succes want in de jaren zeventig waren er duidelijke tekens merkbaar dat Zuid-Jemen een meer gematigde buitenlandse politiek ging voeren. Anderzijds werd, na de sovjetinval, de Kuwaitse hulp aan Afghanistan stopgezet. In de Filippijnen en Maleisië krijgen vooral muslimgemeenschappen geld. Kuwait is met deze politiek één van de grootste donorlanden ter wereld. In 1984 besteedde het land 3,81% van zijn BNP aan ontwikkelingshulp.

Kuwait is een kleine staat van renteniers, waar grotere buurlanden jaloers op zijn. Kuwait voert een overlevingspolitiek en probeert zo te investeren dat het zijn onafhankelijkheid kan bewaren. Het is befaamd voor zijn welvaart, maar men mag niet vergeten dat het die alleen te danken heeft aan de olie en de duizenden gastarbeiders die het land draaiende houden, zonder dat zij delen in de weelde en de luxe. Als Golfstaat, is het politiek gezien een boeiend land. Het is het enige dat een min of meer parlementaire traditie en vrije pers heeft of gehad heeft. De democratische principes hebben de laatste jaren wel wat veren gelaten. De familie van de emir blijft niettemin geprivilegieerd en vormt een echte oligarchie die de macht monopoliseert. Alle economische, administratieve en politieke sleutelposities worden door de Sabah opgevuld. Men mag hierbij ook niet uit het oog verliezen dat de meerderheid van de bevolking, meer bepaald de migranten, geen politieke rechten hebben. Door het aanslepen van de Golfoorlog en de radicalisering van de standpunten van de oorlogvoerende partijen, bevindt Kuwait zich vandaag in een wat onzekere positie.

Literatuur

Salem Al-Jabir Al-Sabah, *Les Emirats du Golfe,* Paris, 1980.
Walid E. Moubarak, *The Kuwait Fund in the Context of Arab and Third World Politics.* In: The Middle East Journal, 41, nr.4, 1987.
Lawson, F., *Class and State in Kuwait.* In: Merip Reports, mei 1985, pp.16-21.
Celine, K., *Kuwait living on its Nerves.* In: Merip Reports, februari 1985, pp.10-12.
Tur, *Les Emirats du Golfe Arabe,* Paris, 1976.
Da Lage, *L'Emirat du Koweit en première Ligne.* In: Revue de Presse, sept. oct. 1987, nr.317.
Gueyras, J., *When Democracy runs afoul of Privilege.* In: South, nov. 1987, pp. 16-17.
FMA, Fiches du Monde Arabe.

DE SABAH DYNASTIE

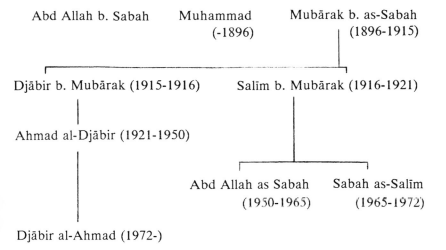

Abd Allah b. Sabah   Muhammad   Mubārak b. as-Sabah
                       (-1896)   (1896-1915)

Djābir b. Mubārak (1915-1916)   Salīm b. Mubārak (1916-1921)

Ahmad al-Djābir (1921-1950)

Abd Allah as Sabah   Sabah as-Salīm
(1950-1965)   (1965-1972)

Djābir al-Ahmad (1972-)

DE SAMENWERKINGSRAAD VAN DE GOLFSTATEN

Toen op 14 oktober 1985 in Luxemburg voor de allereerste keer op ministerieel niveau, een ontmoeting plaatsvond tussen de Samenwerkingsraad van de Golfstaten (Gulf Cooperation Council - GCC) en de Europese Gemeenschap zullen wellicht niet weinigen, vrij verwonderd, hebben opgekeken. Een Samenwerkingsraad van de Golfstaten...?

Nochtans bestaat deze raad reeds sinds 25 mei 1981, de dag waarop Saoedi-Arabië, Kuwait, Qatar, de Verenigde Arabische Emiraten, Oman en Bahrayn een samenwerkingsakkoord ondertekenen.

Hoewel reeds vóór de oprichting van de Samenwerkingsraad een betrekkelijk goede verstandhouding tussen de hogergenoemde staten bestond (getuige daarvan zijn enkele overkoepelende organen als het Nieuwsagentschap van de Arabische Golf, de Golfvereniging voor Industrieel Overleg, de Golftelevisiemaatschappij en de Arbeidsorganisatie van de Arabische Golf) was er nauwelijks sprake van een coördinatie.

Slechts geringe aandacht werd besteed aan de regionale samenhang en elk land gaf prioriteit aan zijn eigen nationaal programma. Wel waren de fundamenten van de onderlinge samenhang sterk aanwezig: de islam als gemeenschappelijke godsdienst, het Arabisch als eenheidstaal, dezelfde mens- en cultuuropvattingen en de grote gelijkenis tussen de verschillende regeringsvormen.

In tegenstelling tot wat men zou denken was de neiging tot gezamenlijk overleg echter vooral geïnspireerd door economische en strategische belangen: de fenomenale olierijkdom en de ligging aan de Perzische Golf. Als deze niet verdedigd dienden te worden, wat dan wel? Gretig gingen de ministers van buitenlandse zaken van de zes Golfstaten en van Iraq en Iran in op de uitnodiging van de vooruitstrevende sultān Qābūs van Oman om te vergaderen over de toch zo broodnodige politieke coördinatie op vlak van defensie en veiligheid (1976).

Dit voorstel kon niet als onmogelijk van de hand gedaan worden, want in 1967 was de haalbaarheid van een unie reeds bewezen door zeven mini-staatjes die zich hadden samengebald tot de Verenigde Arabische Emiraten. Het Golfoverleg liep in het begin helaas op een sisser uit.

Het vuur was echter nog niet gedoofd, want de toenmalige Eerste Minister van Kuwait, Sjaykh Djābir as-Sabah stelde datzelfde jaar nog voor om over te gaan tot de oprichting van een 'Golf-Unie' die zou samenwerken op gebied van informatie, politiek, economie en onderwijs. De talrijke koortsachtige vergaderingen die daarop volgden, de bezetting van Afghanistan door de USSR, de oorlog tussen Iran en Iraq, en het militante sji'isme, moeten enige haast in de zaak gebracht hebben.

Kost wat kost wou men met eigen middelen, zonder buitenlandse inmenging, de stabiliteit van de Golf bewaren en op 25 mei 1981 werd een overeenkomst voor de oprichting van de Samenwerkingsraad van de Golfstaten door zes staatshoofden ondertekend.

De Hoogste Raad is het hoogste gezag van de Samenwerkingsraad. Daarin zetelen de staatshoofden van de zes landen en éénmaal per jaar komt hij samen. Verder is er de Ministeriële Raad, die belast is met de voorbereiding en het voorstellen van de door de Hoogste Raad te nemen beslissingen; hij vergadert ongeveer vier keer per jaar. Tenslotte is er het Secretariaat dat studies en verslagen voor de Hoogste Raad en de Ministeriële Raad voorbereidt en belast is met de wetgeving.

Ook zijn er de Ministeriële Comités, opgericht door de Hoogste Raad, die op aanvraag van, en in overleg met, het Secretariaat vergaderen en hun programma's uitwerken. In het communiqué van 25 mei is er sprake van vijf comités. 1) Het Comité voor Economische en Sociale Planning moet de nationale economische plannen van de lidstaten integreren en suggesties formuleren om tot een economische samenwerking te komen tussen de Golfstaten.

2) Het Comité voor Financiële, Economische en Commerciële Samenwerking moet de middelen bestuderen tot het coördineren van economische en financiële activiteiten. Dit orgaan moet de investeringswetten en -systemen proberen te standariseren om tot een gemeenschappelijke investeringspolitiek te komen. Het zal ook de monetaire politiek coördineren met het oog op het introduceren van een éénvormig muntstelsel. Het zal de principes vastleggen volgens dewelke alle inwoners van de landen van de Samenwerkingsraad op gelijke wijze zullen behandeld worden wat betreft vrijheid van beweging, woonplaats, eigendom, erfgoed en economische activiteit. Het zal trachten alle hindernissen weg te werken die de stroom van kapitaal en geld en productie-elementen beletten. Het comité zal de commerciële, financiële, douane en rechtssystemen op één lijn plaatsen en zal de privé-sector stimuleren om joint-ventures en firma's op te richten, bevorderlijk voor het samenbrengen van de economische interesses op allerlei gebied. Het zal de douanereglementeringen tussen de lidstaten afschaffen om tot gelijkvormigheid te komen en de principes van volledige vrijstelling van douanerechten voor producten van de lidstaten trachten toe te passen. Het zal de import en de export coördineren en in dat verband een overkoepelende onderhandeling-

smacht oprichten. Tenslotte zal het comité een gemeenschappelijke infrastructuur en communicatie uitbouwen.

3) Het Comité voor Industriële Samenwerking zal de beste politiek inzake industriële activiteiten uitstippelen en de desbetreffende regelingen en wetten gelijkvormig maken. Het zal de productiemiddelen aanpassen aan de noden van de lidstaten en wetten inzake import van know-how en technologie voorbereiden. Het zal de industrie stimuleren om basisprojecten te steunen en zal technische en vakprogramma's uitvoeren op verschillende niveau's.

4) Het Oliecomité, bestaande uit de ministers van olie, buitenlandse zaken en financieën, zal de petrochemische industrie (in alle stadia) coördineren tussen de lidstaten en zal ééenzelfde oliepolitiek voeren tegenover de buitenwereld.

5) Het Comité voor Sociale en Culturele Diensten zal alle mogelijkheden onderzoeken inzake opvoeding, gezondheid, arbeid, sociale en culturele zaken.

Abdallah Ya'qūb Bisjāra werd door de Hoogste Raad aangeduid als Secretaris-generaal van de Samenwerkingsraad. Hoewel de lidstaten steeds benadrukt hebben dat de voornaamste taak van de Samenwerkingsraad zou bestaan in het oplossen van economische en sociale problemen, kwamen ook problemen als veiligheid en defensie van de Arabische Golf tijdens de vergaderingen, (augustus tot november 1982) op de voorgrond. In die tussentijd werd zelfs de basis gelegd voor een militaire alliantie en een gezamenlijk veiligheidsakkoord.

Voor het eerst werd dit delicate onderwerp grondig besproken op de Tweede Topconferentie te Riyād (10 -11 november 1981). Bijzonder harde woorden werden geuit aan het adres van de grootmachten, die in geen enkel geval mochten tussen beide komen bij conflicten in de Perzische Golf; de Hoogste Raad was dan ook sterk gekant tegen de aanwezigheid van een vreemde militaire vloot of vreemde militaire bases.

Tijdens de vergadering te Tā'if (31 aug.-2 sept.1981) had de ministeriële Raad van de Samenwerkingsraad trouwens beklemtoond dat 'de veiligheid van de Golf enkel de verantwoordelijkheid was van de aangrenzende staten'.

Verder werd ook een gemeenschappelijk economisch akkoord van 28 artikelen goedgekeurd, m.b.t. handelsbetrekkingen, investering en financieën, beweging van geld en personen, de economische activiteiten, ontwikkeling en samenwerking in de oliesector, technische samenwerking, vervoer, fiscale-monetaire samenwerking. Dit moest leiden tot een gemeenschappelijke markt van de Golfstaten en een volledige economische integratie.

De Samenwerkingsraad besprak ook de vrede in het Midden-Oosten die er slechts kan komen na een volledige terugtrekking van Israël uit alle bezette Arabische gebieden, incluis al-Quds (Jeruzalem), en na de eliminatie van de Israëlische nederzettingen op Arabisch grondgebied.

Onvoorwaardelijke steun werd toegezegd aan de strijd van het Palestijnse volk voor hun onbetwistbaar recht op zelfbeschikking en op de vestiging van een eigen onafhankelijke staat onder leiderschap van de PLO.

Ongeveer gelijktijdig met de geheime zitting van de defensieministers van de Samenwerkingsraad (eind jan. 1982) hield de Iraanse president Alī Khameney op Radio Teheran een vinnige toespraak:

"Het revolutionaire regime van *ayatollah ruhollah* Khumayni zal nooit een militaire macht in de *Arabische* Golf tolereren die zou optreden als regionale gendarme. Ik waarschuw de Golfstaten er trouwens voor dat zij ons niet moeten trachten te verzwakken, gezien onze sterke positie..."

Dergelijke uitlatingen van Iraanse zijde dwongen de lidstaten van de Samenwerkingsraad tot het nemen van maatregelen, temeer daar Iran de maand ervoor steun had verleend aan een coup tegen de regering van Bahrayn.

Onmiddellijk na de vergadering werd meegedeeld dat de lidstaten, op aanbeveling van de stafchefs, een akkoord hadden bereikt om een gemeenschappelijke luchtverdediging d.m.v. AWACS-vliegtuigen, een eigen wapenindustrie en een op Amerikaanse leest geschoeide Rapid Deployment Force op te richten.

De verschillende stappen naar samenwerking op gebied van defensie en veiligheid, ondernomen op 23-24 februari (ministers van binnenlandse zaken), op 7-9 maart (ministers van defensie) en op 9-11 november 1982 (de derde zitting van de Hoogste Raad van de Samenwerkingsraad te Manāma in Bahrayn) leidden echter niet tot een formeel akkoord. Na de Bahrayn-top werd in een officieel communiqué meegedeeld dat de aanbevelingen, bedoeld om de golfregio te beveiligen, werden gesteund, maar dat het voorgestelde veiligheidsplan, op aanvraag van de ministers van binnenlandse zaken, nog verder zou bestudeerd worden. Volgens bepaalde onofficiële berichten zouden Oman en Kuwait bezwaren gehad hebben.

Er waren nochtans ook positieve berichten. Tijdens de topconferentie keurde de Hoogste Raad immers een aantal belangrijke economische maatregelen goed die reeds waren besproken door de ministers van financiën op 19 en 20 juni 1982 en die de eerste fase moesten vormen van een gezamenlijk economisch akkoord. Deze maatregelen behelsden: de afschaffing van douanerechten op produkten van de lidstaten; een bepaling die zou toelaten dat inwoners van de landen van de Samenwerkingsraad van de Golfstaten hun economische activiteiten op gebied van landbouw en industrie zouden mogen uitoefenen in alle lidstaten, behoudens het recht van elke staat om zijn inwoners een aandeel van 25% toe te staan in ondernemingseigendom.

Verder werden ook de reisbepalingen versoepeld inzake vervoer van personen en goederen tussen de lidstaten. Tenslotte werd ook nog overeengekomen om in Kuwait een Gulf Investment Corporation op te richten met een kapitaal van 2,1 miljard dollar dat ook kan aangewend worden voor buitenlandse investeringen. Al deze maatregelen zouden ingaan op 1 maart 1983.

De eerste coördinatie van het defensiesysteem greep plaats in oktober 1983 toen de eerste maneuvers van de Samenwerkingsraad werden gehouden ten N.W. van Abu Dhabi onder de naam 'Schiereiland Schild'. Deze militaire oefeningen moeten gezien worden in het licht van de dreiging van Iran om de olie-export via de straat van Hormuz te blokkeren, indien Iraq de Iraanse olie-installaties zou aanvallen.

Ondanks het feit dat de Samenwerkingsraad gedurende de toen reeds drie jaar aanslepende oorlog tussen Iran en Iraq bijna altijd neutraal gebleven is en ondanks de herhaalde mededelingen dat de oprichting van een Rapid Deployment Force niet gericht was tegen één land in het bijzonder, moeten deze eerste maneuvers toch bedoeld zijn om in geval van Iraanse agressie te kunnen terugslaan. De Saoedische minister van defensie, prins Sultān, deelde trouwens mee dat, 'indien Iran zich veroorlooft om (zo) te spreken wij het recht hebben om te verdedigen'.

Kort nadien (7-9 november 1983) werd de vierde Topontmoeting van de Samenwerkingsraad gehouden in Doha. Voor het eerst werden zeer strenge veiligheidsmaatregelen genomen, omdat in september een complot aan het licht was gekomen om de delegaties van de lidstaten te vermoorden. Als voorzorgsmaatregel werd overeengekomen om vanaf 15 september geen buitenlandse bezoeken meer toe te laten in Qatar (met uitzondering van zakenlieden die niet langer dan 72 uur in het land vertoefden) en er gold een totaal verbod voor alle buitenlanders vanaf 15 oktober tot 20 november.

In feite moet ook de bijeenkomst van de Raad van Ministers (op 1 en 2 november te Doha) beschouwd worden als onderdeel van de topconferentie. Tijdens deze vierde top werd de aandacht, gezien de situatie in Libanon, vooral toegespitst op politieke zaken. Er werd gepleit voor het stopzetten van de strijd tussen de rivaliserende Palestijnse troepen (Arafat en contra-Arafat), maar het overeengekomen staakt het vuren te Tripoli werd al vlug geschonden. De PLO, werd gezegd, bleef de enige vertegenwoordiger van het Palestijnse volk. Na de topontmoeting werden zelfs concrete stappen ondernomen door het uitzenden van enkele vertegenwoordigers van de Samenwerkingsraad (drie ministers) naar Damascus om er te onderhandelen met de leider van de Palestijnse scheurgroep, Sa'īd Mūsā.

Verder kwam ook de oorlog tussen Iran en Iraq ter sprake. Het verslag, dat de secretaris-generaal van de Samenwerkingsraad, Abdallah Bisjāra, had opgestuurd naar de Hoogste Raad werd onderzocht. Hierin pleitte hij voor een uitbreiding van de economische overeenkomst (cfr. Top van 1982) op gebied van toerisme, kunstnijverheid, farmacie en onderhoud, en voor het uniformiceren van alle voorzieningen voor algemeen nut (water, gas, electriciteit, communicatie) in de lidstaten van de Samenwerkingsraad.

Bisjāra weidde ook uit over een aantal, door het secretariaat uitgewerkte projecten inzake de plaatsing van strategische voedselreserves; een gemeenschappelijke landbouwpolitiek; de aanleg van een spoorweg tussen de lidstaten en een netwerk van gasleidingen dat de gasvelden zou verbinden met de industriecentra; de mogelijkheid tot het bouwen van een olie-raffinaderij in Salāla (Oman), zodat de olie niet meer zou moeten passeren langs de bedreigde Straat van Hormuz.

Deze prachtige voorstellen werden toegejuicht, maar het tenietgaan van een financieel overschot in de economieën van de lidstaten had tot gevolg dat de geplande prestige-projecten dienden uitgesteld te worden. De raffinaderij in Zuid-Oman, een golfspoorweg en een gemeenschappelijke electriciteit blijven toekomstdromen.

Aan andere voorstellen werd meer belang gehecht. Zo werd door de Samenwerkingsraad aan een internationale firma een contract van 1,7 miljoen dollar toegekend voor een analyse van de bestaande voedsel-patronen, stockeringsmogelijkheden, import en export van strategische voedingsmiddelen zoals rijst, graan, suiker, braadolie, melkpoeder enz. De landen van de Samenwerkingsraad kunnen met hun woestijnoppervlakte niet voorzien in de voedselbehoefte van hun twaalf miljoen inwoners en daarom zijn ze vooral afhankelijk van import. In geval van voedselschaarste (t.g.v. oorlog) zouden zij dan beroep kunnen doen op hun gestockeerde voedselreserves.

In november 1984 vond de vijfde Top plaats te Kuwait. Zoals verwacht, en vooraf aangekondigd, werd de allergrootste aandacht besteed aan de defensie en de veiligheid van de Golf. De Raad riep de oorlogvoerende landen Iraq en Iran op om tot een dialoog te komen en vroeg dat de internationale organisaties zouden optreden als bemiddelaar. Vooral de schrik van de lidstaten dat de Golfoorlog zou overslaan naar het Arabische schiereiland, noopte hen om nu (uiteindelijk) haar eigen verdedigingsmiddel, d.m.v. een gecoördineerd defensieprogramma, uit te breiden.

De Hoogste Raad keurde de plannen goed voor de oprichting van gemeenschappelijke instellingen voor bewapening, training en organisatie met de bedoeling tot een eenvormige defensie te komen.

Uit dit overzicht van het korte bestaan van de Samenwerkingsraad van de Golfstaten is gebleken dat de economische integratie steeds ondergeschikt is gebleven (wat de vertegenwoordigers van de zes lidstaten ook mogen beweren) aan de samenwerking op gebied van defensie en veiligheid. De Golfoorlog was hiervan ongetwijfeld de belangrijkste oorzaak. Niettemin steekt de Samenwerkingsraad toch uit boven alle andere, ooit opgerichte Arabische samenwerkingsorganen. Getuigen hiervan zijn de in korte tijd verwezenlijkte projecten en de maatregelen op gebied van douanetarieven, taksen, vrije handelsactiviteiten en gezamelijke olieprijsstructuren.

Het jaar 1985 is bovendien ook erg vruchtbaar gebleken wat betreft onderhandelingen en betrekkingen met nieuwe partners. Eind juli 1985 riep de premier van Bahrayn, sjaykh Khalīfa, de lidstaten op om diplomatieke betrekkingen aan te knopen met Moskou, een nieuwe zienswijze die wellicht geïnspireerd is door de bezorgdheid van verschillende leiders van de Golfstaten voor Washingtons pro-Israëlische politiek en gebrek aan steun voor de Arabische zaak. Ook tussen Beijing en de Golf evolueren de betrekkingen in gunstige zin (alleen al in Kuwait zijn er trouwens ca. 10.000 Chinezen werkzaam in de bouwsector).

Op de 8ste top in Riyad in december 1987 werden andermaal een aantal akkoorden gesloten die een economische eenmaking tegen 1990 moeten mogelijk maken. Er werden ook afspraken gemaakt om de toenemende pollutie in de Golf te bestrijden. De Samenwerkingsraad drukte verder zijn bezorgdheid uit over de escalatie van geweld in de Iran-Iraq-oorlog en riep andermaal internationale instanties als de VN op om een einde te stellen aan dit conflict. De Golfstaten zegden bij deze hun steun toe aan alle vredes-VN-missies.

Naar aanleiding van de opflakkering van geweld in de bezette gebieden, in Gaza en op de Westelijke Jordaanoever, laakten de ministers van de Samenwerkingsraad het Israëlisch optreden en zegden ze hun steun toe aan de PLO. Ook hier riepen ze de VN op om vredesonderhandelingen te voeren. Inzake Libanon uitte de Samenwerkingsraad zijn ontgoocheling over het feit dat men daar geen oplossing voor de problemen schijnt te vinden. Tot slot herhaalde de Samenwerkingsraad dat ze met Iran wilden onderhandelen in een sfeer van wederzijds respect en non-interventie op elkaars grondgebied, zoals het goede buren betaamt.

In 1988 stellen wij vast dat de Samenwerkingsraad, trouw aan zijn plannen, nauwere economische samenwerking blijft nastreven.

MONETAIRE SAMENWERKING IN DE GOLFSTATEN

In mei 1981 werd het charter van de Samenwerkingsraad ondertekend door de staatshoofden van de Golfstaten, waardoor zij besloten
tot een beleidscoördinatie in alle domeinen, met de bedoeling tot een
eenheid te komen. Als model voor deze samenwerking werd terugge-
grepen naar dat van de EEG, dat in eerste instantie ook minder gericht is op militaire en politieke samenwerking. Natuurlijk was de
samenwerking niet los te zien van politieke en militaire overwegingen
(met name de opkomst van het Khomayni-regime aan de overzijde van
de Golf en zijn drang tot uitvoer van de sji'itisch-islamitische
revolutie). Toch ging de aandacht vooral naar de economische
samenwerking, geconcretiseerd in het Eengemaakt Economisch
Verdrag van mei 1981: doelstelling hiervan is een Gemeenschappelijke
Markt voor de Golf, met vrij verkeer van goederen, diensten, kapitalen
en arbeid tussen de lidstaten onderling, een gezamenlijke houding naar
buitenuit en een harmonisatie van het economische beleid naar
binnentoe.

Anders dan in de EEG, waar de integratie vooral een oefening is van
het op elkaar laten inspelen van hoogontwikkelde, structureel verschillende economieën, vertegenwoordigt de Golf een aantal zeer ge-
lijklopende volkshuishoudingen die nog maar aan het begin van hun
economische ontwikkeling staan.

Integratie in een dergelijke context komt er dan vooral op neer de
ontwikkeling te sturen binnen een gemeenschappelijk kader, zonder al
te veel eng nationale overwegingen, die tot overbodige duplicatie of
nodeloze concurrentie in de regio zouden leiden. Kortom, men moet
trachten de randvoorwaarden en omgevingsfactoren voor alle lidstaten
gelijk te maken, zodat de gemeenschappelijkheid van het geheel na-
drukkelijk naar boven komt.

Een van de eerste initiatieven in het kader van de economische integratie van de Golfstaten was het uitwerken van een overeenkomst tot
samenwerking op financieel en monetair gebied. Waarom men precies
eerst voor monetaire samenwerking heeft gekozen, hangt nauw samen
met de historische context: reeds vele jaren kan men de Golf bestem-
pelen als een natuurlijke monetaire zone.

De monetaire geschiedenis van de Golfstaten

Dat de Golfstaten nu op internationaal monetair vlak een niet onbelangrijke plaats innemen, moge blijken uit hun procentueel aandeel binnen de Arabische wereld in instellingen als het IMF (Internationaal Monetair Fonds) en het AMF (Arabisch Monetair Fonds). In het AMF vertegenwoordigen ze 38%, in het IMF zelfs 57% van alle Arabische landen. Veertig jaar geleden zag de toestand er heel wat anders uit.

IMF-lidmaatschap van de Arabische wereld

**Iraq	stichtend lid - 1945
**Egypte	stichtend lid - 1945
**Syrië	lid sedert april - 1947
**Libanon	lid sedert april - 1947
**Jordanië	lid sedert augustus - 1952
*Saoedi-Arabië	lid sedert augustus - 1957
**Soedan	lid sedert september - 1957
**Tunesië	lid sedert april - 1958
**Marokko	lid sedert april - 1958
**Libië	lid sedert september - 1958
**Somalië	lid sedert augustus - 1962
*Kuwait	lid sedert september - 1962
**Mauretanië	lid sedert september - 1963
**Algerije	lid sedert september - 1963
**Zuid-jemen	lid sedert september - 1969
**Noord-Jemen	lid sedert mei - 1970
*Oman	lid sedert december - 1971
*Bahrayn	lid sedert september - 1972
*Qatar	lid sedert september - 1972
*VAE	lid sedert september - 1972
*Djiboeti	lid sedert september - 1978

* artikel VIII - status
** artikel XIV - status

	relatief aandeel in AMF (%)	relatief aandeel in IMF(%)
Saoedi-Arabië	15,0	42,8
Kuwait	10,0	8,5
Algerije	10,0	8,3
Iraq	10,0	6,7
Egypte	10,0	6,2

VAE	6,0	2,7
Marokko	5,8	4,1
Libië	5,0	6,9
Soedan	4,2	2,3
Qatar	4,0	1,5
Syrië	3,3	1,9
Tunesië	2,5	1,8
Libanon	2,2	1,0
Noord-Jemen	2,0	0,6
Jordanië	1,8	1,0
Zuid-Jemen	1,5	1,0
Oman	1,5	0,8
Bahrayn	1,5	0,7
Somalië	1,5	0,6
Mauretanië	1,5	0,5
PLO	0,7	-
Djiboeti	-	0,1

Tot 1952 was er geen centrale bank en maar één lokale munteenheid in de Golf (de zilveren riyal in Saoedi- Arabië). Geld circuleerde in die tijd bijna uitsluitend in metalen muntvorm. Het bestond in hoofdzaak uit de Maria Theresia-daalder, een Oostenrijkse munt van 1780 en de Indiase roepie die sedert 1818 het wettelijk betaalmiddel was in India, (tot 1947 een Britse kolonie). Beide munten waren door de handelsbetrekkingen geïntroduceerd in de regio en bleven er, ondanks de inherente nadelen aan het gebruik van edel metaal als betaalmiddel, lange tijd als meest verspreide transactiemunt in de nog primitieve economieën van dat ogenblik. Er was weliswaar al petroleum gevonden in Bahrayn (1932), Kuwait, Qatar en Saoedi-Arabië, maar de exploitatie hiervan stond volledig los van het traditioneel economisch leven in die landen, die trouwens met uitzondering van Saoedi-Arabië nog niet politiek onafhankelijk waren.

Dit laatste land zag er zich, mede door de beïnvloeding van zijn economie door de jaarlijkse bedevaart naar Mekka, toe genoodzaakt in 1952 een centrale monetaire instelling op te richten, SAMA, met als doel eigen munten uit te geven ter onderscheiding van de in de overige Golfstaten circulerende munten. In de jaren '50 werden de Maria Theresia-daalder en de Indiase roepie stilaan vervangen door de papieren Indiase roepie. Omwille van smokkel en speculatie tussen India en de Golf werden de reserves van de Indiase centrale bank echter aangetast en besloot de bank in 1959 een Golfroepie te emitteren, die in de meeste emiraten ook als wettelijk betaalmiddel werd overgenomen.

Uitzondering was weer eens Saoedi-Arabië dat ook met smokkel te maken had en met speculatie tegen zijn eigen gouden en zilveren munten. De Saoedi's besloten een papieren riyal uit te geven, vrij inwisselbaar tegen de Amerikaanse dollar, die zelf aan het goud gekoppeld was, aan een koers van 4,5 riyal per dollar.

Tot aan de jaren '60 kon men de monetaire geschiedenis van de Golf samenvatten als een tweepolig systeem tussen India en Saoedi-Arabië. De belangrijkste monetaire stromen tussen de beide regio's waren voor het Arabische schiereiland niet het gevolg van handelsbetrekkingen, maar hielden verband met de bedevaart naar Mekka.

Vanaf 1960 zou die band uit elkaar vallen, zowel politiek als economisch-monetair. De overige Golfstaten waren op hun beurt onafhankelijk geworden van het Britse Rijk (Kuwait in 1961, Bahrayn, Qatar en de VAE in 1971) of traden uit het isolationisme (Oman 1970). Dat noopte de Golfstaten tot de oprichting van centrale monetaire instellingen om de bankactiviteiten te kunnen superviseren. Immers, de vreemde valutareserves begonnen aan te groeien als gevolg van de toenemende petroleumontvangsten die niet in eigen land konden geïnvesteerd worden. Tegelijk gingen die instellingen eigen munten uitgeven, als uiting van hun autonomie.

Aldus werd in april 1961 de Kuwaiti-dinar ingevoerd aan een pariteitskoers met het Britse pond. In oktober 1965 volgde de Bahrayni-dinar, gelijk aan 10 Indiase roepies. In 1966 nam Abu Dhabi de Bahrayni-dinar als wettelijk betaalmiddel over in plaats van de Golfroepie, die dat jaar met 36,5% gedevalueerd was. In de overige kleinere emiraten werd in september 1966 de Qatari/Dubai-riyal ingevoerd, aan een pariteitskoers met de Golfroepie van vóór de devaluatie van dat jaar. In Oman ten slotte verkoos men een riyal uit te geven in 1970 aan de op dat ogenblik vigerende pariteit met het Britse pond.

Zo kon men vaststellen dat het sinds 1932 onafhankelijke Saoedi-Arabië liever een band had met de Amerikaanse dollar. Van de overige Golfstaten hielden de twee grotere (Kuwait en Oman) een band met het Britse pond aan, zij het aan een verschillende koers. De kleinere emiraten verkozen een band met de Golfroepie, opnieuw met twee verschillende koersen. Om de verwarring nog groter te maken, werd in elke groep één munt aangeduid als dinar (Kuwait, Bahrayn en Abu Dhabi), en de andere als riyal (Qatar/Dubai en Oman).

Interessant detail is nog dat geen van de drie gebruikte muntbenamingen in de Golf een Arabische oorsprong hebben: de riyal gaat terug op de Spaanse real, de dinar op de Romeinse denarius, en de dirham op de Griekse drachme. Deze laatste munt werd namelijk geïntroduceerd in de VAE na 1971, als compromis tussen de dinar van Abu Dhabi en de riyal van Dubai.

Qatar en Bahrayn besloten niet toe te treden tot de VAE en richtten een eigen Monetary Agency op, daarbij de nomenclatuur volgend van Saoedi-Arabië, waar de term Centrale Bank in tegenspraak geacht werd met de islamitische principes. De overige Golfstaten verkozen de terminologie Currency Board, later omgedoopt tot Centrale Bank.

Fundamenteel waren de doelstellingen van alle centrale monetaire instellingen in de Golf evenwel dezelfde. Qua wisselkoersbeleid werd het aanvankelijke drieluik (koppeling aan dollar, pond en roepie) ook vervangen door een de facto koppeling aan de dollar, behalve dan voor Kuwait.

Deze ontwikkeling situeert zich vooral in de jaren '70. Gekoppeld aan het goud, hetzij via de dollar, hetzij via het pond besluiten de Golfstaten aanvankelijk niet die munten te volgen in hun devaluaties van het einde van de zestiger, begin zeventiger jaren. Toen het systeem van vaste wisselkoersen uit elkaar viel (in maart 1973), besloten de meeste Golfstaten de dollar te volgen. Dit was een logische keuze aangezien hun petroleumontvangsten in dollars uitgedrukt worden.

Nadien groeiden de wegen weer uit elkaar. In 1975 kiest Kuwait voor een wisselkoersbeleid op basis van een zelfgekozen korf van munten, Saoedi-Arabië opteert voor een bestaande korf, met name de SDR, Special Drawing Right, (munteenheid van het IMF) en de anderen blijven de dollar volgen.

Enkele jaren later besluiten ook de VAE, Qatar en Bahrayn de SDR-korf te volgen, zoals Saoedi-Arabië, maar als dit land dan in de praktijk toch weer zijn munt aan de dollar gaat koppelen, doen ze mee. Wanneer de Amerikaanse munt na 5 jaar in waarde te zijn toegenomen, in maart 1985 aan een steile val begint, blijven de Golfstaten in de pas lopen. Uiteindelijk komen zij rond eind 1986 daardoor opnieuw in de buurt van hun officieel nog steeds bestaande pariteit tegenover de SDR-korf.

Het is op dat ogenblik dat men zich in alle ernst gaat buigen over de mogelijkheid van nauwere monetaire samenwerking in zuiver regionaal perspectief.

Monetaire samenwerking binnen de Samenwerkingsraad

In 1981 waren de Golfstaten overgegaan tot de oprichting van de Samenwerkingsraad, waarbij in het Eengemaakt Economisch Verdrag expliciet een muntunie op lange termijn voorzien was. Zoals dat verdrag zich spiegelde aan de verdragen van Rome, die aan de basis van de EEG liggen, zo ook besloten de Golfstaten einde 1986 tot de uitbouw van een regionale monetaire ordening die zich zou inspireren op het Europees Monetair Systeem (EMS). De bedoeling ervan was dubbel: ten eerste, extern, de afhankelijkheid van de dollar verminderen en ten tweede, intern, de wisselkoersstabiliteit bevorderen. Het doel was op korte termijn de handels- en kapitaalsstromen binnen de regio zo weinig mogelijk te verstoren en op lange termijn de overgang naar monetaire eenwording te vergemakkelijken.

Zoals in het Europees Monetair Systeem zouden pariteiten vastgelegd worden tussen de Golfmunten onderling, maximale schommelingsmarges bepaald worden rond die pariteiten en gemeenschappelijke interventies uitgevoerd worden. Tegelijk zou als anker voor het systeem niet meer de dollar gekozen worden, ook niet de SDR, maar een nieuwe eigen korf, met de volgende samenstelling: 60% dollar, 13% yen, 9% pond, 7% D-mark, 6% lire en 5% Franse frank.

Toen de staatshoofden einde 1987 bijeenkwamen voor de jaarlijkse conferentie van de Samenwerkingsraad, was het evenwel politiek een zeer ongunstig moment om de dollar te laten vallen ten voordele van een eigen muntkorf, op een ogenblik dat men de Verenigde Staten erg nodig had om de Golf open te houden voor de scheepvaart. Het ontwerp werd alleen maar bekeken en voorlopig in de ijskast gezet.

Nochtans kunnen verschillende elementen ten gunste van dergelijk initiatief naar voor gebracht worden. Ten eerste is er de politieke wil om op economisch en dus ook op monetair gebied tot een eengemaakte zone te komen. Dit objectief werd vastgelegd in het charter van de Samenwerkingsraad en werd de afgelopen 7 jaren op verschillende punten naar de praktijk toe vertaald (uitbouw van een vrijhandelszone, vrij verkeer van personen tussen de Golfstaten, oprichting van joint-ventures enz.).

Ten tweede is er de onmiskenbare vaststelling dat zowel de economische ideologie als de economische structuren van de betreffende staten sterke overeenkomsten vertonen. Alle hebben resoluut voor het kapitalistisch systeem gekozen, alle zijn petroleumeconomieën (zie tabellen) en alle genieten een hoge welvaart, waarbij de verschillen tussen de armste en de rijkste landen zich in een ratio van 1 tot 3 verhouden, minder dus dan in de EEG (zie tabel).

Belang van petroleum en gas in de Samenwerkingsraad in 1985

	aandeel in % in nationale produktie	aandeel in % in overheids- inkomsten	aandeel in % in uitvoer
Bahrayn	17,7	75,7	88,1
Kuwait	50,9	52,7	89,8
Oman	47,3	83,8	98,6
Qatar	44,3	81,0	92,5
Saoedi-Arabië	36,1	67,6	94,5
VAE	44,4	85,9	83,4

Bruto Nationaal Produkt per hoofd van de bevolking (in $ voor 1985)

VAE	19.270
Qatar	16.270
Kuwait	14.480
Bahrayn	9.420
Saoedi-Arabië	8.850

(België)	(8.280)
Oman	6.730
(Italië)	(6.520)

Ten derde zijn naast de economische structuren ook de economische prestaties vrij gelijklopend. Zo is op monetair vlak een parallel verloop van de inflatieritmes een cruciaal gegeven. Welnu, in de jaren '80 blijken de prestaties van de Golfstaten op dit vlak naar elkaar toe te groeien. Dit is minder het geval voor de geldaangroei zelf, maar hier spelen verschillende economische factoren een rol.

Het belangrijkste is dat het mechanisme van de geldaangroei er tamelijk parallel verloopt: in alle landen is het de overheid, die via de uitgaven van haar petroleuminkomsten, geld in de binnenlandse economie spuit. Zolang zij dat niet in overdreven mate doet, blijft het inflatierisico beperkt. Dit houdt dan wel in dat overtollige geldmiddelen in het buitenland belegd worden.

Zoiets is een omgekeerde toestand van wat wij hier bij ons kennen, waarbij de overheid in plaats van systematische overschotten, systematische tekorten boekt.

Daarenboven zal die situatie in de Golf zich nog lange tijd bestendigen, aangezien volgens schattingen de zes leden van de Samenwerkingsraad samen over ongeveer de helft van alle petroleumreserves in de wereld beschikken. Nog een reden temeer dus voor die landen om gezamenlijk op te treden, dit keer op het vlak van hun financiële beleggingen in het buitenland.

Kortom, als er ooit één poging tot integratie in de Arabische wereld kans op slagen biedt, dan is het wel dit experiment van de Samenwerkingsraad. Hoewel nog geen 10 jaar gevorderd, bestaan er reeds concrete plannen om op monetair vlak zeer nauw samen te werken en op termijn misschien de droom te realiseren van een Arabische munt, die een wereldvaluta kan worden. Daardoor zou de Arabische Wereld dan toch dat economisch aanzien kunnen verwerven dat het tot op heden vergeefs heeft nagestreefd in alle voorgaande integratiepogingen. Die integratiepogingen spiegelen zich in wezen allemaal aan de eengemaakte Arabische natie ten tijde van het kalifaat (7de tot 9de eeuw), dat zonder twijfel een economische wereldmacht vertegenwoordigde.

VERGELIJKENDE TABELLEN

	Qatar	Bahrayn	Kuwait	Saoedi Arabië	Noord-Jemen	Zuid-Jemen	Oman	Verenigde Arabische Emiraten
oppervlakte in km2	11.400	684,9	16.918	2.331.000	195.000	287.700	212.380	82.900
in vgl. met België	0,3	1/50	1/2	68	5,7	8,4	7	2,7
bevolking in 1987 in miln.	0,31	0,41	1,86	12,14	7,04	2,3	1,33	1,35
etnische samenstelling in %								
Arabieren	25	-	42,3	-	+75%	92	-	42
Qatari	20	-	-	-	-	-	-	-
Saoedi	-	-	-	88,2	-	-	-	-
Noordjemeni	-	-	-	5,6	-	-	-	-
Zuidjemeni	-	-	-	1,0	-	-	-	-
Indo-Pak.	-	-	-	-	-	2,5	15	50
Iraniërs	16	-	-	-	-	-	-	-
Somali	-	-	-	-	-	2,2	-	-
Omani	-	-	-	-	-	-	77	-
Baluchi	-	-	-	-	-	-	3,5	-
Zuidaziaten	34	-	15	-	-	-	-	-
Bahrayni	-	62,5	-	-	-	-	-	-
Bengali	-	-	-	-	-	-	2,5	-
Kuwaiti	-	-	41,7	-	-	-	-	-
andere	5	37,5	1	5,2	-	2,4	2	8

	Qatar	Bahrayn	Kuwait	Saoedi Arabië	Noord-Jemen	Zuid-Jemen	Oman	Verenigde Arabische Emiraten
officiële godsdienst religieuze strekkingen in %	islam	islam	islam	islam	islam	islam	islam	islam
muslim	92,4	85	91,5	99	-	-	11	94,9
-sunnieten	-	-	80	98,8	40	99,5	-	80
-sjiieten	-	-	20	-	60	-	75	20
-ibadieten	-	-	-	-	-	-	13	-
hindoe	1,1	-	-	-	-	0,2	-	-
baha'i	0,2	-	-	-	-	-	-	-
christen	5,9	7,3	6,4	0,8	-	0,2	1	3,8
andere	0,9	7,7	2,1	0,4	-	-	-	1,3
geen	-	-	-	-	-	0,1	-	-
alfabetisering	51,1	74	77	57	8,3	38,9	23	71,2
geneeskunde aantal dokters per persoon	1/596	1/672	1/548	1/788	1/6.629	1/5.480	1/1.792	1/666
ziekenhuisbed per inwoners	1/315	1/289	1/296	1/425	1/1.900	1/585	1/406	1/252
kindersterfte per 1000	45	40	19	60	154	137	109	35
officiële taal	Arab.	Arab.	Arab.	Arab.	Arab.	Arab.	Arab.	Arab.

	Qatar	Bahrayn	Kuwait	Saoedi Arabië	Noord-Jemen	Zuid-Jemen	Oman	Verenigde Arabische Emiraten
landgebruik in %								
-weiden	4,2	6,5	7,5	39,5	35,9	27,3	4,7	2,4
-landbouw	0,3	3,2	0,1	0,5	14,3	0,6	0,2	0,2
-woestijn e.a	95,2	90,3	92,3	59,3	41,6	64,8	95,1	97,4
actieve bevolking in %								
-landbouw	-	-	2	28	-	-	62	6
-industrie en handel	-	-	35	28	-	-	22	84
-diensten	-	-	63	44	-	-	16	10
-syndicaten	-	-	nihil	nihil	-	zwak	nihil	nihil
migr. in % in 1984	60	35	60	23	-	-	-	75
BNP/hoofd* in US$	16.667	9.420	15.339	6.817	-	-	6.988	15.235
oliereserves in jaren prod.	27	10	236	107	-	-	19	156
olieprod. 1987 vaten/dag	327	35	1.065	4.289	-	-	574	1.688
aandeel olie in BNP 1986 (%)	31	16	47	31	-	-	47	43

* BNP voor België in US$/hoofd 8.410
- duidt aan dat de gegevens niet voor handen waren.

Bronnen: CERA, Encyclopaedia Britannica.

Muntwaarden tegenover de Belgische Frank (juni 1988)

Omaanse riyal: 1 OR = 94 BFr
Saoedische riyal: 1 SR = 9,75 BFr
Noordjemenitische riyal: 1 JR = 3,85 BFr
Zuidjemenitische dinar: 1 JD = 102 BFr
VAE-dirham: 1 VAEDh = 9,90 BFr
Qatarse riyal: 1 QR = 10 BFr
Bahaynse dinar: 1 BD = 96,5 BFr
Kuwaitse dinar: 1 KD = 130,5 BFr

INDEX

ORIENTALISTE, P.B. 41, B-3000 Leuven